中國學術思想 研究輯刊

二七編

林慶彰 主編

第 16 冊

李光地《詩》《書》義理研究

黃彥菱 著

花木蘭文化事業有限公司

國家圖書館出版品預行編目資料

李光地《詩》《書》義理研究／黃彥菱 著 — 初版 — 新北市：
花木蘭文化事業有限公司，2018〔民107〕
目 2+198 面；19×26 公分
（中國學術思想研究輯刊 二七編；第 16 冊）
ISBN 978-986-485-386-1（精裝）
1. 詩經 2. 書經 3. 研究考訂

030.8   107001878

ISBN-978-986-485-386-1

中國學術思想研究輯刊
二七編　第十六冊　　　　　　　ISBN：978-986-485-386-1

李光地《詩》《書》義理研究

作　　者　黃彥菱
主　　編　林慶彰
總 編 輯　杜潔祥
副總編輯　楊嘉樂
編　　輯　許郁翎、王　筑　美術編輯　陳逸婷
出　　版　花木蘭文化事業有限公司
發 行 人　高小娟
聯絡地址　235 新北市中和區中安街七二號十三樓
　　　　　電話：02-2923-1455 ／傳真：02-2923-1452
網　　址　http://www.huamulan.tw 信箱 hml 810518@gmail.com
印　　刷　普羅文化出版廣告事業
封面設計　劉開工作室
初　　版　2018 年 3 月
全書字數　167443 字
定　　價　二七編 25 冊（精裝）新台幣 48,000 元

李光地《詩》《書》義理研究

黃彥菱　著

作者簡介

黃彥菱，臺灣臺南人，國立高雄師範大學國文學系博士。現任國立高雄海洋科技大學兼任助理教授。主要研究方向為宋明理學、清初學術思想。

提　要

　　清初康熙帝提出「崇儒重道」的政策，欲以儒家道統思想做為政治統治重心，結合道統與治統，目的是為了鞏固其政權地位。其大力推動朱子學說，甚至將程朱學立為官學，藉以攏絡漢人，更是加強了己身統治威權的正統性與穩固性。與康熙帝私交甚篤且位高權重之清初理學大臣李光地，更是主張此一政治意圖之代表人物；李光地雖以程朱學為宗，然在探討其思想之同時，須以儒家經典為依據探究其義理內涵，方能深入。考量到欲將研究主題與其政治思維結合，加上現存研究成果之侷限，故本論文乃以李光地為研究對象，探究其《詩》、《書》之義理內容，希冀藉此呈現李光地學術風貌與客觀之評價。

　　本論文第一章在說明研究背景、範圍，以及其動機與目的，而後將現存研究資料及成果做出彙整，提出可研究之進路與相應方式。第二章討論李光地所處之時代學術概況及生平略述，探討其學術思想之基礎及其轉折。第三章探究李光地經學之基本立場，以對清初科舉改革與復興經學之功來進行論述，並透過了解其治學方法，呈現其對儒家經典之詮釋方式。第四章旨在探討李光地《四書》學中論及知本、明性等心性觀點與相關之工夫論，並說明其《四書》學對自身詮釋《詩》、《書》義理所帶來的影響。第五章及第六章則分別論述其《詩經》與《尚書》之義理思想，並提出小結。第七章結論，除了條列式分述本論文研究成果外，亦以個人研究淺見做出總結。

謝　詞

　　人生是一連串追逐夢想的過程，此本論文之完成，代表的是一個夢想的實現，同時也是另一個夢想的開始！在這段時光裡，需要感謝的人太多，只能將深切感激之情，寄託於此簡短謝詞之中。

　　首先，要感謝指導教授林晉士老師，在我求學及寫作論文期間，不斷給我支持、鼓勵與指導，並一直用其耐心、愛心，照看著我，使我為之茁壯，論文完成的背後，蘊含著老師滿滿的愛與關懷，謝謝您的溫柔與包容，成就了我的堅強！您亦師亦友亦父的存在，更讓我深深感謝這段美好的師生緣份！

　　感謝其他四位口試委員：徐漢昌教授、林登順教授、陳立驤教授、杜明德教授！謝謝諸位老師百忙之中抽空前來，不吝給予我指導與寶貴意見，針對論文本身在文字敘述上的盲點，或是可能在未來面臨到的問題等等，老師們都大方且專業地提出自己的想法與建議，讓我得以修正、補充，使得本論文得以更加完善，在此感謝諸位老師的用心良苦，也謝謝陳立驤教授與杜明德教授對我的鼓勵，我會持續努力加油！

　　最後，感謝在這段期間，與我一同努力，一同焦慮，最後一同分享論文完成的喜悅與感動，無條件賦予我無限關愛的父母與兄長，沒有你們的支持與鼓勵，沒有你們的守候與擁抱，這本論文也無法如此順利完成，感謝你們，謝謝！也謝謝身旁所有的同學、朋友、國文系辦公室的老師及助教們的協助與關懷！未來，我將以更堅定的意志與感恩的心情來面對一切的挑戰！

黃彥菱　謹誌

2016 年 8 月

目

次

第一章　緒　論

第一節　研究背景與範圍

一、研究背景

　　明朝末年，滿清入關，以外族之姿，統治中國長達兩百六十餘年，而因華夷之辨，漢人心生不滿，始終是清朝統治者待解決的重要課題之一。自漢朝開始，武帝獨尊儒術；至唐代韓愈又提出「道統說」，其後又有朱熹等宋代學者對傳統道統的尊崇及繼承，故清初爲了使政權名正言順，便提出「崇儒重道」的政策。清廷所謂的「崇儒重道」，即是欲將道統與治統作結合，以儒家道統思想做爲政治統治重心；此外亦積極推動學術，尤以康熙帝爲最，其大力推動朱子學說，甚至將程朱學立爲官學，使程朱學地位凌駕於陸王學之上，藉以攏絡漢族士人，並加強己身統治威權的正統性與穩固性。在清廷推動學術的影響下，除了使得程朱學成爲學術宗尙，連帶亦帶動了乾嘉考據學風的興起。當時許多文人受到此環境風氣之影響，如清初理學大臣李光地，雖以程朱學爲主要研究對象，但在探討儒學義理之同時，勢必也需回歸儒家傳統經典，以此做爲理論依據。雖然就明末以來之理學概況而言，這樣的轉變或許是好事，但也使得當朝理學大臣之思想，不僅單純只有理學角度之思維，更有以復興經學爲名，以此行迎合上意、附庸政治之實的舉動，而這也是筆者在以李光地爲研究對象時，必須正視的問題。

二、研究範圍

　　滿清雖爲外族，然自清太宗皇太極開始，便推動漢化，振興文教〔註1〕，任用漢人官吏，翻譯漢字書籍〔註2〕，接觸漢人文化，以達到了解漢人政治、社會，乃至於民風的目的；其後更開科取士〔註3〕，吸收了大批漢族知識分子，藉以攏絡漢人，緩和當時緊張的滿漢民族矛盾，便於其將來入關之統治。而後滿清入關，順治、康熙即位，他們拉攏漢人、「崇儒重道」的政策始終沒變，《四書》、《五經》仍是清朝皇帝需研讀之典籍，而《詩經》、《尙書》更是重要。自古以來《尙書》就是君王必讀經典，提供君主爲政之道及治國之術；《詩經》內容雖爲詩歌總集，然因其有所謂「六義」〔註4〕，加上古代認爲《詩經》是群眾的心聲，反映政治的得失，有「陳古刺今」的效用。在交際的場合，可以「賦詩言志」，借詩句來表示想講的意思。朝廷音樂機構中的樂官，可以諷詠詩句，暗示民心對施政的反應。〔註5〕故研讀《詩經》可幫助皇帝了解民風向背以利治國。康熙是位好學且勤政愛民的皇帝，曾說：「朕一生所學者，

〔註1〕　〔清〕趙爾巽等撰：《清史稿》，北京：中華書局，1976年，卷145・志120，〈藝文一〉：「清起東陲，太宗設文館，命達海等繙譯經史。復改國史、秘書、弘文三院，編纂國史，收藏書籍，文教始興。」頁4219。

〔註2〕　〔清〕趙爾巽等撰：《清史稿》，卷2・本紀2，〈太宗本紀一〉：天聰三年「夏四月丙戌朔，設文館，命巴克什達海及剛林等繙譯漢字書籍，庫爾纏及吳巴什等記注本朝政事。」頁27。

〔註3〕　〔清〕趙爾巽等撰：《清史稿》，卷2・本紀2，〈太宗本紀一〉：天聰三年「八月乙亥，諭曰：『自古及今，文武並用，以文治世，以武克敵。今欲振興文教，試錄生員。諸貝勒府及滿、漢、蒙古所有生員，俱令赴試。中式者以他丁償之。』」，頁27。

〔註4〕　「六義」之說本於〈周禮・春官宗伯第三〉記大師之職掌曰：「教六詩：曰風，曰賦，曰比，曰興，曰雅，曰頌。」而〈毛詩序〉中亦稱此六者爲六義，文載：「故詩有六義焉：一曰風，二曰賦，三曰比，四曰興，五曰雅，六曰頌。……是以一國之事繫一人之本，謂之風。言天下之事，形四方之風，謂之雅。雅者正也，言王政之所由廢興也；政有大小，故有小雅焉，有大雅焉。頌者美盛德之形容，以其成功告於神明者也。」然其中雖對於「風、雅、頌」有所闡述，但對「賦、比、興」卻未有說明。至唐代孔穎達〈毛詩正義・大序〉「詩有六義」句中提到：「賦、比、興，是詩之所用；風、雅、頌，是詩之成形。用彼三事，成此三事，是故同稱爲義。」才確立了二者之定義。綜合上述所言及近代通行的看法，「六義」則指「風、雅、頌，賦、比、興」。「風、雅、頌」是詩之體，按音樂及體制內容的不同對《詩經》的分類；「賦、比、興」是詩之用，乃《詩經》的表現手法與寫作技巧。

〔註5〕　饒宗頤：《新出土文獻論証》，上海：上海古籍出版社，2005年，頁230。

爲治天下，非書生坐觀立論之易。」〔註6〕他熟讀儒家經典，從中學習治國之道，對於《尚書》、《詩經》多有鑽研，其云：

> 堯、舜、禹、湯以來，心法、治法，俱在《尚書》。爾等悉心講解，朕孜孜典學，雖不能媲美古帝王，而此心朝夕懋勉，未嘗稍懈也。
> 〔註7〕

康熙認爲研讀《尚書》，有助於了解自堯、舜、禹、湯等先王所流傳下來的統治天下之心法與治法，故孜孜不倦學習，不敢鬆懈，並以效法古帝王自我期勉。而他在〈日講詩經解義序〉中云：

> 朕嘗思古人立訓之意，既有政教典禮、紀綱法度，以維持之矣。而感通乎上下之間，鼓舞於隱微之地，使人從善遠惡而不知，優游順適而自得，則必賴乎《詩》。〔註8〕

他從民心教化的論點來看《詩經》，認爲《詩經》既有政教典禮，又有紀綱法度，還能在潛移默化之中，讓人達到從善遠惡、順適自得之目的，因此對於《詩經》的實用性及政教的治世意義十分看重。由此可知，康熙帝相當重視《詩經》及《尚書》，尤其著重在其中統治天下的現實層面上，而李光地身爲輔政大臣，又頗得其重用，勢必對於《詩經》、《尚書》亦有所研究，以利皇帝垂詢。故本論文針對李光地之《詩》、《書》義理內容爲研究範圍，並結合其四書與理學思想，及其爲政之道相應部分來進行研究。

第二節　研究動機與目的

一、研究動機

李光地（1642～1718），爲清朝康熙時代著名的政治家，亦是清初有名的理學大師，深得康熙帝的信賴，並協力推動學術的發展，其中又以程朱學爲主要對象。他致力推動程朱學說，對於儒家傳統經典多有闡發，且其在朝身

〔註6〕 〔清〕清聖祖著、張玉書等編：《聖祖仁皇帝御製文集第四集》，臺北：臺灣商務印書館，1983年，卷21，頁7b～8a。

〔註7〕 〔清〕章梫纂，諸家偉、鄭天一、劉明章校注：《康熙政要》，北京：中央黨校出版社，1994年，卷7，〈論勤學〉，頁128。

〔註8〕 〔清〕清聖祖著、張玉書等編：《聖祖仁皇帝御製文集第二集》，卷31，頁1b～2a。

居高位，影響力不容小覷，然後世對其評價有褒有貶，如《清儒學案》云：

> 安溪學博而精，以朱子為依歸，而不拘門戶之見。康熙朝儒學大興，
> 左右聖祖者，孝感安溪後先相繼，皆恪奉程朱，而深究天人，研求
> 經義性理，旁及曆算音律，聖祖所契許而資贊助者，安溪為獨多。

〔註9〕

言其「學博而精」，深受康熙帝重用；又《四庫全書總目提要》云：「數十年來，屹然為儒林巨擘。實以學問勝，不以詞華勝也。」〔註10〕稱李光地為「儒林巨擘」。

　　而貶抑李光地者，之所以對其整體評價不高，主要是因為李光地有所謂「三案」〔註11〕的糾纏，後人對他本身人品的訾議，因而連帶忽略了他的政績及他在學術上的表現。全祖望所說的「三案」，「賣友」是指「蠟丸疏」，即他出賣好友陳夢雷之事；「奪情」是指他遭母喪卻未能返家守三年之喪，違反倫常之理；「外婦之子來歸」是說他晚年時有外婦所生之子欲來歸承祧之事。這三件事情的真相，本來就含糊不清，假若「賣友」、「奪情」二案成立的話，在當時道德、禮教的嚴苛標準下，李光地的私德顯然是被認為很有瑕疵的。在傳統儒家的觀念裡，個人的人品、私德與其學術、事功，常常容易被混為一談，因為在以儒家思想為主的學術、政治場合中，對於個人人品道德的高要求標準是必然存在的，但若以個人私德來衡量其事功、學術上的成就時，也不免會有所偏差。

　　然李光地身為康熙帝重用之大臣，為了迎合皇帝學術之愛好，轉變其學術方向，這點亦是後世對其有所非議之處。康熙帝尊崇程朱學說，已蔚為一

〔註9〕　徐世昌：《清儒學案》，臺北：世界書局，1962年，卷40，〈安溪學案〉，頁1。

〔註10〕　〔清〕永瑢、紀昀等編纂：《合印四庫全書總目提要及四庫未收書目禁燬書目》，臺北：臺灣商務印書館，1985年，卷173，集部26，頁20（3720）。

〔註11〕　全祖望（1705～1755）在〈答諸生問學術帖子〉中曾提到：「榕村大節為當世所共指，萬無可逃者，其初年則賣友，中年則奪情，暮年則居然以外婦之子來歸，足稱三案。大儒固如是乎？賣友一案，閩人述之，過於狼藉，雖或未必然，而要其曖昧之心跡，至不能自白於清議，則亦約略有慚德矣。奪情一案，有為之辨者，謂前此崑山徐尚書，深妒榕村之進用，讒於聖祖，言雖不遽信，然深被廉察，由院長左遷驅使，故榕村懼甚不敢更乞歸；但崑山雖忮，愚謂聖祖之時，不應有此，恐出榕村文過之口。外婦之子，其一以遊蕩隕命京師，其一來歸承祧，何學士義門，其弟子也，亦歎曰，學道之人乃有是。」見〔清〕李桓輯：《國朝耆獻類徵初編》，臺北：明文書局，1985年，卷10，宰輔10，〈李光地〉，全祖望撰〈答諸生問學術帖子〉，頁137～407。

時風氣，姑且不論李光地是因現實考量逢迎上意，或是其本身學術路線發展使然，其深受朱子學說影響乃必然之結果。而朱子對於《四書》、《五經》學術的闡發，向爲歷代文人所推崇，其中《詩經》、《尚書》中關於政治、人倫、社會、聖人教化等各方面之義理探討尤爲重要。李光地既尊程朱，又要在政治及學術上穩固地位，自然對於《詩經》、《尚書》之義理思想多有涉獵，然今學術界對於李光地之研究，多受李光地的人品及學術轉換立場所影響，不能公允地正視李光地之學術表現。此外，在經學方面又多著重其《易》學，雖其折中義理、象數，以性理解之的詮釋方式，確實有其精韻獨到之處，但以《詩經》、《尚書》之思想內涵爲其研究主題的，仍屬少見；此外相較之下，《詩》、《書》二經關乎政治教化之層面明顯較爲廣泛，這對身爲當代名臣的李光地而言，探究其中之義理內涵，實有其必要性。故本論文希望藉由探討李光地一生的事功、學術，並針對其在《詩》、《書》中之思想論述，多加審視其義理內容及特色，藉以補足前人未竟之功。

二、研究目的

　　既已視李光地之《詩》、《書》義理爲研究主題，故本論文首先就清初學術思潮及李光地的從政經歷著手，了解其學術形成與轉變；再者，就其理論文本做剖析，探究其經學立場與對儒家傳統經典思想義理之闡發，研究其《詩經》、《尚書》中的義理思維與理學思想相結合之處；而後探討其學說之應用與開展，其目的便是希冀能闡明《詩》、《書》二經在李光地經學立場中應有的定位，以及他在論述關於《詩》、《書》之義理內涵時所展現出的學術特色，並非全然因其人品及學術立場搖擺便顯得無意義，而是仍有值得探究之處，以期客觀呈現李光地以理學思維的角度加以詮釋，並欲強調其中政治教化功能之義理內容。

第三節　文獻探討

　　李光地是清代名臣與理學大家，然肇因其品格操守毀譽不一，其學術著作並不受到重視，直至近幾十年來，學界才逐漸以李光地爲研究對象，尤以大陸學者爲多。大陸學界研究李光地的期刊論文，主要是以其政治表現與《易》學、理學方面爲研究範疇。例如：1992 年詹石窗〈李光地與易學〉〔註12〕、

〔註12〕詹石窗：〈李光地與易學〉，《周易研究》，1992 年第 4 期。

1993 年陳祖武〈論李光地的歷史地位〉〔註13〕、1997 年劉大鈞〈讀《周易折中》〉〔註14〕、2006 年林國標〈李光地理學思想評議〉〔註15〕……等；學位論文則有王寅《李光地與清初經學》及姚愛娟《李光地經學思想的哲學研究——以《榕村語錄／續語錄》爲中心》等。此外，大陸出版了兩本關於李光地的專著，或可供參照效法。

　　而臺灣學者研究李光地，大多是以其《易》學爲主。例如：1994 年曾春海〈李光地的易學初探〉〔註16〕、2003 年李梅鳳《李光地《周易折中》案語研究》〔註17〕、2004 年鄭雅竹《李光地易學研究》〔註18〕、2004 年鍾彩鈞〈李光地的易學思想〉〔註19〕、2008 年高志成《王夫之、李光地對朱子《易》學的繼承、批判與發展》〔註20〕……等。然除了《易》學，尚有其他學者以李光地之理學及經學爲研究對象，如學位論文有楊菁《李光地與清初理學》、林俞佑《李光地經學思想之闡微》及郭佩琦《李光地《榕村四書說》研究》等；期刊論文則有楊菁〈李光地《詩經》學研究〉、林俞佑〈論李光地的《學》、《庸》之學〉。由上述可知，以李光地之《易》學爲研究主題的論文並不在少數，故實無再次深入探究之必要，且與《詩》、《書》相關著述明顯偏少。因此，以下就針對與本論文研究主題較爲相關，且較具參酌價值的專著、期刊文章及學位論文進行簡要的文獻探討，以祈能效法補全其未竟之處，並以此確立本論文研究取向：

一、專著

　　許蘇民《李光地傳論》〔註21〕爲近代最早將李光地視作主要研究對象的

〔註13〕陳祖武：〈論李光地的歷史地位〉，《清史研究》，1993 年第 01 期。

〔註14〕劉大鈞：〈讀《周易折中》〉，《周易研究》，1997 年第 2 期。

〔註15〕林國標：〈李光地理學思想評議〉，《湖南文理學院學報（社會科學版）》，2006 年 5 月第 3 期。

〔註16〕曾春海：〈李光地的易學初探〉，《清代經學國際研討會論文集》，1994 年 6 月。

〔註17〕李梅鳳：《李光地《周易折中》案語研究》，彰化：彰化師範大學，碩士論文，2003 年。

〔註18〕鄭雅竹：《李光地易學研究》，高雄：高雄師範大學，碩士論文，2004 年。

〔註19〕鍾彩鈞：〈李光地的易學思想〉，《第三屆國際暨第八屆清代學術研究會》，2004 年 3 月。

〔註20〕高志成：《王夫之、李光地對朱子《易》學的繼承、批判與發展》，彰化：彰化師範大學，博士論文，2008 年。

〔註21〕許蘇民：《李光地傳論》，福州：廈門大學出版社，1992 年。

專書，一改過去學者對其「不研究、不評論、不屑于一讀的態度」〔註 22〕，意圖還給他一個較為客觀歷史定位。此書主要針對李光地的生平事跡、思想、學術成就，以及李光地的歷史地位做探討。書中以李氏的著作為第一手資料，徵引許多歷史文獻及學術文章，替李光地立傳評論。從政治家及思想家的角度，闡述其政績及理學思想。然書中所言李光地思想和學術成就這個部分，僅就其思想性格與學術主張廣要性的概述，並無太深入探討；而學術主張雖提到其理學、易學、政治思想的部分，亦是廣泛討論。故或可藉由此書所提之學術成就部分，再深入探析李光地有關於經學方面的學術思想與成就。

楊國楨、李天乙主編《李光地研究》〔註 23〕此書是紀念李光地誕生三百五十周年學術論文集，乃是將許多與李光地有關之單篇學術論文集結成冊。書中論文內容主題涵蓋十分廣泛，包含政治、學術、天文、曆算、史學、軍事、音韻訓詁、人物評價……等，客觀地評價了李氏的歷史功績，對於他在眾多學術領域上的成就予以高度認同，擴大了後人的研究視野。然該書以史學之研究方法著手，故在特定議題上的立論較不深入，不過可看出李光地在清代政治及學術上的影響力與廣博性。

二、學位論文

楊菁《李光地與清初理學》〔註 24〕此論文先將整個清初理學作一詳細論述，並提及康熙朝之朱子學，再帶出清初理學大家李光地。在此論文中，對於李光地之生平、政績、著述及其對理學思想的闡述、對清初理學之貢獻，都作了說明。在李光地對理學思想的闡述這一部分，作者分別論述其知本說、明性說、論天理、論涵養工夫、論學……等思想概念，最後歸結了李氏對清初理學的貢獻。整體來說，其論文著重在清初理學發展脈絡及李光地理學思想闡發這兩點上，對於了解清初理學之發展和李光地之理學思想具有一定的參考價值。但作者認為李光地在學術思想上兼容並蓄，並欲以結合治統與道統為其目標的方式闡發理學思想，筆者以為此處仍有可討論的空間。故本論文將以此為基礎，提出個人對於李光地學術內容之淺見，並針對李光地《詩經》、《尚書》之思想，與其理學及政治教化之意圖相關聯處，做進一步探討。

〔註 22〕許蘇民：《李光地傳論》，福州：廈門大學出版社，1992 年，頁 5。
〔註 23〕楊國楨、李天乙主編：《李光地研究》，廈門：廈門大學出版社，1993 年。
〔註 24〕楊菁：《李光地與清初理學》，臺北：東吳大學，博士學位論文，2001 年。

　　林俞佑《李光地經學思想之闡微》〔註25〕此論文先論述李光地之生平及學術，而後探究李光地之經學觀及經學思想。文中提及之經學思想主要可分為易學、禮學、《學》《庸》之學等三部分，作者分別探討其中之義理思想與踐行功夫，論文雖以經學思想為主，亦涉及到與理學結合之部分，故本論文可承繼此脈絡，針對文中論述未盡之處，如《詩經》、《尚書》等經學思想加以補充說明。

　　郭佩琦《李光地《榕村四書說》研究》〔註26〕此論文是研究李光地對於四書義理思想之闡述，以《榕村四書說》為主要研究文本，其中提及李光地對《大學》、《中庸》、《論語》、《孟子》等書義理的闡釋和其思想理路，以及與朱子《四書》思想之比較。該書以闡述《四書》的義理思想為研究重心，本論文亦有涉及李光地關於《四書》義理思想與經學結合之部分，故具參考價值。

　　王寅《李光地與清初經學》〔註27〕此論文探討李光地之《詩》、《書》、《春秋》、《四書》等經學的解讀方式，而後提及李光地對清初經學的影響，肯定了他在科舉考試的改革中，對提升經學地位有所貢獻。雖然作者討論到李光地對《詩》、《書》、《春秋》、《四書》的看法，但是以學術史與經學史的角度，探討李光地與清初經學的關係，著重點偏於對經書內容版本的考據，對於經書中之義理思想較無涉及。故就版本考據而言具有參考價值，本論文可承繼此脈絡，針對文中論述未盡之處，如《詩經》、《尚書》經學中之義理加以補充說明。

　　姚愛娟《李光地經學思想的哲學研究——以《榕村語錄／續語錄》為中心》〔註28〕此論文針對李光地之著作《榕村語錄》、《榕村續語錄》為研究對象，探討語錄中的經學思想，主要談及李光地對《大學》、《中庸》、《易經》的關注及對《四書》的訓解，另亦討論到其中的哲學思想，包含本體論、工夫論、治學論等議題。雖然就研究方向而言，該書已試著將李光地的經學立

〔註25〕林俞佑：《李光地經學思想之闡微》，臺中：逢甲大學，碩士學位論文，2006年。

〔註26〕郭佩琦：《李光地《榕村四書說》研究》，臺北：臺北市立師範學院，碩士學位論文，2004年。

〔註27〕王寅：《李光地與清初經學》，天津：南開大學，博士學位論文，2013年。

〔註28〕姚愛娟：《李光地經學思想的哲學研究——以《榕村語錄／續語錄》為中心》，天津：南開大學，博士學位論文，2014年。

場與理學思維做結合，但只以《榕村語錄》、《榕村續語錄》爲研究範圍，稍嫌不足，且亦未提及《詩經》、《尚書》方面的議題，故此論文可當作參考，再另行補充未盡之處。

三、期刊論文

楊菁〈李光地《詩經》學研究〉〔註 29〕一篇。此篇論文探討李光地關於《詩經》方面的義理思想，主要針對《詩經》中「道」之闡發、其教化功能以及讀《詩》的方法等內容做討論，希冀由李光地之《詩經》學窺見清代理學家解讀《詩經》的角度與觀點之一隅。該論文以李光地之《詩經》學爲探討重點，具有參考價值，然議題僅放在與其理學思維相結合的地方，故本論文可以此爲基礎，再針對李光地《詩經》之義理內容與其自身政治方面之關懷做深入探討，以求更完整探析其眞實思想內容。

林俞佑〈論李光地的《學》、《庸》之學〉〔註 30〕一篇。文中將其自身碩論中所提及關於《學》、《庸》之義理部分，更加以深入探討其中思想與實踐功夫，將其與理學相結合之部分，敍述得更爲妥善完整，但大抵不脫離其理學思路，然李光地之《學》、《庸》學除了該文所述之外，尚有與其《詩》、《書》義理及政治之道牽連的地方，故本論文可承繼此脈絡，再將其與李光地《詩經》、《尚書》之義理內容相互連結，以求能延伸出相應的學術觀點，並呈現出李光地由《學》、《庸》而《詩》、《書》之爲學進路。

綜上所述，專著方面主要是針對李光地之生平與學術做一全面性的概述及統整，對於了解其生平經歷頗具參考價值；而學位論文及期刊文章分別探討李光地之理學、經學、四書學及《詩經》學之思想，由於文章的著重點各有差異，針對李光地學術思想之切入點也不盡相同，加上現今對於李光地《詩經》、《尚書》等經學思想的內容成果仍有明顯發展的空間。故本論文欲以李光地之《詩經》、《尚書》義理爲主要研究對象，佐以其經學、理學與《學》、《庸》學之思想，做一整合之探究，期望能藉此達到對李光地學術義理思想全面性的理解。

〔註 29〕楊菁：〈李光地《詩經》學研究〉，《國文學報》41 期，2007 年 6 月，頁 1～35。
〔註 30〕林俞佑：〈論李光地的《學》、《庸》之學〉，《雲漢學刊》第 14 期，2007 年 6 月。

第四節　研究進路與資料運用原則

一、研究進路

　　李光地在清初科舉改革一事上，提出了由《四書》而《五經》的爲學歷程，然或許是受到當時程朱官學化，以及意圖捍衛《古文尚書》之存在價值而付諸的努力，故李光地針對《學》、《庸》中所提及之義理內涵，明顯較《論》、《孟》要來得深刻，且筆者既以《詩經》、《尚書》爲其主要研究主題，故須選擇關聯性較高者來進行研究。故本論文之研究進路將以李光地之《學》、《庸》義理內涵爲其論述基礎，從而建立以義理思想爲主要脈絡之《詩》、《書》體系，從人倫關係擴展到政治意圖，由修齊治平之道，拓展至外王治國之理，客觀呈現李光地《詩》、《書》義理之原貌。

二、研究資料運用原則

　　本論文的研究資料運用原則：首先從李光地的生平及清初學術時代背景著手，敘述李光地所處的時代背景，以歷史研究的方法，針對李光地學術與清初當時的學術思想、政治社會背景的關係探本溯源，了解整個時代背景的學術風氣與源流脈絡，以期勾勒出當時整個大環境的全貌。

　　接著討論李光地之生平與從政經歷，以內容研究的方式，了解其研究學術的根基。尤其是他的政治生涯與康熙帝密不可分，康熙的思想政策對其學術研究亦有相當深遠的影響，因此可以作爲研究之輔助。在這個部分，將對與李光地有關的文獻加以歸納整理，包括其生平、仕宦、政治活動、學術著作等一一敘述、介紹，輔以清朝初年學術界的思想歸趨及政治生態，將李光地的學術置於自身生活歷史之中，分析其政治及學術關懷，以期能通盤了解其學術基礎。

　　其次，將就李光地經學觀及對《詩》《書》義理之內容進行研究，討論其受朱子《四書》、《五經》概念之影響，以及其對《四書》、《五經》之理解與詮釋，與李光地《詩經》及《尚書》之義理的闡發及應用，從原典中找出其中思想的共同趨勢，並加以銜接，探究其中如何由《四書》而《五經》、由《學》、《庸》而《詩》《書》之開展模式，做爲本論文欲說明的主要問題。這個部分的研究將根據李光地之《榕村全集》、《榕村語錄》、《榕村續語錄》爲主，輔

以其他奉命編纂之相關著作，以及史傳、詩文、奏章及與時人門生來往書信等相關資料，以整合分析出李光地《詩》、《書》之義理內涵。

最後，綜論李光地《詩》、《書》義理理路，並與朱子或其他學者之說法相比較，找出兩者學說之差異。藉由兩者學說之差異，參證融會，凸顯李光地學說之特色，以完成系統性之研究。

第二章　清初學術概況及李光地生平

第一節　清初學術概況

　　李光地的一生，與整個康熙朝密切相關；同時，身爲一位在朝的思想家，他的思想又與在野的思想家和學術思潮有微妙的互動關係。因此，想了解他的思想及學問，必須從多角度切入，才能窺其全貌。首先要探討的是最重要，也是最直接的問題，就是整個清初的時代背景。不同時期的學術現象，不僅有其自身發展的內在邏輯，而且無不是受那一定時期的社會經濟、政治等諸多因素的制約，並在宏觀上規定了它所能達到的高度。〔註1〕因此，清初的學術，自然受到當時環境背景的制約，而身處當代的學者，勢必也會受到影響。故在此先探討清初時代背景與學術風氣，相信對於李光地的思想淵源會有一定的了解與幫助。以下概述清初時代背景與學術概況：

一、治道結合，朱王相爭

（一）治統與道統結合

　　清代以異族入主中原，在開國之初，爲了鞏固其剛剛建立起的國家，消除反對的聲浪及勢力，除了在政治上仿照明朝制度而設官制，吸收漢人任職而由滿人把握實權外，還進一步加強了對文化乃至於學術領域的控制，其中，尤以從清世祖開始建立起的「崇儒重道」政策最能籠絡並安撫知識份子的異

〔註1〕陳祖武：《清初學術思辨錄》，河北：中國社會科學出版社，1992年，頁1。

心。順治八年（1651）世祖親政之後，便開始恢復文化建設。順治九年（1652）九月，「臨雍釋奠」典禮隆重舉行，世祖勉勵太學師生篤守「聖人之道」，「講究服膺，用資治理」〔註2〕。隔年（1653）世祖詔諭禮部，把「崇儒重道」作為一項基本國策確定下來〔註3〕；十二年（1655）再諭禮部：「帝王敷治，文教是先，臣子致君，經術為本。……今天下漸定，朕再興文教、崇經術，以開太平」〔註4〕。兩年後，即順治十四年（1657）九月初七，舉行清代第一次的經筵盛典。十月，又以初開日講祭告孔子於弘德殿。雖然順治帝有心要推廣文教，但由於南方戰火未熄，加上他過早去世，所以這些政策多未付諸實行。

直至康熙八年（1669），康熙帝還親臨太學祭奠孔子，並敕諭：「朕惟聖人之道，高明廣大，昭垂萬世，所以興道致治，敦倫善俗，莫能外也。……今行辟雍釋奠之典，將以鼓舞人才，宣布教化。」〔註5〕指出推崇儒學的目的是鼓舞人才、宣布教化，至此時文化政策才終於重回正軌。康熙九年（1670）八月，聖祖下令恢復翰林院；十月，頒諭禮部，將世祖制定的「崇儒重道」國策具體化，提出了以「文教為先」為核心的十六條治國原則，即「聖諭十六條」：

> 敦孝悌以重人倫，篤宗族以昭雍睦，和鄉黨以息爭訟，重農桑以足衣食，尚節儉以惜財用，隆學校以端士習，黜異端以崇正學，講法律以儆愚頑，明禮讓以厚風俗，務本業以定民志，訓子弟以禁非為，息誣告以全良善，誡窩逃以免株連，完錢糧以省催科，聯保甲以弭盜賊，解仇忿以重身命。〔註6〕

這十六條成為日後清代治國的基本準則。十一月，日講重開。康熙十年（1671）二月，中斷多年的經筵大典再度舉行。此後每年春秋二次的經筵講學，便成為定制。康熙十七年（1678）詔舉「博學鴻儒」，康熙十八年（1679）開《明史》館，至此，除了一些誓不屈服的學者，如顧炎武、黃宗羲等人之外，大

〔註2〕 清代實錄館纂修：《清實錄・世祖實錄》，北京：中華書局，1986年，卷68，順治九年九月辛卯，頁538。

〔註3〕 清代實錄館纂修：《清實錄・世祖實錄》，卷74，順治十年四月甲寅，頁585。

〔註4〕 清代實錄館纂修：《清實錄・世祖實錄》，卷91，順治十二年三月壬子，頁712。

〔註5〕 〔清〕章梫纂，褚家偉、鄭天一、劉明章校注：《康熙政要》，卷16，〈崇儒學〉，頁283。

〔註6〕 清代實錄館纂修：《清實錄・聖祖實錄》，北京：中華書局，1986年，卷34，康熙九年十月癸巳，頁461。

批學者都已被清廷所網羅。因此，從順治到康熙初年的「崇儒重道」的政策，對於籠絡人心與穩定國家社會，有很大的助益與影響。

雖說清初藉由科舉考試或開館修書這樣的「崇儒重道」政策，達到安撫知識份子異心的目的，但為了國家社會的長治久安，知識份子的凝聚向心力，以及整個政權的合理化，光是依靠這樣的手段顯然是不夠的，因此，康熙還企圖結合「道統」與「治統」。清初王夫之云：

> 天下所極重而不可竊者二：天子之位者，是謂「治統」；聖人之教也，
> 是謂「道統」。〔註7〕

「道統」與「治統」二者，一者代表文化傳承之所繫；一者代表政治權威。康熙想結合二者，無非是希望能更確實地掌握實權，他於康熙十六年（1677）所製的〈日講四書解義序〉中云：

> 朕惟天生聖賢，作君作師，萬世道統之傳，即萬世治統之所繫也。
> 自堯、舜、禹、湯、文、武之後，而有孔子、曾子、子思、孟子。
> 自《易》、《書》、《詩》、《禮》、《春秋》而外，而有《論語》、《大學》、
> 《中庸》、《孟子》之書，……蓋有四子而後，二帝、三王之道傳；
> 有《四子》之書而後《五經》之道備。《四子》之書得《五經》之精
> 意而為言者也。孔子以生民未有之聖，與列國君、大夫及門弟子論
> 政與學，天德王道之全，修己治人之要，具在《論語》一書。《學》、
> 《庸》皆孔子之傳，而曾子、子思獨得其宗。……道統在是，治統
> 亦在是矣。〔註8〕

康熙認為萬世道統之傳，即萬世治統之所繫，不但肯定堯、舜、禹、湯、文、武、孔子、曾子、子思、孟子以來的道統之傳，並認為道統所在即是治統之所在。而李光地則是輔佐康熙欲促成道統與治統合一的重要人物。他於康熙十九年（1680），在奏章上也表達了如是的期許，首先他說：「學之切於治道如此。為學與治道為一，皆是窮性命之原，研精微之歸，究六經之旨，周當世之務。」〔註9〕強調要把學問融貫於實際生活中，運用於當世的事務，才能產生實際效用；並且，他還進一步說：

〔註7〕　〔清〕王夫之：《讀通鑑論》，北京：中華書局，1975年卷13，頁408。

〔註8〕　中國第一歷史檔案館整理：《康熙起居注》，北京：中華書局，1984年，十六年丁巳十二月條，頁339～340。

〔註9〕　〔清〕李光地：《榕村全集》，臺北：大西洋圖書公司，1969年，卷10，〈進讀書筆錄及論說序記雜文序〉，頁525。

> 道統與治統古者出於一，後世出於二。孟子序堯舜以來至於文王，
> 率五百年而統一續，此道與治之出於一者也。自孔子後五百年而至
> 建武，建武五百年而至貞觀，貞觀五百年而至南渡。夫東漢風俗一
> 變至道，貞觀治效幾於成康，然律以純王不能無愧。孔子之生東遷，
> 朱子之在南渡，天蓋付以斯道而時不逢。此道與治之出於二者也。
> 自朱子而來，至我皇上又五百歲，應王者之期，躬聖賢之學，天其
> 殆將復啓堯舜之運而道與治之統復合乎？〔註10〕

李光地將康熙之治喻爲五百年的應運之期，將是道統與治統又將合一的表
徵。康熙確實將道統與治統的結合引爲己任，而李光地的說法便滿足了康熙
的自我期許。除此之外，李光地於康熙二十五年（1686），回答康熙關於朱熹
《續綱目》的詢問時，對於「正統」的看法，亦深得康熙的賞識，其云：

> 朱子《綱目》義例所云，統者以天下無主，有以主之者，便以統歸
> 之。……《續綱目》於元而奪之統不允，元已百年君天下矣。宋之
> 臣子若舉兵起事，還可以忠孝解說，凡百姓有一作亂者，即謂之起
> 兵，已爲元之子民而乃以叛民爲義士可乎？〔註11〕

李光地對於《續綱目》所言「於元而奪之統不允」，並不認同，他認爲元朝已
君天下百年，應如《綱目》中所說的「統者以天下無主，有以主之者，便以
統歸之」，承認元朝統治的正統性。由於清朝與元朝都是以異族身份統治天
下，最需要被認同的就是統治政權的合法性與合理性，李光地此說法自然深
得康熙贊同。

　　對於康熙而言，「治統」是指他的政權與優越政績而言；而在「道統」上，
康熙除了「崇儒重道」之外，還把程朱理學提升爲官學，希望藉由繼承朱子
「道統」的手段與方法，來增加自己「治統」的合理性。但也由於這樣，使
得「道統」一詞被氾濫使用，「道統」的意識被型態化，以突顯其正統性和權
威性，使得朱子的道統受到極大的扭曲與傷害，士人也失去了批判政治權威
的理論立足點。而李光地建議康熙結合「治統」與「道統」，一方面固然可以
藉著皇帝的支持，在政治上實踐儒家文化的理想；但是由於統治者匯聚「治
統」與「道統」於一身，使得二者在意識型態的區分上變得模糊不清，當「政
治勢力」延伸到「文化領域」的結果，「皇權」變成「政治」與「文化」運作

〔註10〕　〔清〕李光地：《榕村全集》，卷10，〈進讀書筆錄及論說序記雜文序〉，頁525。
〔註11〕　〔清〕李清馥編：《榕村譜錄合考》，北京：北京圖書館出版，1999年，頁371。

的核心，統治者就變成「政治」與「文化」兩項傳統的無上權威。君權的高漲，使得「道統」的自主性被犧牲，換句話說，傳統裡「道統」批判政治權威的立足點也因此被解消了。

　　雖說康熙結合道統與治統，使得「道統」喪失超越的批判精神，但是他推崇朱子，並把程朱理學訂為官學，對於清初政局與文化的穩定，有一定的助益與影響。

（二）朱學與王學對立

　　明代雖已滅亡，但宋明理學的餘脈，到了清初卻仍持續地延續其生命，且由於明代亡國的反省，以及自身學說的檢討，此時期的理學亦發展出新的面貌，在清初學術上有其重要地位，甚至對清代漢學的發展具有重要影響力。錢穆在《中國近三百年學術史》說：

> 且言漢學淵源者，必溯諸晚明諸遺老。然其時如夏峰、梨洲、二曲、船山、桴亭、亭林、蒿菴、習齋，一世魁儒耆碩，靡不寢饋於宋學。繼此而降，如恕谷、望溪、穆堂、謝山乃至慎修諸人，皆於宋學有甚深契詣。而於時已及乾隆。漢學之名，始稍稍起。而漢學諸家之高下淺深，亦往往視其所得於宋學之高下淺深以為判。道咸以下，則漢宋兼采之說漸盛，抑且多尊宋貶漢，對乾嘉為平反者。故不識宋學，則無以識近代也。〔註12〕

錢穆認為宋學對於清代學術有很重要的影響，學者無論是基於對宋學的傳承、闡述而企圖恢復擴充之；抑或是對於宋學的批評、反動而另闢新道路，其中淵源都和宋學有關。在此所謂的宋學是包括宋明以來的心性之學。所以錢穆才說不識宋學，就無以識明末迄清的近三百年學術史。

　　而清代的理學亦可分為宗程朱與宗王學兩派。宗程朱學的有顧炎武、陸世儀、張履祥、呂留良、朱用純、應撝謙等人，皆是在野的朱子學者，人品、志節皆為人所重；而入仕清朝的程朱理學家則有熊賜履、李光地、湯斌、張伯行、于成龍、陸隴其、楊名時、朱軾、蔡世遠等人，皆對提倡程朱學不遺餘力。當程朱理學被清廷獨尊為官學，作為維護君權與社會安定後盾的同時，另一方面的王學，在面臨社會學界與館閣朱學的批評聲浪下，也興起改革與修正王學的決心。在當時的民間社會，仍以王學為大宗，而以王學的傳承來

〔註12〕錢穆：《中國近三百年學術史》，北京：商務印書館，2005年，頁1。

看，有全祖望所謂的「三大儒」〔註13〕，即北方的孫奇逢、西方的李顒、南方的黃宗羲，他們大致皆宗陽明之學，但對王學多所修正，已非王學舊貌了。其中孫奇逢（1584～1675）雖學出王門，但其理學思想，卻能超脫門戶之見，兼采融會朱、王之學，折衷歸本於孔子之義理宗旨。他既言盡心知性體識天理，又倡躬行踐履學以致用，力矯明末以來王學的清談空疏陋習，爲清初北方王學的開創者；此外，李顒（1627～1705）從「明道救世」的目的爲出發點，力闢張載以來的關學學風，明確主張「明體適用」之學。而針對明、清更迭的歷史反思，他提出了強調「禮義廉恥之大閑」的「悔過自新說」；又將「悔過自新說」結合經世之學，提出「明體適用」的爲學主張，企圖恢復儒學的經世傳統。而黃宗羲（1610～1695）爲陽明學說的修正者，其主要思想反映在對理學的反省與批判上，他師事劉蕺山，其學自不脫陽明學氣息，但卻將心學派向來強調的「本體」，扭轉到重實踐的「工夫」之上，認爲心無本體，工夫做到了，就是本體。他認爲要經歷求學、實踐等實在工夫，才能求得真正的學問。此外，他又以博大的治學領域、實事求是的學風開清初的浙東學派，爲清代學術開闢了新的領域。而在清代被稱爲「陸王派之最後一人」〔註14〕的，則爲李紱，他亦提倡「重心」，且亦重「實踐」。

雖說清代理學仍分爲朱、王兩派，但是能夠在學術上有所開拓、發展，突破舊學藩籬的，恐怕只有宗王學一派了，梁啓超甚至在《中國近三百年學術史》中說：「據我個人的批評，敢說：清代理學家，陸王學派還有人物，程朱學派絕無人物。」〔註15〕梁啓超此段話說來有些偏頗，但卻也點出清初的程朱學派逐漸走向僵化的現象。

理學中的朱、王之爭，亦從明末持續到清初，並由王陽明所作《朱子晚年定論》所引發。〔註16〕陽明於書中條例裡說明朱子晚年自覺其說「支離」，故逐漸修正其學以合於陸象山一路。其中「援朱入陸」的說法，在陳建撰《學蔀通辨》駁斥其說後，朱學一派也展開猛烈抨擊，朱、王兩派遂在清初勢如水火，戰火也由學界延伸到朝廷館閣之間。首先受影響的，就

〔註13〕〔清〕全祖望：《鮚埼亭集》，臺北：華世出版社，1977年，卷12，〈二曲先生窆石文〉，頁151。

〔註14〕梁啓超：《中國近三百年學術史》，臺北：里仁書局，2005年，頁77。

〔註15〕梁啓超：《中國近三百年學術史》，頁77。

〔註16〕梁啓超認爲明清之際的朱王之爭，是由陽明《朱子晚年定論》所引發的。詳見梁啓超：《中國近三百年學術史》，頁146。

是康熙十八年（1679）開館纂修《明史》時的「陽明立傳」問題。過去的
正史對於儒學中人皆只設〈儒林傳〉；從《宋史》開始別立〈道學傳〉，繫
以北宋五子以及朱熹、張栻和程朱門人如謝良佐、游酢、楊時等人，尊為
理學正宗，另外胡瑗、陸九淵、呂祖謙、陳亮等非程朱一系的理學家，則
與鄭樵、王應麟、黃震等人同繫於〈儒林傳〉。於是清儒徐乾學修《明史》
列傳時，也打算仿《宋史·道學傳》之例，在《明史》中立〈理學傳〉以
區別於〈儒林傳〉，並把明之程朱學派學者列入〈理學傳〉，而把王陽明、
陳白沙等人立為〈儒林傳〉，用意在摒陽明於理學家、道統真傳之外。這樣
的做法當然招致清儒王學派的不滿，於是〈道學傳〉〔註17〕的存廢問題，
便成為清初朱王之爭的爭執焦點。這件事最後在黃宗羲修書致《明史》館〔註
18〕，而朱彝尊、湯斌、毛奇齡等人也都反對設立〈道學傳〉的情況下，始
得去除〈道學傳〉。不過雖然在眾議下刪去《明史》的道學、理學之名，而
總歸〈儒林傳〉，但王陽明被列入勳臣，並非列入〈儒林傳〉，傳中也多稱
揚其戰功，終究把王陽明摒棄在儒林之外，實際上抹殺了他的學術成就與
學界領袖地位，王學派終難翻身。〔註19〕

　　是以程朱理學雖被清廷尊為官學，大力提倡，在朱王之爭中佔得上風，
但由於清廷主要是藉著程朱理學作為維繫人心、鞏固政權的工具，實際上並
沒有深入去探求其內在義理與理性思辨，只窄化的注重其外在表象的道德規
範，致使程朱理學的內在意涵漸漸失去光輝，思想也逐漸步向僵化之途。這
也是那些館閣朱學學者最終無法帶領程朱學走向新方向之因。另一方面，王
學派儘管有出現修正與改革的聲浪，企圖挽救明末王學流於空談誤國、束書
不觀的陋習，但面對已經改變的歷史環境，以及在清廷的強勢干預、打壓之
下，就學術理論而言，王學派也已難再創新局了。所以朱、王兩派在清初同
樣面臨無法開創新局、無法繼續前進的困境，但雙方卻仍各擁其主，持續為
歧見紛紛擾擾，是故當置身於逐漸興起的考證新風潮時，雙方的戰場也由理
論轉移到了考據上去了。

〔註17〕　在此指《明史》仿《宋史·道學傳》所立之〈理學傳〉而言。
〔註18〕　黃宗羲在〈移史館論不宜立理學傳書〉中說：「《十七史》以來止有〈儒林〉，……
　　　　　未嘗加以〈道學〉之名。」「〈道學〉一門所當去也，一切總歸〈儒林〉。」反
　　　　　對設立〈道學傳〉。見〔明〕黃宗羲：《南雷文定》，臺北：臺灣商務印書館，
　　　　　1969年，前集卷4，頁63～66。
〔註19〕　此段參見張麗珠：《清代新義理學》，臺北：里仁書局，2003年，頁63～65。

二、明末清初之回歸原典運動

（一）理學之式微

從宋代到清代的七百年間，理學經過不斷地討論、辯難，其範疇與命題大致上已經確定，一方面可說它的理論愈發精粹與深刻；但同時也可以說它是逐漸走向封閉與固瑣，難以再有新的發揮，以致於自陷困境。康熙與李光地將程朱理學推崇到官方正統思想的最高位，但在他二人過世不久後的雍正朝，程朱理學卻已漸漸衰微沒落。衰微的原因早在理學流傳的過程中即已顯現，但在朝廷有目的性的功令護持下，仍無法挽救理學的危機，甚至還可能導致理學的快速衰落。

程朱理學自從被尊爲官學後，成爲國家考試的指定科目，在國家功令的推助下，表面上理學是興盛的；但士子卻陷溺於功名利祿中，使理學學風日益走向衰弊。因爲許多人只是熱衷功名，表面上是尊崇朱子，談論朱子學，但實際上卻是自私盧僞，以此門學問來欺世盜名、沽名釣譽，即是所謂的假道學；而有志於聖賢之學的人，不屑這種作爲，因此寧可不參加考試，以維護自己的志節。但在這樣的狀況下，更顯得官學化的朱學盧有其表，無論從理論內容或外在形式來看，多半已喪失其開拓性，且其依附於政治，亦喪失學術的獨立性，在理論的推展上倍受限制。故《清代通史》云：

> 玄燁對於理學之認識，勤勤講道傳經，至老不輟，實高出於諸臣也。……至是抱反對清廷之思想者，並朱子之學而詆斥之；而阿附之徒，則皆潤飾考亭，以求仕宦。理學之表章，亦正理學之衰微已。
> 〔註20〕

對於清初理學的表彰，亦能洞見其背後的危機。

而理學的沒落僵化，朱、王之爭仍是一重大促成因素。除了上述已提及的朱、王兩派因爲各自所遭遇的問題，面臨同樣無法開創新局、無法延續理論學說的窘境外，經過朱、王之爭後，已使得兩派的缺點暴露無遺，許多學者看到彼此理論的缺陷，而主張調停，但是大部分的程朱學者卻仍堅守朱學理論，自拘於門戶之限中，更使得理學思想益加拘限、膠著。所以錢穆說：「朱陸當時雖有異同，然同有涵養未發一層工夫，而清儒爭朱陸者，則大率書本文字之考索爲主耳。」〔註21〕這種文字考索上的淺薄爭論，

〔註20〕 蕭一山：《清代通史》，北平：中華書局，1986 年，第一冊，頁 778。
〔註21〕 錢穆：《中國近三百年學術史》，頁 327。

不僅無法在理論上進行檢討修正，反而使自己的缺點更加暴露，更凸顯其
淺薄無知而已。當朱、王兩派無法在理論上互爭高下，稍後又有考證學風
興起時，他們便轉移到向經史諸學中求實證了。起初是王學一派在朝廷館
閣朱學的強大壓力下，須另謀出路，於是便藉著堅實的文獻考證，駁斥程
朱一派在立論經典上援道入儒，並非真正的聖學統緒，由此便開啓了清儒
以考據爲後盾，各自表達義理立場的風尚，並也將朱、王之爭的戰場轉到
了考據上。〔註 22〕於是清初考據學便在這樣的爭鬥下進行著：屬陸王一派
毛奇齡的《大學知本圖說》、《太極圖說遺義》、《河圖洛書原舛編》，陳確的
《大學辨》，黃宗羲的《易學象數論》，黃宗炎的《圖學辨惑》等書，代表
對程朱學派根基的抨擊；而屬程朱一派閻若璩的《尚書古文疏證》，則對王
學展開了強烈的攻擊。最後在朱、王雙方的立論經典紛紛都被論斷爲僞，
或援道入儒以後〔註 23〕，導致兩敗俱傷，整個理學才因爲撼動根基造成真
正致命的打擊，漸漸衰弱，終至一蹶不振。〔註 24〕至此，理學可說是欲振
乏力，步向沒落之途了。

（二）考據學之興起

　　當清初理學日漸走向僵化封閉之時；另一方面，自明末清初以來重經
學的學風，也逐漸轉爲乾嘉學術的考據路線，這兩者可說是同時進行的。
明末王學已流於空談，而後明朝滅亡，社會動盪不安，加上滿清入主中原，
整個大環境到了清初更是混亂，戰亂仍頻，民生凋敝，因而當時提倡所謂
「經世致用」的聲浪遂趁勢興起，希冀救國家社會於危機之中。如顧炎武
曾云：

　　　　愚獨以爲，理學之名，自宋人始有之。古之所謂理學，經學也。非
　　　　數十年不能通也。……今之所謂理學，禪學也。不取之五經，而但

〔註 22〕張麗珠：《清代新義理學》，頁 128。

〔註 23〕清初這些考據之作，問題的焦點集中在：一、王學一派對朱子「先天太極」
　　　　說的道教質疑——朱子的《周易本義》首列九圖、《性理大全》亦載《太極圖》，
　　　　這些在清初皆被論定爲「援道入儒」；二、對朱子改訂的《大學章句》的質疑
　　　　——朱子增加《格物補傳》而成的《大學章句》，陽明謂之「支離」，而主張
　　　　恢復古本之舊；清初陳確的《大學辨》等書，更論證了《大學》乃秦以後作，
　　　　並非聖學；三、朱學一派對陸王心學立論根據的《古文尚書》質疑——朱子
　　　　早就懷疑《古文尚書》的真僞，清初閻若璩更藉著《尚書古文疏證》斷論其
　　　　書之僞。詳見張麗珠：《清代新義理學》，頁 67～72。

〔註 24〕張麗珠：《清代新義理學》，頁 128～129。

資之語錄。校諸帖括之文而尤易也。又曰《論語》，聖人之語錄也。

舍聖人之語錄，而從事於後儒，此之謂不知本矣。〔註25〕

他所謂「古之所謂理學，經學也」，乃直指出「今之所謂理學，禪學也」的弊端。當時所謂的理學，只是落在明末空談心性層面的理論、不務實際，其作風實與「禪學」無異。故他認爲，必須明經，唯有透過了解經典的義理內涵，才能言之有物，而不至流入空談玄虛之中，才能明聖人之道，才能達到經世致用的目的。

由於有經世致用之需求，則儒家經典自然就成爲文人們求取治道的根本，此援經考據的風氣由明末楊慎、焦竑、陳第等人爲先導，清初由黃宗羲、顧炎武、王夫之等大儒全力提振，他們開始思考理學與經學的關係，並把當時的理學與經學作結合，形成通經致用的新學風，主張以訓詁、考證等求實客觀的方法，返回經典去探求經典的本義，這種回歸原典探求本義的企圖，使其對程朱以來的性理之學充滿了懷疑與批判，也開啓了對傳統儒學重新審視與理解的風氣，促使清代理學家重視經學，甚至以訓詁的方法來治理學，這亦可說是學術發展過程中的必然趨勢，並成爲清代考據學風開展的一股動力。

到了清代，閻若璩、毛奇齡、胡渭等學者繼之而起，他們一改宋明以來空談陋習，爲學主張回歸經典，窮經考古；康熙後期，此種風氣已成，即便是當時理學家，亦兼治經學，如李光地治《易》學、律呂、曆算等；楊名時治《易》；湯斌也重視經術等，皆是當時風氣所致、時勢所趨。而這些理學家在經學及考據風氣的影響下，已不能僅止專心於理學的心性義理研究了，當理學的內部探析已無法滿足學者求知的欲望時，學術的主流漸被以經學考證爲主的考據學所取代。當最後理學沒落之時，其時的考據學不但擺脫了義理目的，也遠離了清初儒者所持的通經致用理想，而以純粹考據經典的面貌出現，遂逐步形成日後乾嘉的考據學風。

第二節　李光地生平著述及政治活動

李光地身處於上節所述的清初時代，整個環境背景自然會影響了他的思

〔註25〕〔明〕顧炎武：《亭林文集》，臺北：臺灣商務印書館，1968 年，卷 3，〈與施愚山書〉，頁 102。

想與學問。而生平與師承交遊對他的影響亦頗大,由此奠定了他日後為學的
基礎;尤其是在其涉入政治,當朝為官時,對他的整個思想轉折更是重要。
因此,以下先針對李光地的生平與師承交遊作敘述,說明其成學的梗概,其
次對其著作做概述,最後再說明政治對他思想轉折的重要性與意義,以期對
李光地的整個學術思想有初步認知。

一、生平及其著作

(一)生平交遊

　　李光地,字晉卿,號厚菴,別號榕村,福建安溪人。同時代的學者尊稱
其為安溪先生,或尊稱其為安溪李相國。生於明崇禎十五年(1642),卒於清
康熙五十七年(1718),年七十七。

　　世居福建安溪的李氏家族,是當地的甲族大家,因此培養子孫讀書做官,
求取功名,乃是其主要傳統之一。一方面是因為若有子孫當官,可有政治保
護,避免成為官府勒索的對象;另一方面,受到傳統儒家的社會觀念——窮
則獨善其身,達則兼善天下——的影響,對於李家這種傳統大家族而言,培
養子孫讀書更是不遺餘力。李光地從小便在這種環境薰陶下,訂定自己將來
讀書仕進的道路。日後李光地能夠位極人臣,是他從小刻苦向學的成果之一。

　　若論李光地的天賦資質,許蘇民先生在《李光地傳論》中認為「《年譜》
所述與李光地的自述互相矛盾,而以李光地的自述較為真實可信。」〔註26〕
根據《李文貞公年譜》所述:李光地四歲時,「未就塾,已識字,見關侯廟有
忠義二字,輒取炧炭摹肖之」〔註27〕,「五歲入幼學,讀書背文穎悟過人」〔註
28〕,七歲時即能賦詩,九歲能讀《離騷》,「成誦即知大意」〔註29〕。「十二
歲日命五題,自辰至酉,楷畢,居然大篇」〔註30〕,十三歲就能「畢誦群經」
〔註31〕,十八歲即編寫《性理解》,十九歲纂《四書解》,二十歲纂《周易解》,
二十一歲「譜〈太極通書相表裏圖〉」〔註32〕,「二十三歲始注《洪範》,又著

〔註26〕　許蘇民:《李光地傳論》,頁9。
〔註27〕　〔清〕李清植纂輯:《李文貞公年譜》,臺北:文海出版社,1971年,頁3。
〔註28〕　〔清〕李清植纂輯:《李文貞公年譜》,頁3。
〔註29〕　〔清〕李清植纂輯:《李文貞公年譜》,頁5。
〔註30〕　〔清〕李清植纂輯:《李文貞公年譜》,頁6。
〔註31〕　〔清〕李清植纂輯:《李文貞公年譜》,頁6。
〔註32〕　〔清〕李清植纂輯:《李文貞公年譜》,頁16。

《卜書補義》」〔註33〕，「二十四歲輯《歷象要義》」〔註34〕，在二十五歲夏時始明律呂之學。若照《李文貞公年譜》所說，則李光地的天賦資質相當好，小時候的表現簡直是神童了。

但是若根據李光地的自述來看，一切就不同了。他說：

> 四家叔亦是知己。予假還，卅餘歲，只是讀書不已。四家叔向二家伯等云「人生天姿靠不得，厚菴少時，天姿平常的狠，如何比得二兄與五弟？無奈他只是讀書不歇，如今定何如。」〔註35〕

> 某天資極鈍。向曾學籌算于潘次耕，渠性急，某不懂，渠拂衣罵云：「此一飯時可了者，奈何如此糊塗！」其言語又啁啾不分明，卒不成而罷。今得梅先生知緩善誘，方得明白。予向看書，一部《大學》看二年餘，《易經》每一卦至半月餘，然得力卻也在此。舍弟每過而輒忘，予至今卻能舉其詞。〔註36〕

把《李文貞公年譜》所述與李光地自述兩相比較，雖然李光地說自己天資極鈍，有可能是自謙之詞，但比起《李文貞公年譜》裡把他推為神童，自述顯然是比較令人可信的。姑且不論李光地的天賦如何，他之所以能有所成就，完全是他比別人努力，刻苦讀書，勤奮向學的結果，這也是不能忽視的一點。

而李光地的父親——李兆慶，對於培養兒子的將來也是相當用心，李兆慶尊崇程朱之學，因此也為李光地購置了許多與程朱學有關的書籍，「而先君篤好《性理》。赤貧赴考時，十金買得一部內府板《性理》，喜若重寶。歸而督予讀之，遂開子孫讀書一派」〔註37〕。「父兆慶，篤嗜正學，以明季講師，蔑棄宋儒之書，乃購《六經》、《性理》、《蒙存》諸書，以課文貞，講誦數年，充然有得。斂衣冠，謹坐起，非程朱不敢言」〔註38〕。以在當時的福建安溪而言，其父作為算是相當獨特。因為自明朝中葉以來，陽明學所造成的風潮之廣，就連向來崇尚朱子學的福建也受其影響，李光地曾回憶說：

〔註33〕〔清〕李清植纂輯：《李文貞公年譜》，頁16。
〔註34〕〔清〕李清植纂輯：《李文貞公年譜》，頁16。
〔註35〕〔清〕李光地：《榕村續語錄》，北京：中華書局，1995年，卷19，頁876。
〔註36〕〔清〕李光地：《榕村續語錄》，卷16，頁775～776。
〔註37〕〔清〕李光地：《榕村續語錄》，卷18，頁864。
〔註38〕〔清〕黃任、郭賡武纂修：《泉州府志》，福建省泉州市：泉州志編纂委員會，1984年，卷四十五，〈國朝列傳·李光地〉，頁25。

　　明末，閩中學者飲酒讀史，崇尚李卓吾書，舉國若狂。〔註39〕

　　當明季時，如李贄之《焚書》、《藏書》，怪亂不經，即黃石齋的著作，
　　亦是雜博欺人。其時長老，多好此種，卻將周、程、張、朱之書譏
　　笑，以爲事事都是宋人壞卻。惟先君性篤好之。〔註40〕

在當時當地，學風基本上是被王學所籠罩，在安溪長老心中，王學才是最好
的。但李兆慶認爲那些明代的學者與長老輕視宋儒的學問，是相當錯誤的，
同時他也間接表示了對於明末那些束書不觀、游談無根士人們的輕視與不
屑。雖說李光地自小接受家學，由程朱學啓蒙，但受到當時環境與學風的影
響，也曾研讀過陸、王之學，他曾說：「予十八歲看完《四書》，十九歲看完
本經，廿歲讀完《性理》，廿一至廿五歲，看陸子靜、王陽明集及諸難書。」
〔註41〕《李文貞公年譜》亦說：

　　公自幼嗜學，髫而益勤，雖政事鞅掌，稍暇即憑几編著，丹鉛未嘗
　　釋手。自羽翼經傳而外，凡諸子百家，下及星日命卜之流，莫不旁
　　涉會通，以滋其神明之貫，常以晡後，集諸生講論，答問析疑，亹
　　亹循循，漏下二、三刻不倦。每有述作，輒令諸生傳視，有能發其
　　覆、申其義者，則喜動顏色，與相參酌往復，應時改訂，沛如也。
　　〔註42〕

可知李光地在學問上的興趣廣泛，除了程朱學及陸、王之學，還涉及經傳、
諸子百家，乃至星日命卜等雜學。

　　雖然明朝已經滅亡，但清朝之科舉內容與制度，大致仍沿襲明朝；加上
清初康熙帝對於程朱之學有相當濃厚的興趣，因此，整個清初的科考環境仍
是以程朱理學爲宗。李光地就在自己的努力與父親的栽培下，不負期望，於
二十二歲（康熙二年，1663）那年成爲廩膳生，即秀才中的最高一等。之後
他便沿著秀才、舉人、貢士、進士、庶吉士這樣的考試階段，一步步進入清
王朝的政治核心，終於在二十九歲（康熙九年，1670）時被選爲翰林院庶吉
士，從此展開了他的政治與學術之路。

〔註39〕　〔清〕李光地：《榕村續語錄》，卷18，頁864。
〔註40〕　〔清〕李光地：《榕村語錄》，北京：中華書局，1995年，卷29，頁523。
〔註41〕　〔清〕李光地：《榕村續語錄》，卷16，頁773。
〔註42〕　〔清〕李清植纂輯：《李文貞公年譜》，頁264～265。

康熙十年至十二年（1671～1673），李光地在翰林院學習。在這段期間，他得到了明朝遺老顧炎武的指教。〔註43〕李光地將《曆論八篇》送請魏既齊指正，魏既齊拿給顧炎武看後，顧炎武讚嘆說：「元人之文也！誰爲爲之者？幸一識之。」〔註44〕於是李光地得以會見顧炎武：

> 某嘗以《曆論》質於狤氏魏先生，狤氏以示顧寧人，寧人曰：「曆之
> 是否，吾不能知。論文字，則元人之文也。」某曰：「以先生之博學，
> 何謂不能知曆？」寧人曰：「吾於經史，雖略能記誦，其實都是零碎
> 工夫。至律曆、禮樂之類，整片稽考，便不耐心。此是大病，今悔
> 之而已老矣。」〔註45〕

顧炎武除了教導李光地正確做學問的態度之外，還給李光地講授了音韻學的知識，「顧氏與縱談點畫聲音古今訛異之原。」〔註46〕經過此次與顧炎武的會面，讓李光地獲得十分有益的教誨。日後他還將顧炎武與當代天文學家、數學家梅文鼎相比較：「梅定九了然於心，了然於手，卻不能了然於口。寧人則善談論，其自訟處，實讀書要訣也。」〔註47〕又說：「出門之功甚大，閉戶用功，何嘗不好，到底出門聞見廣。使某不見顧寧人、梅定九，如何得知音韻、曆算之詳。」〔註48〕可見顧炎武在音韻上對李光地有多大的幫助與影響。

在翰林院的這段期間，李光地還曾與魏象樞前往民間，拜見明末遺老孫奇逢。孫奇逢（1584～1675），字啓泰，號鍾元，直隸容城人。晚年卜居輝縣夏峰村，學者號曰夏峰先生，自號歲寒老人。明清兩朝雖然徵聘孫奇逢十一次之多，但他仍堅拒不赴，天下稱爲孫徵君。當李光地前往拜見孫奇逢時，他八十歲卻仍論道著書不息，李光地回憶當時說：

> 望其神氣，清健如五六十歲人，獨耳偏塞。然有所問叩，輒酬酢如
> 應響，蓋所謂能以目聽者，古之眞人歟！〔註49〕

〔註43〕〔清〕李清植纂輯：《李文貞公年譜》：「十年辛亥，公三十歲，始見顧炎武，聞音韻之學」，頁21。
〔註44〕〔清〕李清植纂輯：《李文貞公年譜》，頁22。
〔註45〕〔清〕李光地：《榕村語錄》，卷24，頁431。
〔註46〕〔清〕李清植纂輯：《李文貞公年譜》，頁22。
〔註47〕〔清〕李光地：《榕村語錄》，卷24，頁431。
〔註48〕〔清〕李光地：《榕村語錄》，卷24，頁431。另〔清〕李清植纂輯：《李文貞公年譜》，頁100～101記載：「（二十八年冬），（公）始見梅文鼎聞曆算之學。」「公嘗推顧氏音韻，梅氏曆算，自漢以下專門未有也。」可知李光地的曆算之學亦有得力於梅文鼎之處。
〔註49〕〔清〕李光地：《榕村全集》，卷12，〈孫北海五經翼序〉，頁620。

康熙十二年（1673），李光地告假返鄉時，曾去向孫奇逢辭行，他贈書於李光地，並說：「某平生師友，盡在閩中。」〔註50〕孫奇逢的學問，早年得力於陽明學，晚年則以為程朱、陸王各有所長，當互相融合，取長避短。他的思想，對李光地一生的治學思路有很大的影響與感發。

此外，李光地與家族親人，如李鼎徵、李光坡、李光墺、李光型、李鍾倫等人，以及與弟子，如冉覲祖、陳鵬年、惠士奇、楊名時、莊亨陽、蔡世遠、何焯、王蘭生、王之銳、徐用錫等人，與朋友如：張伯行、方苞、陳夢雷、德格勒、徐元夢、魏廷珍、熊賜履、湯斌等人，皆互相交遊往來，討論學問，這對於李光地的學術以及思想亦有闡發與影響之處。

（二）學術著作概述

李光地學識淵博，對於各方面學術幾乎均有涉獵，因此一生著作頗為豐富。其著作主要收於清道光九年（1829）李惟迪所輯《榕村全集》中，共有三十八種，一百七十六卷，其中除了《榕村語錄續編》二十卷未收入外，已包含了李光地絕大部分著作。除去以「御纂」名義頒行的著作（《朱子全書》、《性理精義》、《周易折中》、《星曆考原》、《月令輯要》、《音韻闡微》等）以外，李光地的著作約有二百卷。〔註51〕其主要著作簡介如下：

1. 《周易通論》四卷

此書總論易理，以下各自為篇，一、二卷發明上下經大旨，三、四卷則發明繫辭、說卦、序卦、雜卦之義，冠以〈易本〉、〈易教〉二篇，次及卦爻象傳、時位德應、河圖洛書，以及占筮挂揲，正變環互，無不條析其意，而推明其所以然。融會貫通，卓然成一家之說。此書要旨，以消息盈虛觀天道而修人事。

2. 《周易觀彖》十二卷

此書用《周易》注疏本，與朱熹用《周易》古本不同。此書各卷皆發明易理，兼證以易象，而於易數則略。非是解釋彖辭，實為注釋全經。其大旨雖與程朱二家頗有出入，而大旨則發明程朱之說，雖與程朱有異同，而無背觸。

〔註50〕〔清〕李光地：《榕村全集》，卷12，〈孫北海五經翼序〉，頁620。
〔註51〕許蘇民：《李光地傳論》，頁97。

3.《尚書七篇解義》一卷

是書僅解〈堯典〉、〈舜典〉、〈大禹謨〉、〈皋陶〉、〈益稷〉、〈禹貢〉、〈洪範〉七篇，係未完稿。它不以訓詁見長，而以解義見著。此書與朱熹見解有所不同，不以古文《尚書》爲僞，認爲古文《尚書》被孔安國所增刪，又以東漢以後諸儒纂改。此書對《尚書》中的地名作了考證，不像其它理學家那樣據理懸揣。

4.《洪範新舊說》二卷

此書用天道（世界觀）、人道（倫常觀）解釋《洪範》。李光地認爲，《洪範》之書，文雖少而與四聖之《易》並傳。《洪範》中所講的，是治國平天下的道理。

5.《詩所》八卷

是書大旨不主於訓詁名物，而於推求詩意。其推求詩意又主於涵泳文句得其美刺之旨而止，亦不旁徵事跡，必求其人以實之。其所詮釋多能得興觀群怨之旨。

6.《朱子禮纂》五卷

此書取《朱文公文集》和《朱子語類》中說禮之言以類纂輯，附以己說，分爲總論、冠婚、喪、祭、雜儀五目，書中雖遺漏許多朱熹說理之言，但把朱熹零星說禮之言，整理成秩然有理，符合朱熹思想，便於學者。

7.《春秋毀餘》四卷

李光地於康熙四十一年（1702）著《春秋稿》十卷。康熙四十五年（1706），隨康熙南巡，住在河北保定官署，因失火燒毀其書一大半。李光地故逝後，其孫掇拾餘稿之可讀者，纂輯成此書。

8.《大學古本說》一卷

說明他使用和注釋《大學》一書之所以不用朱子本而用漢代鄭玄注古本，是因爲鄭氏古本文從理得，且突出「知本」「誠身」二義爲《大學》樞要。此免於與眾目混淆，爲王學之徒所利用。

9.《中庸章段》一卷

說明他使用和注釋的《中庸》一書，不用朱子原本，亦不用鄭玄注古本。他分《中庸》爲十二章，聯屬其文，使節次分明，大旨則與朱子本無異。

10.《中庸餘論》一卷

闡發《中庸》一書之精義。

11.《中庸四記》一卷

從不同角度說明《中庸》首章之旨。李光地認為《中庸》首章最難，只有明白此章，才能明白全書，以至於《四書》。

12.《讀論語劄記》二卷、《讀孟子劄記》二卷

係其隨所見即劄記之文，闡發《論》《孟》各章要旨，解釋大體與朱熹同而有發展。每章舉經首句標明某章，然後解釋本章之大旨，發前人之所未發。

13.《禮記述注》二十八卷

闡述《禮記》各章節之大意，並有考證。

14.《注解正蒙》二卷

是書疏通證明並多有闡發張載未發之意，又於先儒互異之處，一一別白是非，使讀者曉然不疑，並改正當時流傳本《正蒙》之錯誤。李光地此書是明以來諸家注釋《正蒙》的最善本。

15.《古樂經傳》五卷

是書取《周禮·大司樂》以下二十官為經，以《樂記》為之記，又有附樂經、附樂記，統為五卷。

16.《榕村韻書》五卷

闡述五音生生之法。

17.《韻箋》三卷

闡述音節傳換、古今、南北地方字音之異。

18.《離騷經注》一卷、《九歌注》一卷

根據王逸本注，所注皆推尋文意以疏通其旨，頗為簡要。

19.《參同契注》三卷

論證《參同契》為魏伯陽所撰。此書注釋分為《周易參同契》二卷和《周易三相類》一卷，二書各分上中下三篇，又於二書之後各列「爐火說」一篇。

20.《陰符經注》一卷

為注釋《陰符經》之難句。李光地注較李荃注為順，他不以此書為李荃所偽撰。

21.《握奇經注》一卷

握奇即兵法尙奇之意。此書闡述行兵布陣之法。以《周易》八卦（乾坤艮巽震兌離坎）配八陣（天地風雲龍虎鳥蛇），注釋通俗易懂。由此書可見李光地之軍事思想。

22.《韓子粹言》二卷

摘錄韓愈之發於理、濟於事之文章，加以己意說明，編輯成書。

23.《古文精藻》二卷

係李光地提督順天學政時所選錄，以教誨鄉曲諸生，使其不求盡古文之變。

24.《大司樂釋義》二卷

係解說《周官‧大司樂》及其論說，闡明樂理。此書以經文爲主，以《史記》、《漢書》、《淮南子》諸說爲輔。

25.《榕村講授》三卷

此書分爲三編。上編載周、張、二程、朱子所著；中編爲董仲舒、揚雄、王通、韓愈、邵雍、胡宏所著；下編爲賈誼、匡衡、劉向、谷永、劉歆、班固、諸葛亮、歐陽脩、宋祁、王安石、曾鞏、陸九淵、眞德秀所著。多取其所以發聖賢之理者，大抵皆儒家之意。對於揚雄、谷永、劉歆等人，不以人廢言。此書爲應科舉之文，以誘掖初學者之書。

26.《星曆考原》六卷

分象數考原、年神方位、月事谷神、月事凶神、日時總表、用事宜忌之目。此書於《四庫全書》被歸爲「子部術數類」。

27.《榕村語錄》三十卷

是編爲其門人徐用錫及其孫清植所輯。主要是記錄李光地一生與門人子姪的講學問答，其中有李光地所自記者，有子弟門人所記者，各注於諸條之後，冠以經書總論與論《四書》者共八卷，論《易》、《書》、《詩》、《三禮》、《春秋》、《孝經》者共九卷，論六子諸儒及諸子道統者共三卷，論史者一卷，論歷代人物者一卷，論學者二卷，論性命理氣者二卷，論治道者二卷，論詩文者二卷，書末附韻學。又《四庫全書總目》：

> 光地於律呂算術皆所究心，而是編一語不載，殆以別爲專門，爲儒者所當知，而非儒者之所急歟！抑或律呂惟授王蘭生，算術惟授魏

廷珍，而清植等不及聞也。光地之學源於朱子，而能心知其意，得
所變通，故不拘墟於門户之見，其詁經兼取漢唐之説，其講學亦酌
採陸王之義，而於其是非得失毫釐千里之介，則辨之甚明，往往一
語而決疑似，以視黨同伐之流，斥姚江者無一字不加排詆，攻紫陽
者無一語不生訕笑，其相去不可道里計，蓋學聞既深，則識自定，
而心自平，固宜與循聲佐鬥者迥乎異矣。〔註52〕

對於《榕村語錄》未收李光地之律呂、算術，做了可能而完整的推測。且可
從此語錄中看出李光地之學來源於朱熹，而能心知其意，得所變通，不拘泥
於門户之見，其詁經兼取漢唐之説，其論學亦酌採陸王義，而於其是非得
失，則辨之甚明，實屬難得。

28.《榕村續語錄》二十卷

黃家鼎錄。體例仿《語錄》前編，編輯未編入《榕村全集》之光地言論。
於《榕村語錄》所錄諸項外，又增加本朝時事、本朝人物二大類，且對於李
光地自述生平行事、議論朝局是非、大臣得失以及三藩之亂、臺灣回歸、朝
廷黨爭、儲位角逐、朱學獨尊等內容，均作了詳盡記載，可補清代官私史書
之所闕略。而就所涉及的學術領域而言，除了理學之外，還博及經學、史學、
子學、文學、天文曆算、律呂、音韻諸學等，相當廣泛。

29.《榕村全集》四十卷

為詩文札記之類。集中有《觀瀾錄》一卷；《經書筆記》、《讀書筆錄》共
一卷；《春秋大義》、《春秋隨筆》共一卷；《尚書句讀》一卷；《周官筆記》一
卷；《初夏錄》二卷；《尊朱要旨》一卷；《象數拾遺》、《景行摘編》共一卷；
文二十五卷；詩五卷；賦一卷。雖總題曰全集，然不包括所有之詩文，及其
所著諸書、語錄等。集中說經之篇甚多，而皆以闡明義理為主。其他詩文亦
是闡述道理之言。李光地之文不雕琢而自工，皆有物之言。

30.《卜書補義》一卷

此書不合蔡沈之說，而合真西山之說。

31.《等韻便覽》一卷

此書根據顧炎武音學，摘字之習用者依等韻字母編為便覽。發展了顧氏
音韻學，以收聲釐韻，以五聲切眾音。

〔註52〕〔清〕永瑢等著：《四庫全書總目》，北京：中華書局，1992 年，卷 94，〈榕
村語錄〉，子部儒家類四，頁 799。

此外，李光地參與編撰的著作有二百多卷。其中有：《四書六經解說》三十三卷、《周易折中》二十三卷、《音韻闡微》十八卷、《月令輯要》二十五卷、《朱子全書》六十六卷、《性理精義》十二卷、《星曆考原》六卷、《詩經傳說》十一卷、《春秋傳說》十五卷、《篆字經文》一卷等。〔註53〕其一生著述不輟，可謂學博而雜矣。

二、仕途及其思想

（一）仕宦經過

李光地的家學，為他的學問打下了基礎；而其與家族、朋友、先進、後學等的交遊往來，影響了他日後為學的態度與思路。但是，當李光地在朝為官時，康熙帝對學問的好惡，對他的影響卻是最大，也是最深，導致其日後整個思想的方向有了重大轉折，這也是令人值得探討之處。

從康熙九年中進士開始，李光地便一步步往政治核心邁進，其政治經歷及事蹟大致如下：

康熙九年（1670），登進士，選翰林院庶吉士。

康熙十一年（1672），任翰林院編修。

康熙十四年（1675），呈〈蠟丸疏〉，密陳破閩策。

康熙十六年（1677），特遷侍讀學士。

康熙十七年（1678），特遷內閣學士兼禮部侍郎。

康熙二十五年（1686），任翰林院掌院學士兼禮部侍郎，充經筵講官，日講起居注。

康熙二十八年（1689），左遷通政使司政使，後擢兵部右侍郎。

康熙三十二年（1693），以兵部右侍郎提督順天學政。

康熙三十三年（1694），母喪不去任，言官交章論，刻令解任，留京守制。

康熙三十七年（1698），遷工部左侍郎，後以兵部左侍郎右副都御史巡撫直隸，疏濬霸州、永清等地新河，以平水患。

康熙四十二年（1703），擢吏部尚書，兼直隸巡撫。

康熙四十四年（1705），授文淵閣大學士。

〔註53〕以上主要著作簡介參見高令印、陳其芳：《福建朱子學》，福州：福建人民出版社，1999年，〈李光地著作簡介〉，頁388～393。

康熙四十五年（1706），承修《朱子全書》，充武殿試讀卷官。

康熙五十二年（1713），承修《周易折中》。

康熙五十四年（1715），承修《性理精義》，《周易折中》成。

康熙五十七年（1718），李光地卒於北京，年七十七。康熙賜諡文貞，命五皇子允祺奠茶酒，賜銀一千兩，給全祭葬，派工部尚書徐元夢、侍讀學士魏廷珍護治喪事。雍正元年（1723）贈太子太傅，十一年（1733），祀京師賢良祠。

李光地從二十九歲（康熙九年，1670）中進士，直到七十七歲（康熙五十七年，1718）過世為止，一生的政治生涯幾乎與康熙朝緊密相結合，同時他也深受康熙的重用，任命其為文淵閣大學士，負責《朱子全書》、《周易折中》、《性理精義》等書的纂修，相當獲得康熙的信賴，康熙曾說：「知之最真無有如朕者，知朕者也無有過於李光地者。」〔註54〕又云：「君臣之契，特有深焉。」〔註55〕君臣如此相知，實屬罕見。而李光地不只是在政治上受康熙器用，在學術上更是懂得投其所好，與康熙的思想有很大的契合處，這不僅使他鞏固了自己在康熙心中的地位，同時也鞏固了在政治上的勢力。因為這點，使得康熙在學術上的偏好，對李光地的影響極深極廣，甚至發生了重大的思想轉折。

（二）學術思想轉變

康熙雖出身滿族，但他是個聰明且好學的君主，除了處理政事之外，對於中華文化也相當有興趣，且也相當重視自身各方面的修養，他曾說：

> 朕自五齡，即知讀書，八齡踐阼，輒以學庸、訓詁，詢之左右，求得大意而後愉快。日所讀書，必使字字成誦，從來不敢自欺。及四子之書，既已通貫。乃讀《尚書》，於典、謨、訓、誥之中，體會古帝王孜孜求治之意，期見之施行。及讀《大易》，觀象玩占，於數聖人扶陽抑陰，防微杜漸，垂世立教之精心，朕皆反復探索，必心與理會，不使纖毫扞格，實覺義理悅心，故樂此不疲耳。〔註56〕

〔註54〕〔清〕李桓輯：《國朝耆獻類徵初編》，卷10，宰輔10，〈李光地〉，〈國史館本傳〉，頁363。另〔清〕李清植纂輯：《李文貞公年譜》，頁268～269亦記載：「惟朕知卿最悉，亦惟卿知朕最深。」

〔註55〕〔清〕李清植纂輯：《李文貞公年譜》，頁270。

〔註56〕〔清〕章梫纂，褚家偉、鄭天一、劉明章校注：《康熙政要》，卷7，〈論勤學〉，頁129。

朕御極五十年，聽政之暇，勤覽書籍，凡《四書》、《五經》、《通鑒》、
《性理》等書，俱曾研究。〔註57〕

康熙從小便喜愛讀書，且於求學問的態度上非常嚴謹，對於自己不懂不知之事，總是會孜孜不倦的探求，從不馬虎。而他對學問的興趣也很廣泛，瞿鴻機曾說康熙「經經緯史，博極群書，上而天象、地輿、曆算、律呂之精微，三禮八政之繁賾；下至射御、醫筮百家眾技之長，極之滿蒙回藏文字之源流，泰西各國制器考工之新法，莫不洞窮蘊奧，兼綜旁通。」〔註58〕可知康熙不僅好學，對於各類學問，舉凡天文地理、四書五經、射御醫筮、文字考工等皆有濃厚的興趣，是個難得一見用功的君主。

但康熙重視程朱性理之學，卻可說是由大臣熊賜履所開啟。康熙六年（1667），當時擔任弘文院侍讀的熊賜履就曾上萬言書，對於時政多所建議，他說：

學校極其廢弛，而文教因之日衰也。今庠序之教缺焉不講，師道不立，經訓不明。士子惟揣摩舉業，爲弋科名掇富貴之具，不知讀書講學、求聖賢理道之歸。高明者或氾濫於百家，沉淪於二氏，斯道淪晦，未有甚於此時者也。乞責成學院、學道，統率士子，講明正學，特簡儒臣使司成均，則道術以明，教化大行，人才日出矣。〔註59〕

最後更說根本之道尤在皇上：

根本切要，端在皇上。皇上生長深宮，春秋方富，正宜慎選左右，輔導聖躬，薰陶德性，優以保衡之任，隆以師傅之禮；又妙選天下英俊，使之陪侍法從，朝夕獻納。毋徒事講幄之虛文，毋徒應經筵之故事，毋以寒暑有輟，毋以晨夕有間。於是考諸六經之文，監於歷代之迹，實體諸身心，以爲敷政出治之本。〔註60〕

熊賜履的這些主張，得到了康熙的嘉許和重視，他公開提出「敷政出治之本」在於「考諸六經之文，監於歷代之迹，實體諸身心」，等於替康熙之講明經術、

〔註57〕〔清〕章梫纂，褚家偉、鄭天一、劉明章校注：《康熙政要》，卷7，〈論勤學〉，頁130。

〔註58〕〔清〕章梫纂，褚家偉、鄭天一、劉明章校注：《康熙政要》，〈康熙政要敘〉，頁5。

〔註59〕〔清〕趙爾巽等撰：《清史稿》，卷262，〈熊賜履傳〉，頁388。

〔註60〕〔清〕趙爾巽等撰：《清史稿》，卷262，〈熊賜履傳〉，頁388。

提倡理學，指出了一條切實可行而極待實施的方案與政策。而從康熙九年
（1670）開始的經筵日講，亦是以儒家經典爲主要的講述內容，當時擔任進
講官的大臣熊賜履，便時常進講性理之學，如：

> 俯仰上下，只是一理。唯洞徹本原，擴充分量，存之心性之微，驗
> 之事爲之實，則表裏精粗，無有欠缺。〔註61〕

> 聖賢本體工夫，只格物二字包括無餘。內而身心意知，外而家國天
> 下，皆物也。物無不格，斯知無不致，而德無不明。聖經賢傳。千
> 言萬語，無非發明此理。〔註62〕

而康熙自己也說：「明理最是緊要，朕平日讀書窮理，總是要講求治道，見諸措
施。故明理之後，又須實行。不行，徒空說耳。」〔註63〕可見康熙對程朱性理
之學一直有濃厚的興趣與研究。又康熙二十一年（1682），牛鈕、陳廷敬上奏云：

> 自漢、唐儒者顓用力於經學，以爲立身致用之本，而道學即在其中。
> 至宋，周、程大儒倡明絕學，而朱子繼之集其成，折衷諸儒之說，
> 發明先聖之道，授徒講學，實爲千古道學之宗，有功於天下後世。
> 故元人修宋史，特爲道學立傳，不爲無見。〔註64〕

由於康熙本身的喜好，加上大臣的附和推崇，因此對於理學很重視，他曾親
自手批《性理大全》〔註65〕；到了晚年時對理學更加推崇，曾御敕李光地編
纂《朱子全書》、《性理精義》等書。而康熙在御製〈朱子全書序〉中云：

> 至於朱夫子，集大成而繼千百年絕傳之學，開愚蒙而立億萬世一定
> 之規。窮理以致其知，反躬以踐其實。……朕讀其書、察其理，非
> 此不能知天人相與之奧，非此不能治萬邦於衽席，非此不能仁心仁
> 政施於天下，非此不能内外爲一家。〔註66〕

康熙是個勤政愛民的君主，因此也特別留心學問的實用價值，在實務上，學
問可以幫助他處理政事、明斷是非，而朱熹的學問有規模、有次第，能夠給
予他實際的指導，這也是康熙欣賞朱子學的主要原因。且康熙在宋儒中，特
別推崇朱子：

〔註61〕中國第一歷史檔案館整理：《康熙起居注》，十二年癸丑九月條，頁118。
〔註62〕中國第一歷史檔案館整理：《康熙起居注》，十二年癸丑九月條，頁121。
〔註63〕中國第一歷史檔案館整理：《康熙起居注》，十二年癸丑八月條，頁116。
〔註64〕中國第一歷史檔案館整理：《康熙起居注》，二十一年壬戌八月條，頁879。
〔註65〕中國第一歷史檔案館整理：《康熙起居注》，二十四年乙丑三月條，頁1299。
〔註66〕〔清〕清聖祖著、張玉書等編：《聖祖仁皇帝御製文集第四集》，卷21，頁10b。

自宋儒起而有理學之名，至於朱子能擴而充之，方爲理明道備，後
人雖出議論，總不能破萬古之正理。〔註67〕

又說「讀書五十載，只認得朱子一生居心行事，受益良多，不敢自秘，故亟
欲公諸天下」〔註68〕，可見其對程朱理學及朱子的推崇。

此外，康熙在學問上還認爲，讀書明理，貴在學以致用，強調實踐性，
不喜空談，他曾說：「明理最是緊要，朕平日讀書窮理，總是要講求治道，見
諸措施。故明理之後，又須實行；不行，徒空談耳。」〔註69〕又說：「爲學不
在多言，務期躬行實踐，非徒爲口耳之資。」〔註70〕康熙說自己讀書窮理，
目的是在於治道的實踐，並非徒口空談，而是希望能躬行實踐。因此他在對
於理學的態度上，是強調要眞誠的去了解並且去實踐，絕非標榜或文飾罷了。
故他強調「眞理學」，痛斥假道學，他說：

日用常行，無非此理。自有理學名目，彼此辨論，朕見言行不相符
者甚多。終日講理學，而所行之事全與其言悖謬，豈得謂之理學？
若雖口不講，而行事皆與道理吻合，此即眞理學也。〔註71〕

可知康熙所提倡之理學，在躬行實踐，言行一致，方可稱爲「眞理學」。而對
於那些假道學，康熙就給予嚴厲的批判。那些所謂的理學大臣，如熊賜履、
李光地等人，也有言行不一之舉，流露出假理學面目，因而遭到康熙的抨擊，
不能倖免。〔註72〕康熙三十三年（1694）時，康熙對熊賜履、李光地、魏象
樞、湯斌等人的假理學嘴臉加以揭露，痛斥他們或「挾仇懷恨」，或「務虛名
而事干瀆」、「在人主前作一語，退後又別作一語」的行徑，並且強調「果系
道學之人，惟當以忠誠爲本」〔註73〕。不過，對於那些假理學的大臣，康熙

〔註67〕〔清〕清聖祖著、張玉書等編：《聖祖仁皇帝御製文集第四集》，卷21，頁 1
～2a。
〔註68〕〔清〕清聖祖著、張玉書等編：《聖祖仁皇帝御製文集第四集》，卷21，頁12a。
〔註69〕中國第一歷史檔案館整理：《康熙起居注》，十二年癸丑八月條，頁116。
〔註70〕中國第一歷史檔案館整理：《康熙起居注》，十六年丁巳六月條，頁310。
〔註71〕清代實錄館纂修：《清實錄·聖祖實錄》，卷112，康熙二十二年十月辛酉條，
頁157～158。
〔註72〕康熙心目中「眞理學」涵義有二層：一爲正心誠意，日用倫常之事；二爲言
行相符者。故他對於言行不一致的理學家多予痛斥，甚至加以懲罰。這印
證了康熙對理學的重視及對名臣們的期許，也在客觀面上促進了當時士人對
言行一致的推崇。詳見呂元驄、葛榮晉：《清代社會與實學》，頁205～206。
〔註73〕清代實錄館纂修：《清實錄·聖祖實錄》，卷163，康熙三十三年閏五月癸酉條，
頁785。

只是在其醜行暴露時才給予抨擊和適當懲治，並未嚴厲追究。因為康熙重視理學，又要提倡理學，尚須重用這些在理學上有影響力的大臣；且他們在醜行暴露後，也多能迅速改正，使言行相副，重塑眞理學面目。後來，康熙還是重用那些理學大臣的。

康熙爲了糾正明末王學之空談誤國，籠絡清初知識份子，以及維持國勢穩定和政權的合理性，特別崇儒重道，重開經筵日講，提倡程朱理學爲正統官學，自己在行事上也確實身體力行，注重實踐，上行下效，已蔚然成爲風氣。所以《清代通史》才說：「夫有明末之空疏，始有清初之敦實；有明末之蔑視讀書，始有清初之提倡經術；有明末之輕忽踐履，始有清初之注重躬行；在在皆明學反動之結果也。故清代學術之成立，在消極方面言之，明季之學風，實爲其重大之背境也。」〔註74〕其中所說的「明學」和「明季之學風」就是指明末王學而言；而「清初」指的當然就是順治、康熙初年了。

而康熙時代的朱學，不待政府的提倡，在民間亦已頗流行。其流行的原因，乃是明季以來學術演變的自然趨勢。從這個意義看來，康熙提倡朱學，除了穩定朝局及將政權合理化之目的，亦有順此趨勢而爲之意。且由於晚明時期的王學，特別注重本體，以爲眼前即是道，不假安排，於是流於「虛玄而蕩」、「情識而肆」，其情勢已不得不變。高景逸、顧涇陽、涇凡兄弟對於王陽明之「無惡無善性之體」一語，已持異議，後來的學者也多轉向工夫的強調。自明亡之後，遺老們多追咎王學之過，因而轉向朱學，所以說這也是學術的自然趨勢所致使。〔註75〕

當康熙大力推動理學的過程中，在一旁推波助瀾、加以附和的，除了上述提及的熊賜履外，影響力最大、與康熙心意最能相契、甚至最能揣摩康熙聖意的就屬李光地了。李光地是康熙在推廣理學上最倚重的大臣，他們兩人晚年在學術上的交相契合，將當朝的朱子學推到了最高峰。其間是李光地爲了迎合康熙聖意，轉而篤信程朱學；或是康熙受了李光地的影響，在眾多有興趣的學問中獨專程朱學，其中可能有相當微妙且複雜的因素。李光地當朝爲官，處在複雜的政治環境和黨爭關係中，想要得到康熙的信任與重用，必定經過一定的努力與經營，才能維護自己的地位；而康熙在眾臣中倚重李光地，就君臣尊卑的關係來說，確實可視作李光地身爲臣下

〔註74〕蕭一山：《清代通史》，第一冊，頁941。
〔註75〕陸寶千：《清代思想史》，臺北：廣文書局，1983年，頁142～143。

之迎合，但從他們兩人討論學問的情況看來，李光地在學問上的確有值得
康熙信任與肯定之處。因此在對於朱子學的推崇上看來，康熙與李光地應
說是兩人互相影響較爲恰當。〔註76〕但是李光地對於朱學的篤信，卻是隨
著年歲才逐漸確定的。

　　李光地晚年雖篤信程朱學，但他的學術思想卻是由徘徊於朱王之間，
轉而專宗朱學的。他自幼受家學影響，「斂衣冠，謹坐起，非程朱不敢言」
〔註77〕。廿歲時就讀完《性理》，但是在廿一至廿五歲之間，李光地也看陸
子靜、王陽明集及諸雜書。〔註78〕康熙九年（1670）時，李光地入選翰林
院，十六年（1677）便由熊賜履推薦給康熙講理學：「上又問曰：『漢官中
有與爾同講學的否？』對曰：『學問在實踐，不在空講。近見候補御史魏象
樞、臣衙門翰林李光地、王寬莅三人，俱有志於理學。』上頷之。」〔註79〕
隨後，李光地又奉命向康熙進呈著述，表示：「臣之學則仰體皇上之學也，
近不背程朱，遠不違孔孟。」〔註80〕雖說如此，但是陸王學說對他的影響，
畢竟一時還是難以盡去。李光地爲官早期，並非是專宗朱子學，也就是說
他跟康熙提倡朱子學的趨向尚未合拍。而且，他在康熙二十八年（1689）
被康熙斥爲冒名道學：

> 上曰：古來道學如周、程、張、朱，何嘗不能文？李光地等冒名道
> 學，自謂通曉《易經》卦文，而所作文字不堪殊甚，何以表率翰林？
> 且翰林官不肯讀書，能文者少，若遇制、誥、碑、祭等大文，將若
> 之何！〔註81〕

康熙認爲李光地冒道學之名，所作的文字卻「不堪殊甚」，不足爲翰林表率。
因爲康熙是主張文章要與道德並重的，他曾說：「從來道德文章原非二事，能
文之士必須能明理，而學道之人亦貴能文章。」〔註82〕康熙所稱的道學，乃
爲周、程、張、朱之理學，即爲義理之學。宋儒所言道學析理精深，特重實
踐，雖不尚辭華，卻可見其文質粲然之處；反之，口雖爲道學之言，反倒不

〔註76〕 楊菁：《李光地與清初理學》，頁78。
〔註77〕 〔清〕黃任、郭賡武纂修：《泉州府志》卷四十五，〈國朝列傳·李光地〉，頁
　　　　25。
〔註78〕 〔清〕李光地：《榕村續語錄》，卷16，頁773。
〔註79〕 中國第一歷史檔案館整理：《康熙起居注》，十一年壬子八月條，頁52。
〔註80〕 〔清〕李光地：《榕村全集》，卷10，〈進讀書筆記及論說序記雜文序〉，頁524。
〔註81〕 中國第一歷史檔案館整理：《康熙起居注》，二十八年己巳五月，頁1870。
〔註82〕 中國第一歷史檔案館整理：《康熙起居注》，二十四年乙丑四月，頁1313。

能力求實踐，則爲「冒名道學」。故李光地受康熙指責其文字不堪，不足以表率翰林，其深意更是直斥其「借理學以自文其陋」〔註83〕的行徑。康熙二十八年（1689）九月時，李光地甚至還被歸類爲講陽明學的一派，康熙說：

> 往者皆言熊賜履不好，今見朕起用，又言熊賜履好。此皆因人咳唾，動輒效尤。……且熊賜履所作《日講四書解義》甚佳，湯斌又謂不然。以此觀之，漢人行徑殊爲可恥！況許三禮、湯斌、李光地俱言王守仁道學，熊賜履惟宗朱熹，伊等學問不同。〔註84〕

由此可看出康熙對於那些假道學的大臣是相當不屑的。此外，此時的許三禮、湯斌、李光地常講陽明學，與獨宗朱子的熊賜履不同，因而他們互相排擠，康熙對於這一點相當不悅，認爲他們行徑可恥，但他對於陽明學並無表示排斥之感。〔註85〕

因此，可知李光地在康熙二十八年（1689）之前，在朝中仍常講陽明學，並沒有獨宗朱子學，亦可說他一直游移於程朱、陸王學說之間，尚未篤信程朱。李光地表明自己尊崇朱學，是在他五十一歲，也就是康熙三十一年（1692）以後的事了。那年，李光地撰《初夏錄》一篇，批判明儒，表彰朱子的「理先氣後論」。並且指出：「先有理而後有氣，有明一代，雖極純儒，亦不明此理。」「理在先，氣在後。理能生氣，氣不能生理。」〔註86〕重新修正自己先前對朱子理先氣後論的質疑，也爲自己樹立起了尊朱的旗幟。自此之後，李光地便逐漸棄陸王之學而轉宗朱學，並於康熙三十四年（1695）、三十五年（1696）輯成《朱子語類四纂》、《程子遺書纂》。之後又改訂自己的舊稿，以朱學爲準繩，重新編輯《尊朱要旨》、《榕村講授》，企圖抹滅掉王學的蹤跡。

經由這十幾年來的苦心經營，李光地在自己的晚年完成了學術思想上的重大轉變——由陸王轉朱，以便迎合康熙尊崇朱學的意旨，並且由此博得康熙的寵信而登上相位。到了康熙四十四年（1705）之後，康熙常召李光地入

〔註83〕中國第一歷史檔案館整理：《康熙起居注》，二十四年乙丑四月，頁1313。

〔註84〕中國第一歷史檔案館整理：《康熙起居注》，二十八年己巳九月，頁1902。

〔註85〕康熙曾經斥責李光地「冒名道學」，而卻表彰了熊賜履「惟宗朱熹」，一來可見康熙學術愛好之取向，二來可看出他對於李光地非專宗朱子卻冒言眞理學的行徑感到不滿，但並非排斥陽明之學，而是針對李光地的言行不符嚴加斥責，這也促使李光地後來一改自己的學術取向，成了清初著名的理學名臣。就本質上來說，其宗尚的轉換，實在就是當時理學界狀況的一個縮影。詳見劉國忠、黃振萍：《中國思想史參考資料集——隋唐至清卷》，頁255～257。

〔註86〕〔清〕李光地：《榕村語錄》，卷26，頁455。

殿討論性理之學。而於康熙五十一年（1712），命李光地編纂的《朱子全書》完成後，康熙五十四年（1715）又命李光地獨力編纂《性理精義》，可見康熙對他多所倚重。至此，李光地可謂是康熙朝的朱學領袖了。

　　總之，不論李光地是為了鞏固自己的政治生涯而迎合康熙尊朱的聖意，抑或康熙受到李光地的影響而愈尊朱學，其二人共創了清初朱子學全盛的高峰，相契於程朱性理之學，同時也帶動了其他學術的發展，李光地是當朝主要推動此事之人，身居高位，且亦有重要的事功與著作，故具有一定的影響力。

第三章　李光地經學之基本立場

　　李光地之學術研究歷程，由童蒙時的雜學諸子百家，至年少時兼讀程朱、陸王兩派學說，而後身受聖眷，極立推崇程朱學，成為康熙朝理學大家，其學養可謂淵深豐沛。受到當時整個學術環境與政治風氣的影響，李光地兼治理學與經學，兩者之義理思想相互闡發，並同時深受朱子所影響。雖說他的學問建立在朱子學的基礎上，但並不是一味全盤接受朱子的概念，而是加以補充及詮釋，建構起一套屬於自己的理論系統。本章欲探討李光地之經學體系，主要針對其經學體系之建構，及其中主要義理思想之互用與拓展為研究重點：首先先就清初科舉制度及其與經學之關係作說明，探討科舉制度對經學發展之影響，與爾後延伸出的科舉改革聲浪，李光地身為朝廷要臣，在科舉改革方面亦多有想法；而清初科舉改革也連帶影響了經學之復興。清初經學之復興所出現的經學路向，對於當時的理學家而言，無疑提供了新的學術方向。李光地就是其中一人，因而筆者接著探討李光地之經學基本立場，之後討論其對於傳統儒家經典《四書》、《五經》之看法，再分析其經學中之主要義理，並由此開展出對於《詩》《書》義理之詮釋方法與融合，以期了解其整個經學體系之脈絡，及理學與四書學對其經學思想之影響與開展。

第一節　清初科舉改革與經學之復興

　　科舉是中國古代用以選拔官府人才的重要制度，此制度乃產生於隋唐，至宋代已臻完備，而於清末被廢除。科舉歷經了許多朝代，其考試內容與科

目也隨著朝代不同有所變化，然而「經學」這個部分卻一直保持其重要性；因此可以說科舉與經學的關係是非常密切的。故以下先就各朝代之科舉內容簡要說明，並論述經學於各朝科舉中之重要性與影響性。

上述有言，科舉制度產生於隋唐，至宋代已臻完備，而於清末被廢除。歷代科舉之內容制度代代延襲，或有更改刪補，然終不脫傳統儒家之《四書》、《五經》，只是地位與重要性略有不同。

唐代科舉主要分為「明經」科與「進士」科。雖然唐代有孔穎達注疏《五經正義》，並以此為科舉考試之主要範本，然而受到當時學術環境影響，以考察詩賦為主的「進士」科較受重視，經學在科舉中反而不被看重。到了宋代，經由范仲淹、王安石等人的改革，逐漸取消詩賦的部分，轉以儒家傳統經典為主，經學在科舉中之重要性漸漸提升。而儒家傳統經典之《四書》、《五經》，歷代所採用之版本略有不同：《五經》的部分，唐代與宋代以孔穎達《五經正義》為主；元代則以宋人之傳注著作為主。《四書》的部分，則在宋代科舉中佔了重要地位，《論語》、《孟子》成為宋代科舉考試的內容之一；其後朱熹更作了《四書章句集注》，成為宋代以至於明清科舉考試之主要範本，大幅提高《四書》之地位。到了明代，雖承襲元代科體制與內容，並加以改良與發展，然朝廷編修了《四書大全》、《五經大全》作為科舉考試的主要範本，但由於二書主要採取宋、元兩代文人對於經書的傳注說法為主，捨棄了漢、唐以來對經書的注疏，因此對於明代文人來講，他們所接觸到的經書注疏解釋只侷限在宋、元兩代，如此一來，不免有偏頗狹隘之弊，這種情況不僅使得考試內容開始僵化，對經學發展更是造成了不好的影響。

清代科舉繼承明代制度，主要分成三級：鄉試、會試、殿試。而鄉試與會試之考試內容根據記載，大略有以下項目：

> 順治三年，定第一場四書三題，五經各四題，士子各占一經。第二
> 場，論一篇，詔、誥、表各一通，判五條。第三場，經史時務策五
> 道。〔註1〕

此段文獻主要記載有三場考試，分別考核不同項目。而關於《四書》、《五經》所採用的參考範本亦不同：

〔註1〕 〔清〕崑岡等奉敕撰：《欽定大清會典事例（光緒朝）》，北京：中華書局，1991年，卷331，頁920。

四書主朱子集注，《易》主程傳，《詩》主朱子本義，《書》主蔡傳，
《春秋》主胡安國傳，《禮記》主陳澔集說。〔註2〕

順治十六年，定考官於論題間出《孝經》，以勵士尚。〔註3〕

第一場主要以《四書》、《五經》為主，而第二場於順治十六年時，為了鼓勵
士人修讀，便還增加了《孝經》。到了康熙皇帝，對於考試內容更是多有增補：

二十九年，議准鄉試二場，《孝經》論題甚少，嗣後將《性理》、《太
極圖說》、《通書》、《西銘》、《正蒙》，一併命題。〔註4〕

康熙帝在鄉試考核內容中增加了宋明理學的相關經典，由此可知清初科舉沿
襲前代，仍是以宋明程朱理學為主要內容；且由於程朱理學受到重視，理學
家看重的《四書》，在科舉中的地位自然也越來越重要，甚至超越了《五經》，
這對經學發展無疑是種警訊。

此外於明朝盛行八股文，這股寫作風氣也延續到了清代，於科舉考試中
亦要求考生須以八股文答題，還產生出一套制式答題方式：不能隨意書寫自
己的意見，須模擬聖賢語氣行文，對於文章內容之詮釋須以程朱理學之注解
為主；而文章結構體裁與段落要符合八股文體的寫作方式；對於書寫風格與
字數也有一定要求。這樣看來，此種答題方式無疑會使整個考試逐步走向僵
化呆板，致使考生之科舉成績將由其所書寫之八股文章內容之好壞所決定；
加上考試內容多需與《四書》結合，更加造成經學的衰沒。李紱曾言：「國家
設科制科取士，首重在四書文」〔註5〕，又說：

國家以制科取士，崇向經義而尤重四書文。士工其業，往往取巍科
顯爵。其大者建勳績，次亦以能文章稱。〔註6〕

當時只要四書八股文寫得好，就能夠考取科舉，升官進爵，因此當時士人多
用力在鑽研如何寫好八股文，相較之下，需要花長時間了解的經學，就被冷
落在一旁了。明清科舉這種考試方式與內容，造成士人只重視《四書》而不

〔註2〕〔清〕劉錦藻編纂：《清朝文獻通考》，杭州：浙江古籍出版社，1988 年，卷
　　　 47，〈選舉一〉，頁 5301。
〔註3〕〔清〕崑岡等奉敕撰：《欽定大清會典事例（光緒朝）》，卷 331，頁 920。
〔註4〕〔清〕崑岡等奉敕撰：《欽定大清會典事例（光緒朝）》，卷 331，頁 920。
〔註5〕〔清〕崑岡等奉敕撰：《欽定大清會典事例（光緒朝）》，卷 331，頁 931。
〔註6〕國家清史編纂委員會，紀寶成主編：《清代詩文集匯編》，上海：上海古籍出
　　　 版社，2011 年，233 冊，〔清〕李紱：《穆堂別稿》卷 26，〈程文四書文序〉，
　　　 頁 237。

讀《五經》，產生了士人或只通一經，或只看八股文範本而不看儒家傳統經典的學術弊端，當時許多學者對此點是相當憂心的，黃宗羲說：

> 科舉之弊，未有甚於今日矣。余見高、曾以來，爲其學者，五經、《通鑑》、《左傳》、《國語》、《戰國策》、《莊子》、八大家，此數書者未有不讀，以資舉業之用者也。自後則束之高閣，而鑽研於蒙存、淺達之講章。又其後則以爲氾濫，而說約出焉。又以說約爲冗，而圭撮於低頭四書之上。童而習之，至於解褐出仕，未嘗更見他書也。此外但取科舉中選之文，諷誦摹仿，移前掇後，雷同下筆已耳。〔註7〕

明清士人已不讀《五經》、史書以及八大家這些比較難懂耗時的經典，而都鑽研淺達之文章以及《四書》，甚至只選取中舉之文章當作範本模擬練習，試圖寫出雷同相近的八股文罷了。顧炎武也說：

> 今滿目皆坊刻……天下之人唯知此物可取功名，享富貴，此之謂學問，此之謂士人，而他書一切不觀。……舉天下而惟十八房之讀。讀之三年五年而一幸等第，則無知童子儼然與公卿相揖讓。……八股盛而六經微，十八房興而二十一史廢。……間有一二好學者，欲通旁經而涉古書，則父、師相斥責，以爲不能夠專心於時文，將爲坎坷不利之人。〔註8〕

> 今日科場之病莫甚乎擬題。且以經文言之。初場試所習本經義四道。而本經之中，場屋可出之題，不過數十。富家巨族，延請名士，館於家塾，將此數十題，各撰一篇，計篇酬價。令其子弟及僮奴之俊慧者，記誦熟習，入場命題十符八九，即以所記之文，抄謄上卷，較之風檐結構難易迥殊，四書亦然。發榜之後，此曹便爲貴人。年少貌美者多得館選。天下之士靡然從風。而本經亦可以不讀矣。〔註9〕

〔註7〕 賀長齡、魏源：《清經世文編》，北京：中華書局，1992年，卷57，《禮政上》，〔明〕黃宗羲：《科舉》，頁1443。

〔註8〕 〔明〕顧炎武著、陳垣校注：《日知錄校注》，合肥：安徽大學出版社，2007年，卷16，〈十八房〉，頁905～906。而所謂「十八房」，顧炎武說：「明制會試，用考試官二員，總裁同考官十八員，分閱五經，謂之十八房。」見《日知錄校注》卷16，〈十八房〉，頁904。

〔註9〕 〔明〕顧炎武著，陳垣校注：《日知錄校注》，卷16，〈擬題〉，頁912～913。

顧炎武直接點出當時的社會現象：「八股盛而六經微」，當時文人若要考取功名，只需用心在時文，也就是八股文上，其他經書都不必研讀。而這種考試內容還產生了漏洞，富貴人家可以先請名士代寫捉刀，讓其子弟背誦，進考場只要寫出來便可金榜題名。長此以往下來，明清士人若想求得功名富貴，勢必就得妥協，努力練習寫作八股四書文，這樣研讀經學的時間自然就受到壓縮，對於經學發展來說是一種很大的阻礙。

　　當時的朝廷與學者們已經開始意識到這樣的科舉制度，在學術發展上所產生的問題與弊端，於是清初開始出現科舉制度的改革聲浪。康熙帝於三十九年（1700），下令讓李光地等大臣，針對當時的科舉弊端提出具體改革方案：

> 上諭大學士等曰：觀九卿所議考試一事，科道亦不心服。況今年會試所中大臣子弟居多，寒士子未能入彀。如此欲令人心服，得乎？張鵬翮、李光地，任學院時居官皆善。彭鵬、郭琇，居官好。著將鄭維孜、滿普、慕深等所條奏，及九卿會議事件，盡行錄出，差保舉筆帖式送示四人。果否得當？如何方能除去弊端，永遠可守。務令各抒己意，詳議具奏。〔註10〕

深明聖意的李光地於此時上奏皇帝，認為科舉考核應重視五經之講誦精熟程度。他說：

> 經學宜崇也。皇上表章經術，以正學養天下士。而邇來學臣率多苟且從事，以致士子荒經蔑古。自四書本經不能記憶成誦。其能者，不過讀時文百篇，剿習雷同，僥倖終身。殊非國家作養成就之意。前歲皇上旨下學臣，使童子入學兼用小學論一篇。其時幼穉見聞一新，胸中頓明古義。此則以正學誘人之明驗也。然書不熟記，終非己得。宜令學臣於考校之日，有能將經書、小學講誦精熟者，文理粗成，便與錄取。如更能成誦三經以至五經者，仍與補廩，以示鼓勵。庶幾人崇經學，稍助聖世文明之化。〔註11〕

他建議康熙帝應該要推崇經學，重新正視經學之重要性，不然科舉選拔進來的都只是會寫時文而不讀經書的士子，這樣對於國家社會助益不大，也就失去朝廷提拔人才的目的了。而李光地等人呈上奏章，康熙帝與其他大臣討論後，認為李光地所提之議尚好：

〔註10〕　《清實錄（聖祖仁皇帝實錄）》，卷200，康熙三十九年七月至八月，頁36。
〔註11〕　〔清〕李光地：《榕村全集》，卷26，〈條議學校科場疏〉，頁1313～1314。

上顧王熙等問曰：「張鵬翮、郭琇、李光地所議考試事孰當？」王熙、熊賜履奏曰：「臣等看得李光地所奏差爲得體。」上又顧吳琠問曰：「爾以爲何如？」吳琠奏曰：「此三人所奏內俱有可行者，有不可行者。」熊賜履又奏曰：「此三人所奏頗覺詳細。」上曰：「朕看李光地、郭琇所奏尚好。」〔註12〕

於是同意李光地所提之改革方案，並開始著手制定相關的規定與措施。康熙三十九年（1700）十一月，康熙帝下了詔令：

九卿等議覆，湖廣總督郭琇等遵旨，詳議科場事宜。……童生內有將經書、小學眞能精熟，及能成誦三經、五經者，該學臣酌量優錄。

〔註13〕

命令對於能將經書精熟背誦者擇優錄取，由此作法可見李光地所提倡之以經學爲重的改革方案受到了相當的重視。這股重視經學的風氣自然也影響到了科舉考生，如在康熙四十一年（1702）年的鄉試就發生了考生用五經而非四書內容作答，最後還是允許其參加會試之例：

禮部議，本年鄉試，監生莊令輿、俞長策，試卷作五經文字，與例不合。奉諭旨，五經文字，若俱浮泛不切，自不當取中，若能切題旨，文理明順，一日書寫二萬餘字，實爲難得。莊令輿、俞長策，俱著授爲舉人，准其會試。嗣後作五經文字不必禁止。作何定例，著九卿、詹事、科道議奏。尋議，嗣後鄉、會試作五經文字者，應於額外取中三名。若佳卷果多，另行題明酌奪。五經文字草稿不全，免其貼出。二場於論、表、判外添詔、誥各一道。頭場備多頁長卷，有願作五經者，許本生稟明給發從之。五十年，增五經中額。順天二名，外省一名。會試增中三名。五十六年停止。雍正二年議准，每額中十九名，加中五經一名。〔註14〕

同時朝廷還規定，之後並不限制考生以五經作答，並且提高了以五經作答考生的錄取名額。這在當時雖然不是常態，但是以此次結果爲契機，往後便有越來越多士人加以仿效了。李光地的科舉改革方案除了獲得康熙帝認同及士

〔註12〕 臺北故宮博物院／中國第一歷史檔案館：《清代起居注冊·康熙朝》，北京：中華書局，2009 年，康熙三十九年九月，第 15 冊，頁 8173～8175。

〔註13〕 《清實錄（聖祖仁皇帝實錄）》，卷 202，康熙三十九年十一月，頁 61。

〔註14〕 《清朝文獻通考》，卷 48，〈選舉二〉，頁 5310。

人之間的迴響，身處同時期的其他大臣也紛紛提出了他們的意見，朱彝尊就說：

> 捨五經而專治四書……明代因之。學使者校士，以及府州縣試，專以四書發題。惟鄉、會試有經義四道，然亦先四書而後經。沿習既久，士子於經義僅涉略而已。至於習《禮》者恒刪去經文之大半。習《春秋》者置左氏傳不觀。問以事之本末，茫然不知，經學於是乎日微。此學者之所深懼也。……謂試士之法，宜仿洪武四年會試之例，發題先五經而後四書。學使、府州縣衛，宜經書並試，亦先經後書。蓋書所同而經所獨，專精其所獨，而同焉者不肯後於人，則經義、書義，庶幾並治矣。〔註15〕

他認為現今要改革科舉，首先就須改變從元、明以來因襲的只重四書而不重五經的弊病，要提高五經的地位，才能改變現狀，這個看法跟李光地相同。而陳廷敬雖然也主張恢復經學的地位，但他更進一步主張應該要廢除八股文：

> 蓋經學之弊，原於時文。昔者經義之興，本以論斷為體，不執一說。引據經傳。非如後之描畫聲口，簧鼓吻唇。乳兒小生，侮聖言而代為之詞，勢不得不單守一家之詁訓，以便行文。而其腐朽惡爛，不逾時歷歲，改頭換面，以趨新巧。使學者窮年積月，從事於無用之空言，考其實杌然無所得也，又何有於經學哉。〔註16〕

> 故欲正經學之失，須革時文之體。時文之體革，然後學者可以旁通諸家之說，以求得乎聖人精意之所存，而士不苦於無用之空言，國家收實學之效也。〔註17〕

他認為經學衰頹的原因全是因為八股文，自從八股文盛行後，士人們不再研讀經學，只鑽研八股文，「從事於無用之空言」，是相當沒有意義的。所以應該廢除八股文，使士人可以去研讀經典，以求得聖人之本意，以裨益國家社會。當然這樣的想法本意是好，不過稍嫌激烈，畢竟沿襲已久的制度，一時之間要馬上廢除是不可能的。

〔註15〕賀長齡、魏源：《清經世文編》，卷57，《禮政上》，朱彝尊〈經書取士議〉，頁1445。

〔註16〕國家清史編纂委員會，紀寶成主編：《清代詩文集匯編》，153冊，〔清〕陳廷敬：《午亭文編》卷32，〈經學家法論〉，頁331。

〔註17〕國家清史編纂委員會，紀寶成主編：《清代詩文集匯編》，153冊，〔清〕陳廷敬：《午亭文編》卷32，〈經學家法論〉，頁332。

　　而關於八股文，李光地也提出想法，他認爲八股文可以保留，但應該要徹底改變其寫作方式，其言：

> 蓋制義無論爲一代取士之制，其精者羽翼經傳，至者語皆如經。……
> 精於經學，而其辭又能補經之所未備，而不悖於經，亦可爲經矣。
> 〔註18〕
>
> 時文要字字可以講得方妙，一片雪白。虛字體貼虛神，實字如鐵板
> 推搬不動，如經傳一般。〔註19〕

八股文應該是要「羽翼經傳」，所以要去學習模仿經傳，這樣不僅能精通經學，所寫之文亦能補經書之不足，不再言之無物。且李光地認爲時文需要以「理」爲寫作核心：

> 小學生初作文，要得有詞，有了詞，又要有氣，有詞氣，再要他有
> 法，終之要他有理。成人不如是。第一須求理，理足而法、氣、詞
> 具焉。此正法也，百餘年不講矣。〔註20〕
>
> 大約時文之壞，由於不肯看書起。不肯看書，則於題理懵然。理不
> 勝，則思以詞采勝。以詞采勝，則求新奇靈變，以悅人之目，遂至
> 離經叛道而不可止矣。〔註21〕

李光地認爲時文之弊，在於不去看經典，既然沒有了「理」，自然就會去尋思以新奇華麗的辭藻來吸引眾人目光，這樣其實是本末倒置的。最後李光地認爲：

> 述聖賢說話，不過數言可了，正須以我意論斷耳。如今之描畫口角
> 以求擬肖，聖賢肯爲之哉？我所以欲變經義，意正如此。〔註22〕

八股文之寫作，最需要改變的其實是模擬聖賢語氣的行文方式。聖賢之言言簡意賅，需靠長久研讀才能體會其中深意，今人反倒故意模擬聖賢講話，這不就曲解聖賢本意了？故李光地才會說他之所以要復興經學的本意正在此。

　　而前述有言，李光地提出科舉改革之法在於考核應該以經學爲主，他所提出更具體的主張是：

〔註18〕〔清〕李光地：《榕村續語錄》，卷19，頁878。
〔註19〕〔清〕李光地：《榕村續語錄》，卷19，頁877。
〔註20〕〔清〕李光地：《榕村續語錄》，卷19，頁878。
〔註21〕〔清〕李光地：《榕村續語錄》，卷19，頁878。
〔註22〕〔清〕李光地：《榕村續語錄》，卷19，頁877。

八股取士弊壞極矣，離卻《四書》、《五經》不可。《周禮》經也，《公》、《穀》于孔子爲近，與《左氏》當列于學官。首場試經說五篇，令學者述先儒之異同，而析其孰爲是，孰爲非，皆所不可。則自出己意，《四書》說三，經說二，足覘窮經多，則敝士子之精力，無謂也……又以五年試大科，俾兼通數經，習三春秋、三禮者，得殫所長。登斯選者，授以館職。〔註23〕

他先言八股文之弊端在於只重《四書》而不重《五經》，而後主張《周禮》、春秋三傳等經書應該列於學校教授範圍。提出首場考試應考「經說」五篇，讓考生們對於歷代注疏各自分析判別，並提出自己的想法。還建議以經學取士，可以五年考試一次，內容就考察春秋三傳及三禮。李光地這樣做的主要目的在提高並恢復五經在科舉中的地位；而經由李光地等人提倡改革，加上朝廷支持，清初之科舉便逐漸轉向了。

綜上所述，關於清初科舉的改革，大家都產生了一種共識，就是提高經學的地位，增加其於科舉中的重要性。這樣一來，自元、明以來一直不受重視的經學開始逆轉其頹勢，整個清初在朝廷的支持下，科舉得以改革，因此也帶來清初學風的轉變——經學之復興。而經學之復興，也爲清初的經學發展提供了新的方向，影響了當時的學術風氣，這是我們接著要討論的部分。

第二節　李光地之治學方式

李光地是清初康熙朝有名的理學大臣，對於程朱理學涉獵頗深；又如上節所言，他爲了改革科舉，大力倡導提高經學的地位。就學術方面來看，李光地對於理學跟經學都是相當嫺熟的，會有這樣的學術成就，主要是受到清初時代背景之影響。故本節探討的重點是，在清初的學術環境中，兼治理學與經學、兼採漢宋之學，即是當時學者們共同的風貌，而這將影響李光地之治學方式，以下便分成兩個部分說明：

一、兼治理學與經學

理學從宋代發展至明末，已逐漸由興盛轉而衰弱僵化，之後明末諸士又產生出所謂束書不觀等讀書風氣，造成游談無根的現象，使得他們不再重視

〔註23〕〔清〕李光地：《榕村續語錄》，卷18，頁854。

儒家經典，導致整個學術發展步入理論無所依據的困境；而宋明理學兩大派別——尊朱之理學派與崇王之心學派之間，也由互相抗衡演變成嚴重對立，引起軒然大波。在當時，學術環境混亂，國家局勢亦動蕩不安，整個明朝末年，就在這樣雙重壓迫情勢下，士人們紛紛興起救亡圖存的念頭，因而衍生出重新審視儒家經典，以及對國家社會有益之經世致用思想。

　　這種學術現象一直延續到清朝初年。清初之學術狀況，除了上節提及之科舉改革，造成經學之復興以外，在各方面亦受到上段所言明末朱王對立、回歸原典運動及經世致用思想之影響，形成所謂重視原典、注重儒家傳統之《四書》、《五經》、兼采漢宋之學等風氣。況且，清初朝廷爲了更穩固地掌握政權與維持社會文化的穩定，以外族之姿統治好廣大的漢族子民，對傳統儒家學術更大幅度地重視推展，康熙帝除了「崇儒重道」的政策外，還把程朱理學提升爲官學，欲結合道統與治統；希望藉由繼承朱子「道統」的手段與方法，來增加自己「治統」的合理性。當時朝中上下爲之附和，蕭一山就說：

> 清初之學術，幾無一不爲明學之反動，故其時之理學家，亦大抵力排明季學風者也。……以恪守程朱名者，則有張履祥、陸世儀、陸隴其、李光地諸人。……至其時置身顯宦而兼以理學名者，湯斌、光地外，更有魏象樞、魏裔介、熊賜履、張伯行諸人。魏等皆深於「道統」觀念，而以程朱爲宗，居權要之地位而提倡之，程朱之復盛於清初，雖由於明學之反動，魏等實亦與有力焉。〔註24〕

清初的學術傾向，幾乎都是對明末學術風氣的反動；在當時朝廷中，李光地等大臣學者們，身處高位，加上爲了迎合康熙帝之喜好，紛紛以研究程朱理學爲宗，故程朱理學於清初重新盛行，除了朝廷提倡，亦得歸功於理學大臣們的推波助瀾。

　　而程朱理學與經學的關係，在於經學指的是解釋、闡述並研究傳統儒家經典的一種學問；宋代理學家們，雖依儒家典籍立論，但他們並非用訓詁的方式去解經，而是由另一面相去探究經書裡所蘊含的義理與性命，所以宋明理學家與儒家傳統經典的關係可說相當密切。雖然理學發展到明末，產生理學派與心學派嚴重對立，但亦迫使學者們開始重新審視傳統儒家經典的重要性，企圖回歸原典尋求真理。故清初立程朱理學爲官學，剛好是一個契機，不僅促成程朱理學復興，也帶動經學之發展。

〔註24〕蕭一山：《清代通史》，第一冊，頁 993～994。

　　康熙帝自己頗好程朱理學，先後命李光地等人纂修《朱子全書》、《性理大全》等書；此外因推崇程朱理學及科舉改革之故，他亦相當注重經學，其後更以御纂欽定之名義，重新編纂經學書籍〔註25〕，重視程度可見一斑。而此種行爲也間接促成清代經學的發展，皮錫瑞就認爲：

> 經學自兩漢後，越千餘年，至國朝而復盛者，由其上能尊崇經學、
> 稽古右文故也。〔註26〕

他將清代經學復興的原因歸在清朝皇帝提倡經學，以及朝廷編纂典籍等相關的文治措施之上。身處在此種政治環境的李光地，上行下效，其學術傾向自然受到了皇帝及時代風氣影響：

> 光地論學以志、敬、知、行爲序，又始治經術，而於歷數亦精，唯
> 言漢學者不之宗耳。〔註27〕

李光地是康熙朝著名的理學名臣，以研究程朱理學爲其主要學術路線；然受到重視傳統儒家原典風氣影響，以及奉命修纂經學書籍之故，李光地便開始更深入研究經學，這種發展是相當自然的。

　　然而程朱理學被尊爲官學後，成爲國家考試的指定科目，在國家功令的推助下，表面上理學是興盛的；但士子卻只注重其於科舉上之實質作用，而忽視了其中之義理內涵，使理學學風日益走向衰弊。當清初理學日漸走向僵化封閉之時；另一方面，明清之際學術價值觀的改變、以及往經典探求義理之學術走向，使得自明末清初以來重視經典的學風，也逐漸轉爲乾嘉學術的考據路線，他們主張由訓詁、考證等求實客觀的方法，返回原典去探求經典的本義，這種企圖，讓他們對程朱以來的性理之學充滿了懷疑與批判，也開啓了對傳統儒學重新審視與理解的風氣，使得清代理學家重視經學，甚至以訓詁的方法來治理學，這亦可說是學術發展過程中的必然趨勢。理學家兼治經學，乃是當時風氣所致、時勢所趨。

〔註25〕康熙晚年陸續欽定纂修經學書籍，包括康熙五十四年（1719）完成之《御纂周易折中》，康熙六十年（1721）完成之《春秋傳說彙纂》，以及康熙欽定，於雍正五年（1727）、雍正八年（1730）陸續完成之《欽定詩經傳說彙纂》與《欽定書經傳說彙纂》。詳見〔清〕皮錫瑞著、周予同注釋：《經學歷史》，臺北：漢京文化事業有限公司，2004年，頁295。

〔註26〕〔清〕皮錫瑞著、周予同注釋：《經學歷史》，頁295。

〔註27〕蕭一山：《清代通史》，第一冊，頁994。

二、兼採漢、宋之學

清代學者重新重視經學，就不可避免涉及到經學派別的問題。關於經學的研究與發展，先有漢代今文、古文之爭，後又有所謂漢學派與宋學派兩家之別，若就經學的研究方法與詮釋方式來看，漢學派多關注於名物訓詁；宋學派則偏向對於內容義理之闡發。而經學自西漢以來，對於經書之解釋方式與詮釋，相當注重師法與家法：

> 前漢重師法，後漢重家法。先有師法，而後能成一家之言。師法者，溯其源；家法者，衍其流也。〔註28〕

當時學者解經皆秉守師法、家法所傳，不敢妄自更動議論，堅守傳統。然至宋明時期，風格卻為之一變，宋明學者不再恪守傳統解經方式，而從另個角度探究經書中之義理思想，使經學研究跨入新的領域。於是宋學逐漸取代了漢學，成為經學研究的新主流。清初時期，康熙帝把程朱理學提升為官學，帶動了當時宋學之昌明及流行：

> 仁皇鳳好程、朱，深談性理，所著《幾暇餘編》，其窮理盡性處，雖鳳儒者學，莫能窺測。所任李文貞光地、湯文正斌等皆理學耆儒。嘗出《理學真偽論》以試詞林，又刊定《性理大全》、《朱子全書》等，特命朱子配祠十哲之列。故當時宋學昌明，世多醇儒耆學，風俗醇厚，非後所及也。〔註29〕

康熙帝提倡程朱理學，又命李光地等人編纂理學典籍，促使宋學與經學之復興；宋學之興盛，影響範圍涵蓋理學與經學，當時學者除了研究宋明程朱理學外，對於經書之詮釋與方向，也深受宋明經學之影響，不再只是考證訓詁，而是開始去理解分析傳統經典中之義理內涵，走出新的路向。雖然漢、宋兩家對於經學發展各有貢獻，亦各有不足之處，《四庫全書總目提要》就說：

> 漢儒說經以師傳，師所不言，則一字不敢更。宋儒說經以理斷，理有可據，則六經亦可改。然守師傳者其弊不過失之拘；憑理斷者其弊或至於橫決而不可制。〔註30〕

〔註28〕 皮錫瑞：《經學歷史》，頁136。
〔註29〕 〔清〕昭槤撰、何英芳點校：《嘯亭雜錄》，北京：中華書局，1980年，卷一，〈崇理學〉，頁6。
〔註30〕 〔清〕永瑢、紀昀等編纂：《合印四庫全書總目提要及四庫未收書目禁燬書目》，卷32，經部32，頁37（655）。

不論是漢學或宋學，皆有其優缺利弊，或過於拘謹，或過於決斷；就經學研究的客觀面來看，最好的方法爲汲取兩家之長處，才能全面解讀並詮釋經典。上節提到，李光地受到當時學風影響之故，雖是理學大臣，亦研究經學，他在《榕村全集》中對諸多儒家經典作了訓釋，而其對於解讀經書的看法亦是不拘漢、宋，他說：

> 解經在道理上明白融會，漢儒自不及朱子。至制度名物，到底漢去三代未遠，秦所漸滅不盡，尚有當時見行的。即已不存者，猶可因所存者推想而筆之，畢竟還有些實事。不似後來禮樂壞崩，全無形似，學者各以其意杜撰，都是空言。此漢儒所以可貴。〔註31〕

他認爲就解釋經書裡的深層道理涵義，自然是以研究義理性命之學爲主的宋學較優；可若是名物制度之考察，漢代至少多是眼見爲憑，實際解析，不似後代憑空想像，談論空言，因此他認爲漢學、宋學各有所長，不應偏廢。李光地學術以程朱理學爲主，受到朱子等宋明理學家影響，其解經主要是以宋學爲宗尚，偏重義理之解析；然而他認爲漢儒治經，對制度、名物之考訂，亦有其優點，故他認爲在經學研究方面乃應兼採漢學、宋學之優點，這樣才能更客觀、更全面解讀經書。

第三節　李光地對《四書》、《五經》之理解與詮釋

李光地推崇程朱理學，十分崇敬朱子，他對於《四書》、《五經》之看法也受到朱子影響。朱子相當看重《四書》、《五經》，他大幅提高《四書》之地位，並作了《四書章句集注》，使之成爲宋代以至於明清科舉考試之主要範本；而聖賢之言，即所謂的《五經》，朱子的看法是：

> 夫道之體用，盈於天地之間，古先聖人既深得之，而慮後世之不能以達此，於是立言垂教，自本至末，所以提撕誨飭於後人者，無所不備。學者正當熟讀其書，精求其義，考之吾心，以求其實，參之事物，以驗其歸，則日用之間，諷誦思存，應務接物，無一事之不切於己矣。〔註32〕

〔註31〕 〔清〕李光地：《榕村語錄》，卷19，頁341。
〔註32〕 〔宋〕朱熹著，陳俊民校訂：《朱子文集》，臺北：德富文教基金會，2000年，卷60，頁2937～2938。

道充盈於天地之間，古代先聖先賢有所體會，於是立言垂教，把道之義理化爲文字流傳後世，用以提點後人，故吾人應熟讀經書，對於個人修養、應務接物皆有所助益。朱子又說：

> 道者，文之根本；文者，道之枝葉。惟其根本乎道，所以發之於文，皆道也。三代聖賢文章，皆從此心寫出，文便是道。〔註33〕

> 人惟有私意，聖賢所以留千言萬語，以掃滌人私意，使人人全得惻隱、羞惡之心。〔註34〕

他認爲文便是道，《五經》乃是聖人之道於世間的體現，是聖人智慧的結晶；且經過聖人之手編定，都是天理，包含了聖人的義理思想：

> 《六經》是三代以上之書，曾經聖人手，全是天理。〔註35〕

> 聖人作經，以詔後世，將使讀者誦其文，思其義，有以知事理之當然，見義理之全體，而身力行之，以入聖賢之域也。〔註36〕

朱子言《五經》裡面蘊含了聖人之道與天地之理，後人讀了聖人所留下的《五經》，若能思考其中義理思想而身體力行，便能達到義理充足的境界，以入聖域。

朱子認爲經中有道、經中有理的想法影響了李光地，使其於經學研究開出一條於經中求道、求理的詮釋路向。要於經中求道、求理，首先就要確定《五經》中「理」的存在。李光地是傳統儒家士人，其求學進仕之道爲典型的儒家進路：熟讀《四書》、《五經》等傳統儒家經典，並博通史書，以求融會貫通。因此，李光地對於孔子及傳統儒家經典相當重視，並認爲《五經》中有理，其云：「孔子《六經》〔註37〕，字字可信。」〔註38〕又說：

> 孔子之書，如日月經天，但看尊之，則天下太平，廢而不用，天下便大亂。〔註39〕

〔註33〕〔宋〕黎靖德編，王星賢點校：《朱子語類》，北京：中華書局，2004年，卷139，頁3319。

〔註34〕〔宋〕黎靖德編，王星賢點校：《朱子語類》，卷11，頁188。

〔註35〕〔宋〕黎靖德編，王星賢點校：《朱子語類》，卷11，頁190。

〔註36〕〔宋〕朱熹著，陳俊民校訂：《朱子文集》，卷82，頁4078～4079。

〔註37〕儒家傳統所謂的「六經」，即《詩》、《書》、《禮》、《樂》、《易》、《春秋》。雖然《樂》經後來已亡佚，但李光地在討論經學時，還是常用到「六經」這個詞，可以看出他還是相當重視《樂》經與儒家傳統經典。因此，此處及後面文章中所寫的「六經」，實意指爲後世的「五經」，爲避免混淆，特在此說明。

〔註38〕〔清〕李光地：《榕村語錄》，卷1，頁1。

〔註39〕〔清〕李光地：《榕村語錄》，卷1，頁1。

他認爲儒家傳統之經書具有相當崇高的價值，可以用來治理天下。此外他又說：

> 孔子留下幾部經，部部精妙。……經卻一概正當，無他聲色臭味，在聖人手中一過，便純粹無倫。〔註40〕

> 尼山造化在其手。《易》本卜筮之書，《春秋》本記事底檔，《書》亦流傳的數篇古文，《詩》本風謠樂歌。一經其手，便都道理完備。範圍天地，曲成萬物，是何等手段。〔註41〕

> 人欲窮經，畢竟以經聖手者爲妙，《易》、《書》、《詩》、《春秋》、《周禮》，隨分精熟一部，受用不盡。……《詩》、《書》皆聖人選定文字，所自著者惟《易》、《周禮》、《春秋》而已，學者豈可不盡心！〔註42〕

他相當推崇孔子，認爲《六經》本來價值不一，但經過了孔子之修改與整理，使其原本純粹、深含天地之理的本質，更顯得親近、完備，讓人易懂，成爲重要經典，故學者須將其奉爲圭臬，予以讀之精熟。既然李光地認爲《五經》中有理，那他所謂的「理」的內涵是什麼呢？其言：

> 《六經》皆是言天人相通之理，然猶零碎錯見，惟《詩》全見此意。〈國風〉所言，不過男女飲食之故，〈雅〉雖賢人君子所作，所言亦不過此，即〈三頌〉中，居歆奏假，洋溢同流，亦總不出此。其言情，情即性也，聖人盡性，徹上徹下，見到至處。我輩此時飲一杯茶，點一盞燈，廝役之侍立，偶然之嚬笑，得其理便是天道，無有間隔。〔註43〕

李光地以爲儒家經典中蘊含的全是「天人相通之理」，而其經中之理可於《詩經》中得見其意，乃是男女飲食、賢人君子之所作所言等等。「理」充斥在日常生活中，與人的生活關係相當密切，或是一杯茶、或是一個嚬笑，只要吾輩能領悟其理，便得天道，無所隔閡。

　　《五經》中有「理」，那要如何求得？李光地提出一個方法──「窮經以明理」。理既是存在於《五經》中，求得理的最直接方式就是熟讀經書，明白其中之義理，如此才能懂得理。且李光地認爲讀書應該以《四書》、《五經》爲基礎，他說：

〔註40〕　〔清〕李光地：《榕村語錄》，卷1，頁1。
〔註41〕　〔清〕李光地：《榕村語錄》，卷1，頁1。
〔註42〕　〔清〕李光地：《榕村語錄》，卷1，頁3。
〔註43〕　〔清〕李光地：《榕村語錄》，卷13，頁222～223。

> 倫兒欲以二三年工夫，學會算學，再回頭來專心於經書道理，其意
> 以算學有盡，而經旨無窮也。不知經旨雖淵微，都是根本，語至易
> 至簡。曆數之類，卻款項繁雜，難以遽罄。試觀一顆樹，還是根本
> 多些？還是枝葉多些？況人要精於六藝，尤須以經書道理爲根抵。
> 〔註44〕

他在教自己兒子讀書時，也指出應該以經書爲學問之根本。而研讀經書，他
認爲要讀通讀透，而非大量閱讀：

> 只要實在通一經，便有些爲己之意。要通一經，須將那一經注疏細
> 看，再將《大全》細看。〔註45〕

要仔細窮究一經，把它讀通了，才能了解其道理內涵。然對於初學者而言，《五
經》內容是比較繁複困難的，所以李光地建議要研究《五經》，可先學習《四
書》作爲基礎：

> 讀書以窮經爲本，以明理爲至，窮經所以明理也。然六經之規模宏
> 闊而辭義簡奧，故必以《學》、《庸》、《語》、《孟》爲之階梯。四子
> 之心傳不繼，而純粹云亡，故必以濂洛關閩爲之門戶。〔註46〕

李光地認爲「窮經以明理」，讀書必要窮經，而窮經是爲了明理；欲窮經就得
先讀《四書》，而後才能進一步去理解《五經》義理。又云：

> 由濂洛關閩之書，以進於四子，由《學》、《庸》、《語》、《孟》之道，
> 以達於六經。《學》、《庸》、《語》、《孟》，濂洛關閩間，不可一日而
> 不精思熟講者。〔註47〕

《四書》乃是宋明理學家必讀書目，濂洛關閩是宋明理學代表，李光地提出
以濂洛關閩爲門戶，由《四書》而後《五經》的學習順序，勾勒出一條由「濂
洛關閩」至「《四書》」至「《五經》」的研讀進路，目的在於希望結合理學與
經學，一來爲的是替理學研究轉入經學研究提供學習方法及思考方向，二來
主張研讀艱深的《五經》，宜由淺近易懂的《四書》做爲入門途徑，亦針對當
時士人長時間注重《四書》而漠視《五經》的學術風潮而亟欲尋求解決辦法
的康熙帝，提出了有效的對策。

〔註44〕 〔清〕李光地：《榕村語錄》，卷24，頁423。
〔註45〕 〔清〕李光地：《榕村語錄》，卷24，頁424～425。
〔註46〕 〔清〕李光地：《榕村全集》，卷21，《課王生仲退》，頁1105～1106。
〔註47〕 〔清〕李光地：《榕村全集》，卷21，《課王生仲退》，頁1108。

而李光地爲何要「窮經以明理」，最大的可能性在於「明道」。康熙帝需要傳統儒家的「道統」來支持他的「治統」，加上李光地是傳統儒家士人，自然以繼承道統爲己任。而且他又說：

天下之道盡於《六經》，《六經》之道盡於《四書》，《四書》之道全在吾心。〔註48〕

由上可知李光地以爲天下之道盡在《四書》、《五經》中，應仔細探究經典中之義理，方能修身、齊家、治國、平天下。雖然其中仍有部分偏向心學思維，但就目的性來說，李光地對於《四書》、《五經》的看重程度，的確是相當明顯。並且，李光地還點出關於《四書》、《五經》的研究進路，他認爲天下之道皆涵攝在《五經》裡，而《五經》之道又涵攝於《四書》，而《五經》繁雜難懂，故須以《四書》爲基礎才能一窺堂奧，理解《五經》。故可說《四書》爲義理之基礎，而《五經》爲義理之闡發，《四書》、《五經》息息相關，由此才能開展出天下之道與修身之理。

李光地對於兼治理學與經學，其經學研究受到理學之影響，走的是闡發經學義理的方向，因此開展出於經中求道、求理的詮釋方式，希望結合理學與經學，使兩者互用發展，這在當時可算是另一條經學研究的新方向，也是李光地企圖調合理學與經學的思想理路。

〔註48〕〔清〕李光地：《榕村語錄》，卷1，頁1。

第四章 李光地《四書》學之主要義理思想與影響

　　李光地之經學，可說是以義理爲特色的經學，在《四書》、《五經》爲基礎下，試圖融合理學之義理思想，賦予其經學研究更具思想性的發展，並使其經學體系架構更趨完整。故以下先探討李光地《四書》學中之主要義理思想，其後再探究《詩》《書》義理內涵的部分。

第一節 《四書》學之主要義理思想

　　李光地可說是清初推崇程朱學的功臣，他的思想由游移在程朱與陸王之間，轉變爲專尊朱子學，其中固然有許多因素，但其晚年的著作與思想有濃厚朱子學的色彩，這點卻是無庸置疑的。且他一生雖然著述不輟，研究範圍廣泛，但是憑藉著理學思想作爲心性修養準則的這部分，仍是他最關切的重點，他曾說：

> 某在涿州病發時，公私之事俱不在心。惟讀書一生，到底不曾透亮，糊糊塗塗，虛過此生，此念纏攪不已。乃知「朝聞夕死」一章，喫緊喚醒人也。人生功名富貴，過去輒了。子孫昌熾，固有定數，若加意營謀，必更得禍敗。只於我生道理明白透徹，有可信心處，少少許便足。當下能到一箇是處，是要緊事。〔註1〕

〔註 1〕 〔清〕李光地：《榕村語錄》，卷23，頁415～416。

當時李光地正處於疾病纏身，且在政治上又受到中傷誹謗的處境，因此他在
這段話中表現了許多感慨，並懇切說出他在面臨疾病與死亡時的心情感受，
同時也可看出他對於立志與求道的肯定。他在乎的不是生命何時結束、功名
富貴以及子孫的昌熾，他說自己讀書一生都不曾透亮，以致虛度此生，因而
覺得「朝聞道，夕死可矣」這段話實在是警醒人心，在生命結束前可以了解
這個道理，那便是足夠了。故得知那些講求身心性命的學問，無論道理說得
多麼透徹，終究還是得內化到自己的心中，使自己的言行舉止由內而外地貫
徹那些道理，這樣才能達到變化氣質、修心養性的功用。而李光地一生也受
到這道理的影響，不論在政事或是學術上，總是孜孜不倦的行事，可說是把
程朱理學修身養性的道理內化到自己身上，來修養自己的德性。因此，由於
李光地重視程朱理學中心性修養這部分，使得他對於程朱理學所探討的思想
範疇、德目，以及《論語》、《孟子》、《大學》、《中庸》等主要經典，均有研
究且能融會貫通，並提出自己的意見與心得，對於程朱理學可說是有繼承也
有修正，並非完全認同與附會其說。〔註2〕

　　其中，李光地對於《大學》、《中庸》之詮釋，以及其延伸出的「知本說」
與「明性說」，都有相當的闡發；此外，在與心性修養關係密切的工夫論上，
他也有特殊的見解。故以下將針對李光地的「知本說」、「明性說」以及工夫
論作探討，以期了解其義理思想內涵。

一、知本

　　《大學》一書，自宋代諸儒以至清代，出現的改本眾多，其中以朱子的
格物補傳及王陽明的恢復《大學》古本說最受重視。李光地雖尊程朱，但其
主張《大學》語義自足，文字無庸調動，只需分章，卻偏向王陽明的說法。
其實李光地對於朱子《大學章句》中的觀點頗有異議，他在〈大學古本私記
舊序〉中說：

> 地讀朱子之書垂五十年，凡如《易》之卜筮，《詩》之雅、鄭，周子
> 無極之旨，邵氏先天之傳，呶呶紛拿，至今未熄，皆能燭以不惑，
> 老而愈堅。獨于此書亦牽勉應和焉，而非所謂心通而默契者。間考

〔註 2〕 例如李光地在《尊朱要旨》中便以「理氣」、「心性」、「氣質」、「智仁勇」、「知
　　　　行」、「立志」、「主敬」等範疇作為尊朱的要旨；此外他在《榕村語錄》、《榕
　　　　村續語錄》中，對於其他條目也多有探討。

鄭氏注本，尋逐經意，竊疑舊貫之仍文從理得，況知本誠身二意，

尤爲作《大學》者樞要所存，似不應使淪于眾目中。〔註3〕

他認爲「知本」「誠身」是《大學》中的樞要，而因爲不認同朱子處理「知本」的看法，故這也是他無法與朱子的《大學章句》「心通而默契」的地方。因此，李光地主張恢復王陽明的《大學》古本，他說：「餘姚王氏古本之復其號則善。」〔註4〕「《大學》初無經傳，乃一篇首尾文字。」〔註5〕「今但不區經傳，通貫讀之，則舊本完成，無所謂缺亂者。」〔註6〕認爲《大學》古本沒有所謂缺亂之處，只須分章即可，反對朱子後來所作的格物補傳。而朱子在《大學章句》中「此謂知本」句下面，有程注云：「衍文也。」把「知本」視爲多餘的文字；在「此謂知之至」句下面，朱子認爲有闕文，故特別補了《大學格物致知傳》一篇，他說：

閒嘗竊取程子之意以補之曰：「所謂致知在格物者，言欲致吾之知，在即物而窮其理也。蓋人心之靈莫不有知，而天下之物莫不有理，惟於理有未窮，故其知有不盡也。是以《大學》始教，必使學者即凡天下之物，莫不因其已知之理而益窮之，以求至乎其極。至於用力之久，而一旦豁然貫通焉，則眾物之表裏精粗無不到，而吾心之全體大用無不明矣。此謂物格，此謂知之至也。」〔註7〕

此補傳一開頭就講明，「致知格物」就是要「即物窮理」，想要得知萬事萬物的道理，就必須先透過「格物」的方法，才能達到「窮理」的目的，才能從「物」中去尋找出「理」，由「物」返歸於「理」。朱子提出的格物、致知、窮理是一聯貫尋求認識「理」的方法論以及工夫論，他的目的是要由許多千差萬別的「物」中返回「理」的本體所在。

《大學格物致知傳》是朱子有關格物重要的一段話，但是這個格物補傳卻引起許多爭議，李光地也不贊成格物補傳的說法。首先，「格物」一詞出自《大學》，朱子把「格」訓爲「至」〔註8〕，也就是到達、至極之意，把「物」

<hr/>

〔註3〕 〔清〕李光地：《榕村全集》，卷10，〈大學古本私記舊序〉，頁538。

〔註4〕 〔清〕李光地：《榕村全集》，卷10，〈大學古本私記〉，頁540。

〔註5〕 〔清〕李光地：《榕村全集》，卷6，《初夏錄・大學篇》，頁281。

〔註6〕 〔清〕李光地：《榕村全集》，卷10，〈大學古本私記〉，頁541。

〔註7〕 〔宋〕朱熹：《四書集註》，臺北：學海出版社，1991年，《大學章句》，頁6～7。

〔註8〕 〔宋〕黎靖德編，王星賢點校：《朱子語類》，卷15，頁283，「格物。格，猶至也，如『舜格于文祖』之『格』，是至于文祖處。」；卷15，頁289，「『『窮

訓爲「事物」，意即「格物」就是要窮盡事物的道理，以知其本體意義所在。
李光地不認同這種說法，他認爲《大學》應該要把「知本」當作格物第一義，
認爲「格物」應訓爲「知本」，「格物致知」是爲了要「知本誠身」以及「知
性養性」〔註9〕，並非是「即物窮理」；他又說：

> 《大學》一書，二程、朱子皆有改訂，若見之果確，一子定論便可
> 千古，何明道訂之，伊川訂之，朱子又訂之？朱子竟補格物傳，尤
> 啟後人之疑。若格物應補，則所謂誠意在致其知，正心在誠其意，
> 皆當補傳矣。〔註10〕

李光地認爲二程、朱子都有改訂過《大學》，究竟定論如何，已經難以確定了，
而朱子又作格物補傳，這更引起後人的懷疑。況且如果「格物」如果應補，
那其他的部分如「誠意在致其知」、「正心在誠其意」等也應該要有補傳才行，
所以他並不認同朱子爲格物補傳的作法，他認爲《大學》無需更動，語義已
足，故主張恢復古本《大學》。

（一）知至即知本

　　李光地以「誠意」作爲貫通《大學》的主旨，並指出「知本」「誠身」爲
《大學》最主要的兩個義理，與朱子著重在格物致知上的論點有差異，這是
他回歸《大學》古本的用意之一。此外，李光地主張恢復古本《大學》，主要
是因爲他認爲朱子《大學格物致知傳》中所說的內容，在《大學》本文中已
經有足夠的意義了。例如在《榕村語錄》中有這段記載：

> 問：「古本《大學》，遽及知本、知至，難道朱子所云：『即凡天下之
> 物，莫不因其已知之理而益窮之，以求至乎其極。』此段工夫竟無
> 耶？」曰：「此工夫即在知所先後內。事物皆格，至本末始終俱透，

理』二字不若格物之爲切，便就事物上窮格。如漢人多推秦之所以失，漢之
所以得，故得失易見。然彼亦無那格底意思。若格之而極其至，則秦猶有餘
失，漢亦當有餘得也。又云：『格，謂至也，所謂實行到那地頭。如南劍人往
建寧，須到得郡廳上，方是至，若只到建陽境上，即不謂之至也。』」在這兩
條文字中，朱子都是把「格」字訓爲「至」的意思，也就是到達、至極。
〔註 9〕 李光地解釋大學三大綱領之一「明明德」說：「『明德』，指性不指心。『明明
　　　　德』，合知性、養性而言。」見〔清〕李光地：《榕村語錄》，卷1，頁7。李
　　　　光地認爲想要明明德於天下，就必須先知道事情的本末先後，就要格物才能
　　　　致知，故「格物致知」是爲了要「知本誠身」及「知性養性」。
〔註10〕 〔清〕李光地：《榕村語錄》，卷1，頁11。

方爲格物之全功。《大學》恐人疑惑『知至』『至』字，爲當窮天下之物，始謂之至，故又曰：『以脩身爲本。』本亂末未有治者，厚者薄，未有薄者厚者。『此謂知本，此謂知之至』。朱子說『極』字，即是『本』字，一物皆有一物之極，即此一物之原本。今人說『極』字，像四面都到的一般，非也。緣格物致知之義，首章已說明，故下面直接誠意說去。首章亦非致知之傳，《大學》如《中庸》，只是一篇文字，一片說去。」〔註11〕

有人問李光地，古本《大學》已經提到知本、知至之說，其中難道沒有朱子補傳中所說的「即凡天下之物，莫不因其已知之理而益窮之，以求至乎其極」的工夫嗎？李光地認爲，格物補傳中這段重要的話，其實已經包含在「知所先後」這句話裡了。他在《大學古本說》中提出了先要「知止」，然後才能「定」、「靜」、「安」、「慮」、「得」，他說：

知止者，未能至之，而知所嚮望歸宿之謂也。定，謂意志堅定。靜，謂心不外馳。安，謂所處而安。慮，則下文格物致知之事。得，則下文意誠以下之事也。〔註12〕

要先知道自己所嚮往的目標，而後才能意志堅定、心不外馳、所處而安的往目標邁進。之後「能慮」就是指格物致知這件事，「能得」則是指如何意誠以及由此擴展的事情。能慮能得之後，就能算是進入入德之門了。之後要能分辨「物有本末之分」以及「事有終始之序」，若不能分辨知曉，這樣就會失去行事的要點所在，而離道愈遠了。是故必須了解，知道本末始終，就是要明白萬物之所以分殊而理一的道理，這樣才能識得本末之歸，也就是萬物的根本源頭；觀察萬事之所以異條而同貫，而後才能達到始終之義，了解最初與最終的意義何在。這些都是要經過博學、審問、愼思、明辨等工夫的運用才行，因此才會有以下致知格物的那些工夫，這就是所謂的進入入德之門，而離道愈近了〔註13〕。之後李光地又說：

古之欲明明德於天下者，致知在格物。〔註14〕

物格而后知至，國治而后天下平。〔註15〕

〔註11〕〔清〕李光地：《榕村語錄》，卷1，頁10～11。
〔註12〕〔清〕李光地：《榕村全集》，《大學古本說》，頁3702。
〔註13〕〔清〕李光地：《榕村全集》，《大學古本說》，頁3703～3704。
〔註14〕〔清〕李光地：《榕村全集》，《大學古本說》，頁3704。
〔註15〕〔清〕李光地：《榕村全集》，《大學古本說》，頁3704。

自天子以至於庶人，未之有也。此謂知本，此謂知之至也。〔註16〕

知道事情的本末先後之後，才能談到《大學》的條目。所謂天下的根本在國，國的根本在家，家的根本在身，而心又是身之主，意又是心之主。是故務必要使其意誠，然後才可以正心修身，才可以得到並治理家國天下，這些事情的順序都是理勢的自然。但若是知之不至，那麼行事就會錯誤了。因此應該要先「致知於事物之本末終始」，了解事情本末終始的道理；因爲若無法窮盡事物的道理，則知也不能至了，故也必須要注重「格物」的工夫，事物的道理窮盡後就能知至，國家治理而後天下就能太平。而所謂「格物」，乃是「知天下國家以身爲本，則知身心之不可以放縱、苟且自私。」〔註17〕必須由切近人倫的身心做起，而擴展到家國天下。另外，格物的全功亦在於對事物皆格，達到本末始終都透徹的地步，也就是「知之至」的境地。但他又說：「必知本而後爲知之至，舍知本而言知至，非古人之知矣。」〔註18〕他所謂的「知至」並不是指要窮盡天下萬物的意思，而是要明白地從「知本」做起，依著本末始終之道行事，才可能有知之至的一天。所以他的「格物」是爲了「知本」，並非如朱子所說的要窮盡事物的道理，而只是強調出《大學》所說的「以修身爲本」的重要性而已。

李光地又解釋朱子所說的「極」，應該是「本」的意思；也就是說，在窮盡天下事物道理而至其極的時候，並不是像一般人解釋的四面都到的極盡、極致的意思，而是要回歸到一物之原本，此一物之原本就是《大學》所說的「誠意」，也可以說是把「修身」再加以凝聚就是「誠意」了。所以他說：

> 明善即格致，是誠意中事。到得誠意，則正心、修身功夫皆到，只隨時加檢點耳。古本原明明白白，特提誠意。〔註19〕

格物致知的最終目的是要明善，這些都是「誠意」之事，只要能夠以「誠意」爲本，並隨時加以檢點，則正心、修身的工夫自然能做到。而「誠意」的意思在古本《大學》中已說得明明白白，是以不需要再補傳了。故李光地在《大學古本說》第一章的結論說：

〔註16〕 〔清〕李光地：《榕村全集》，《大學古本說》，頁3705。
〔註17〕 〔清〕李光地：《榕村全集》，《大學古本說》，頁3705。
〔註18〕 〔清〕李光地：《榕村全集》，《大學古本說》，頁3705。
〔註19〕 〔清〕李光地：《榕村語錄》，卷1，頁11。

> 孔門相傳心法，曰誠身而已。而欲誠身者必先明善，蓋善者，性之
> 實理，即所謂誠也。明之則知性，而可以反身而誠矣。誠則必動，
> 而有以成己成物，齊治均平之效可致矣。〔註20〕

可見「誠意」是許多工夫的根本，只要反身而誠，就可以達到成己成物、齊治均平的效果了。

　　而李光地所提出的知本說，是爲了補充朱子格物說的不足。因爲朱子所說的格物，是要窮盡萬事萬物的道理，若是必定要到達物理的極處，就容易產生只逐物而忘記尋求道理的支離弊端，且這樣一直格下去，要到哪一天才能窮盡、才能達到知之至的境地呢？他在《榕村語錄》中有提到關於知本說的部分，他說：

> 學問全要知本，知本之學，所學皆歸於一本。格物之說，鄭康成是
> 一說，司馬溫公是一說，程朱是一說，王陽明又是一說。自然是程
> 朱說得確實，但細思之，亦有未盡。如云格物也，不是物物都要格
> 盡，也不是格一物便知天下之物。積累多時，自有貫通處。〔註21〕

李光地認爲作學問全部都要知道本源，知道本源而作的學問，就會使人所學到的知識回歸到自己的本心本體上。而在眾多的格物說中，李光地認爲程朱的格物說最確實，但是尚有不足的地方，所謂的格物，不是物物都要格盡，也不是格一物就能知道天下之物，而是累積多時，自然就能貫通，那究竟須積累至何時呢？朱子僅用「自然醒悟」〔註22〕一語帶過。故李光地因而提出了他的知本說來修正朱子的說法，他說：

> 聖人說出「格」字、「物」字，已包盡各條件，但其歸必以知本爲知
> 至。朱子之說，與此頗異。然不照著他說，終不能知本。其言或考
> 之事爲之著，或察之念慮之微，或求之文字之中，或索之講論之際。
> 又謂如身心性情之德，人倫日用之常，天地鬼神之變，禽獸草木之
> 宜，實盡格物之義。陽明攻之，非也。朱子原以身心性情居首，並
> 非教人於沒要緊處用心。其實身心性情之德，果能窮本極源，人倫
> 日用，能外是乎？天地鬼神，禽獸草木，能外是乎？只是經文已備，
> 不消補傳耳。〔註23〕

〔註20〕　〔清〕李光地：《榕村全集》，《大學古本說》，頁3706。
〔註21〕　〔清〕李光地：《榕村語錄》，卷1，頁9～10。
〔註22〕　〔宋〕黎靖德編，王星賢點校：《朱子語類》，卷18，頁394。
〔註23〕　〔清〕李光地：《榕村語錄》，卷1，頁11～12。

他主張格物最終要以知本爲知至，這與朱子的說法有差別，但是他的知本說與朱子的格物說又不是完全的不一樣。他認爲朱子的格物說，或是考之事爲之著，或是察之念慮之微，或是求之文字之中，或是索之講論之際；又如身心性情之德、人倫日用之常、天地鬼神之變、禽獸草木之宜，實在都已經包盡格物的意義了。又朱子教人原本就是以身心性情居首，而不是教人在沒要緊的地方用心，只要能夠掌握身心性情之德，就能夠窮本極源，自然就涵蓋人倫日用、天地鬼神、禽獸草木了。而這些道理在《大學》文本中就已經具備，並不需要再特別補傳，所以李光地的知本說和朱子的格物說雖然不盡相同，但是卻也不相違背。

（二）知本即知天性之本

李光地的知本說，乃是將身心性情作爲格物的首要根源，以此作爲根本的話，就可以避免一直要窮至天下萬事萬物的盡頭，而流於只追尋事物的缺失。此外，也可以更容易看到「天性之本」，也就是吾人之性，這亦是對朱子學說支離弊端的補救。他說：

> 「此謂知本，此謂知之至也。」古本即在「其本亂」一節之下，極有理。《大學》說誠、正、格、致，《中庸》說誠、明，總是要脩身，身即是本。舉而措之，則脩己以安百姓，篤恭而天下平矣。但看三代以後，一物失所，引咎歸己，實見得正心以正朝廷，正朝廷以正百官，正百官以正萬民，道理確鑿，此等人能得幾箇？或云，知得此意，有何難處。如何便爲知之至？不知要知得到，非見得天性之本者不能。惟吾之性，即天地之性，故自盡其性，則能盡人物之性，參贊位育，都不外此。〔註24〕

《大學》、《中庸》所說的德目，都是爲了要修身，而身即是本。要先從自身做起，這樣才能使百姓安心而天下太平〔註25〕。但是知道這道理並不難，要

〔註24〕〔清〕李光地：《榕村語錄》，卷1，頁10。

〔註25〕李光地的修身概念類似王艮的淮南格物論，王艮曾說：「立吾身以爲天下國家之本。」見〔明〕王艮：《王心齋全集》，臺北：廣文書局，1987年，卷2，頁1。他認爲格物之物，即「物有本末之物」，所謂本末，則分別指的是「身」與「天下國家」而言。以「身」爲天地萬物之本，強調凡事要先能正己，而後才能夠正物的觀念；王艮所謂的「格物」論，是以「安身」爲基礎，將人與人以外的事物作對比，視修身、成德爲其基礎，並進一步將其落實在生活周遭，以達到齊家、治國、平天下的遠大目標，這便是他相當著名的「格物論」。李光地的修身宗旨與之十分類似，皆是強調以身爲本。

怎樣才能算是知之至呢？要見得天性之本才算是知之至。因為吾人的本性即是天地之性，能自盡其性，則能盡人物之性，參贊化育。又因為只要能掌握身心性情之德，窮本極源，那麼一切的事物道理也就包括具備了。是故人要先從「本」做起，先修身正心，見得天性之本，才能盡人物之性，參贊化育。所以才說知本即知天性之本，見天性之本即知之至。

　　雖說朱子的格物說與李光地的知本說差異頗大，但是朱子也有類似知本的說法，李光地就曾說：

> 《語類》中，「窮理只就自家身上求之」一段，說格物甚精。王陽明
> 因格竹子致病，遂疑朱子之說，豈知朱子原未嘗教人于沒要緊處枉
> 用心思也。人與物本同一性，禽獸真心發現處，與人一樣。或止一
> 節，比人更專篤，這箇是萬物一源的，所謂本也。〔註26〕

他認為萬物都有相同的性，就是所謂的「本」，即本體。而朱子所說的格物窮理，雖說要窮盡萬事萬物之理，但是最終還是得回歸到自身本體上，也就是得回到自己的身心性情上，修養自己的道德人格。朱子雖然也有類似知本的說法，但是以知本為學問首要基礎的，卻是陸、王的學說，李光地說：

> 以知本為格物，象山之說也，與程、朱之說相助，則《大學》之教
> 明矣。〔註27〕

他認為把知本當作格物基礎的雖是陸象山一派的說法，但是若能再結合程朱的格物說，這樣就能更明白《大學》所要講述的道理了。他又說：

> 姚江之曰：「《大學》只是誠意，誠意之至，便是至善。……」愚謂
> 王氏此言，雖曾、思復出，必有取焉。〔註28〕

王陽明所說的就是《大學》的主旨「誠意」這件事，只要能反身而誠，那麼就能達到許多工夫，也就能達到「至誠」的境界了。可知李光地的「知本」說，亦有受到陸、王學說的影響。

　　雖然李光地所說的「知本」，類似陸象山所說的「先立乎其大」，但是他與陸象山所說又不同。他在說明朱子與陸象山不同之處時說：

> 朱子為學，先立志主敬，以為學問之地，而又加以學問之功。象山
> 只先立乎其大者，把心養定，便無欠闕，讀書亦只檢切於身心者讀

〔註26〕　〔清〕李光地：《榕村語錄》，卷1，頁11。
〔註27〕　〔清〕李光地：《榕村全集》，卷1，《觀瀾錄・學》，頁14。
〔註28〕　〔清〕李光地：《榕村全集》，卷6，《初夏錄・大學篇》，頁280。

之，只要借書將治心功夫鞭策的更緊些，不是要於書中求道理，所謂「六經註我，我註六經」也。他看朱子不拘何書都不放過，於文義細碎處，皆搜爬一番，便道是務外逐末，都是閒賬，躭閣工夫。……他是要心定，則靈明無不貫徹，不消零碎補湊。不知天地間無一非道理，只守一心，則理有未窮，性便不盡。……故君子既要尊德性，又要道問學，存心、致知，一面少不得。象山不可謂不高明，只是少「道中庸」一邊耳。〔註29〕

他認爲朱子與陸象山二人因爲入聖的方法不同，所以對於讀書的態度與方法也不同。朱子主張「即物窮理」，所以在作學問上除了會先立志及保有恭敬的心之外，也相當注重學問之功績，他對於任何書都不放過，於文義細碎的地方，亦會加以檢所考察一番。而陸象山則主張「先立乎其大」，讀書只是用來鞭策自己治心的工夫，因此只會讀些與修養身心有關的書，並不是要在書中找道理。所以李光地的立論基本上仍是站在程朱格物窮理的學說上說的，他只是在程朱所說的窮盡天地萬物之理，以到達其極至的學說中，特別強調要以身心性情爲本，將程朱格物的對象，由外在物理界拉回自己的身心來，主張要以此身心爲根本，所以他才會說：「『道問學』不過是要『尊德性』，然非『尊德性』以爲基本，又將何者去『道問學』？」〔註30〕。求學問道理的最終目的是爲了要修養自己的本心，但是若沒有以本心作爲根本，就容易使格物流於只追求外在事物而忽略內在本心的修養。是故必定要以本心爲基礎去追求學問，這才是眞正的「切己之學」。所以他說：

聖人重切己之學，好古敏求，多聞多見，都要歸到身心上。所謂「自得之則居之安，居之安則資之深，資之深則取之左右逢其源」。有此源頭活水，則取給不窮，與那一知半解者不同。聖人一面不欲人落於虛空，一面不欲人滯於口耳，要人步步踏實地，滴滴歸到源頭上來，故屢屢指點人。〔註31〕

不論所學所聞，全都要「歸到源頭」，也就是要歸到身心上，歸到「本」上來，如此才能自得其樂，左右逢源。

〔註29〕〔清〕李光地：《榕村語錄》，卷1，頁5～6。

〔註30〕〔清〕李光地：《榕村語錄》，卷8，頁142。

〔註31〕〔清〕李光地：《榕村語錄》，卷3，頁44。

　　而李光地的知本說雖然受到陸、王學說的影響較多，但是在涵養工夫上，卻仍是遵從程朱學中的主敬、存誠等工夫，他說：

> 蓋即洒掃、應對、進退，小心謹慎，中規合矩，便是培養其良心，久之自然知本。陸子靜謂「先立乎其大」者，説何嘗不是，弊在把窮理工夫看輕了，便破敗百出。蓋窮理工夫甚大，與主敬、存誠並重。但觀王陽明「致良知」，欲破朱子格物說，到後來做詩出韻，寫字寫別字，論古將事記錯了，此豈良知中應爾乎？窮理格物，而良知乃致也。〔註32〕

陸、王以為「性」為心所固有，只說「先立乎其大」，而只守一本心，於是就把窮理的工夫看輕了，以致於「破敗百出」，這也是陸、王學說的弊端所在。而李光地的知本說結合了程朱與陸王的學說，希望能在以本心為根源的前提下，去即物窮理，這樣才不會流於逐物不返。因此，李光地還是以朱子的涵養工夫為主，在朱子強調的工夫上，舉凡洒掃、應對、進退、小心謹慎等日常生活的事情，都是在培養良心，培養久了就能知道自己的本心，在持有本心的狀況下去格物，相信也不會有太大的問題了。所以他認為只要遵守程朱學的踐履工夫，就能使言行規範合於禮，也能培養自己的本心，這樣就能避免流於王學的肆蕩之弊了。

二、明性

（一）知本即明性

　　李光地的知本說，首要注重的就是人的身心性情，也就是他所謂的「本」，若將此身心性情再更明確的說，就是「性」；意即其「本」就是「性」，其主張「知本」為的也就是要「明性」。李光地是透過《中庸》來闡發他的「明性」思想，為此，他還重新編定《中庸》為十二章，稱為《中庸章段》。而他編定的《中庸章段》又與朱子所編定的《中庸章句》有所不同。

　　朱子是以「虞廷十六字心傳」〔註33〕來編次《中庸》的，他在〈中庸章句序〉中說明了「虞廷十六字心傳」的重要性：

〔註32〕〔清〕李光地：《榕村語錄》，卷4，頁71。
〔註33〕這「虞廷十六字心傳」是：「人心惟危，道心惟微，惟精惟一，允執厥中。」見〔宋〕朱熹：《四書集註》，〈中庸章句序〉，頁14。

《中庸》何爲而作也？子思子憂道學之失其傳而作也。蓋自上古聖
神繼天立極，而道統之傳有自來矣。其見於經，則「允執厥中」者，
堯之所以授舜也；「人心惟危，道心惟微，惟精惟一，允執厥中」者，
舜之所以授禹也。堯之一言，至矣，盡矣！而舜復益之以三言者，
則所以明夫堯之一言，必如是而後可庶幾也。〔註34〕

「中庸」二字的涵意，根據程子的解釋，就是：「不偏之謂中，不易之謂庸。
中者，天下之正道，庸者，天下之定理。」〔註35〕朱子認同這種說法，並認
爲《中庸章句》乃是「虞廷十六字心傳」的發揮，體現了「孔門傳授心法」，
而他根據此「十六字心傳」將《中庸》編定爲三十三章，即爲《中庸章句》。
在正文前他說：「其書始言一理，中散爲萬事，末復合爲一理，『放之則彌六
合，卷之則退藏於密』，其味無窮，皆實學也。」〔註36〕之後在解釋「天命之
謂性」時則說：「命，猶令也。性，即理也。天以陰陽五行化生萬物，氣以成
形，而理亦賦焉，猶命令也。」〔註37〕朱子一直強調「理」的重要性，並且
認爲《中庸》是由「理」所貫穿首尾，因此他在詮釋《中庸》時，是把「理」
放在第一位。

而李光地編定《中庸》爲十二章，稱爲《中庸章段》，「首一章全起，末
一章全結。中間前五章申明性、道、教之源流，後五章申明致中和之功用」〔註
38〕，他並未提起「十六字心傳」，且與朱子的《中庸章句》分章方法不同。他
在〈中庸章段序〉中雖說：「於章段離合之間雖頗有所連斷，然其義所自來，
則皆竊取朱子平生之意。」〔註39〕但是他卻是以「人性」作爲《中庸》的最
高原則，他曾說：

「中」、「庸」二字，程子以不偏、不易、正道、定理詮解，固妙，
但只就道理上說，尚該補出箇頭來。人性便是道理的頭。〔註40〕

他認爲程朱只是就道理上來解說而已，應該還要再補充上一個前提，這個
前提就是「人性」，人性就是道理的頭。並認爲只要懂得《中庸》所說的「天

〔註34〕〔宋〕朱熹：《四書集註》，〈中庸章句序〉，頁14。
〔註35〕〔宋〕朱熹：《四書集註》，《中庸章句》，頁17。
〔註36〕〔宋〕朱熹：《四書集註》，《中庸章句》，頁17。
〔註37〕〔宋〕朱熹：《四書集註》，《中庸章句》，頁17。
〔註38〕許蘇民：《李光地傳論》，頁116。
〔註39〕〔清〕李光地：《榕村全集》，〈中庸章段序〉，頁3729。
〔註40〕〔清〕李光地：《榕村語錄》，卷7，頁111。

命之謂性」，《中庸》一書所要講的道理全部便可豁然明白〔註41〕，這也是
其與朱子有所不同之處。所以李光地在《中庸章段》第一章結論說：「首節
性道乃理義之源，性具於心，道具於事」〔註42〕，強調性道是理義的根源，
且性是具在於自己的本心。而朱子在總結《中庸章句》第一章時則說：「首
明道之本原出於天而不可易」〔註43〕，強調的是道的本源是出自於天理而
不可更改的。故李光地與朱子二人對於《中庸》的著重點並不相同，對於
何者該作爲詮釋《中庸》的首要原則看法也不同，朱子認爲是「理」，而李
光地則以爲是「性」。

　　此外，李光地還對朱子《中庸章句》的一些注文作了修正，例如他把朱
子所講的「理」無物不有，無時不然〔註44〕，改爲「性」無物不有，無時不
然。他說：

> 「無物不有，無時不然」。今人都說成無物不有當然之理，如桌有桌
> 之理，椅有椅之理；無時不有當然之理，如說話有說話之理，飲食
> 有飲食之理。卻是錯了。「無物不有」，乃是說性之德我固有之，凡
> 人皆然。因物亦有性，故不言人而言物耳。其曰「無時不然」，乃是
> 言心之體無一刻不流行也，人人有之，時時有之，所以不可須臾離。
> 須臾離之，則性於是斷，天命於是息矣。〔註45〕

認爲朱子所說的「理」無物不有，無時不然是錯誤的，「無物不有，無時不然」
講的是「性」，即所謂「人性」，而不是存在於萬事當中的「當然之理」。李光
地認爲每個人本來就都會有性，那是天賦而固有的；就算是事物也一樣會有
性，所以才會說「性」無物不有。而每個人的本心本體也是隨時都在運動流
行，所以才會說「性」也無時不然。他只是要強調「性」是人人皆有，亦是
時時都在。且他也不認同朱子以性爲天道，只有聖人可以盡之；以教爲人道，
普通人只有通過教化才能成善。他說：

〔註41〕　〔清〕李光地：《榕村語錄》，卷15，頁265，「……《中庸》明白得『天命之
　　　　謂性』，……全部便可豁然。」
〔註42〕　〔清〕李光地：《榕村全集》，《中庸章段》，頁3735。
〔註43〕　〔宋〕朱熹：《四書集註》，《中庸章句》，頁18。
〔註44〕　朱子解釋「道也者，不可須臾離也，可離非道也。」爲「道者，日用事物當
　　　　行之理，皆性之德而具於心，無物不有，無時不然，所以不可須臾離也。若
　　　　其可離，則爲外物而非道矣。」見〔宋〕朱熹：《四書集註》，《中庸章句》，
　　　　頁17。
〔註45〕　〔清〕李光地：《榕村語錄》，卷7，頁114。

「至誠盡性」一章以下，朱子分天道、人道，都是硬派，不甚貼合。
〔註 46〕

李光地認爲朱子不應該把道分爲天道、人道；也不應該把人分爲聖人跟普通人，只要是人，他們的性都是善的。故他又說：

> 性者，天地所賦於我，與民物共之者也。〔註 47〕

> 云「萬物」，則自聖賢、庸愚，以至昆蟲草木，皆得此理，無有彼此厚薄之異。如天下雨一般，何嘗于江河多些，于溝渠蹄涔少些；于清流處清些，于臭穢處濁些，都是一樣。〔註 48〕

他認爲天地都會賦予每一個人同樣的人性，不論是聖賢或庸愚，從「性」這一點上看來，都是平等且公平的。

（二）「理即性」——性爲理之總名

在朱子的思想範疇中，「理」是作爲最高本體。他說：

> 性即理也，天以陰陽五行化生萬物，氣以成形，而理亦賦焉，猶命令也。於是人物之生，因各得其所賦之理，以爲健順五常之德，所謂性也。〔註 49〕

他認爲「性」就是「理」內在化的結果，是上天所賦予人的，在喜怒哀樂未發之前爲純理，乃形上、純粹至善的，故謂「性即理」。因此朱子又說：

> 性即理也，當然之理，無有不善者。〔註 50〕

天命即性，在人未發爲則爲純理，是純粹至善的。雖然性天生就是善的，但是朱子也有講到性惡的部分，他把性分爲天地之性與氣質之性。他說：

> 論天地之性，則專指理言；論氣質之性，則以理與氣雜而言之。未有此氣，已有此性。氣有不存，而性卻常在。雖其方在氣中，然氣自是氣，性自是性，亦不相夾雜。至論其徧體於物，無處不在，則又不論氣之精粗，莫不是有理。〔註 51〕

〔註 46〕 〔清〕李光地：《榕村語錄》，卷 8，頁 132。
〔註 47〕 〔清〕李光地：《榕村全集》，《中庸章段》，頁 3761。
〔註 48〕 〔清〕李光地：《榕村語錄》，卷 18，頁 312。
〔註 49〕 〔宋〕朱熹：《四書集註》，《中庸章句》，頁 17。
〔註 50〕 〔宋〕黎靖德編，王星賢點校：《朱子語類》，卷 4，頁 67。
〔註 51〕 〔宋〕黎靖德編，王星賢點校：《朱子語類》，卷 4，頁 67。

他認為天地之性是純粹至善的理，而氣質之性則因為理中夾雜了「氣」，氣有清濁偏正之分，因此氣質之稟受也會有深淺厚薄的差別。而雖說理夾雜在氣中，但是理，也就是性，是一直獨立存在的，並不會因為氣的影響而有所改變。

　　李光地對程朱的「性即理」也作了說明，他說：

> 自漢以下，儒者以氣質為性，故程子為之說曰性即理也。言氣之中有亙古今不易之理，是之謂性，不可以氣為性也。自是至今日，雖人能言理，實未免於以氣為理，故宜為之說曰理即性也。言氣之中，有亙古不已之性，是之謂理，不可以氣為理也。〔註52〕

他認為無論是程朱所說的「性即理」，還是他所說的「理即性」，都只是在強調，氣之中是有一亙古不變的理、性在，而不可以把氣就當作是理、性。至於理跟性，李光地又說：

> 程朱以理言性，懼夫混於氣質以言性者也，別而言之，理散于事物，性統乎人心，知之者以為萬物皆備於我，則性與理一也。不知者求理於外，其於性也日遠矣，而猶曰程朱之說云爾，攻之者又不深考，因曰程朱固嘗云爾，以率天下求理於外也。〔註53〕

他認為理跟性，分開來講，理就是散布存在於事物之中，而性是存在於人心中。但若是知道萬物皆備於我，那麼性跟理就是一體了；不知道的人還藉故說是程朱所說，而向外在追求理，這樣反而也離性愈遠了。因而一般人常常就犯了求理於外的毛病，這樣是不好的。

　　而李光地對於性的看法，他也認為性是善的，他說：

> 性與生俱生，故其字從心、從生，非生則不名性。生者，氣也，而性在焉。……言既「生之謂性」，則人生所稟之氣當有善惡。然善惡差殊，非性也，氣也。性即理，理則善而已矣。氣稟用事，而理之具于是者，或過不及焉，善之反為惡，非其初相對而有也。……繼者，流行繼續之意。「繼之者善」，謂天命流行，無有不善，即元亨利貞之德，太極之縕是也。其理在人，則為仁義禮智。雖不離乎氣稟，而有不雜氣稟者存。故謂今之言性，乃指其原于天命純粹至善

〔註52〕〔清〕李光地：《榕村全集》，卷7，〈人心篇〉，頁375～376。
〔註53〕〔清〕李光地：《榕村全集》，卷1，〈諸儒〉，頁43～44。

> 者言之，孟子所謂性善，蓋主此耳。……然豈能有所加損于性哉？
> 無他，性善故也。〔註54〕

他認為性是與生俱來的，而萬物都是由氣所生，所以性也在其中。又人所稟的氣有善有惡，因此人也會有善惡的差別，但是這種差別，是由氣稟造成的，並非是性，因為性即是理，是純然至善無惡的，而展現在人身上則為仁義禮智，這些也都是至善的。是故這裡所說的「性」，是指本原於天命而純粹至善的性，也就是孟子所說的性善的性，並非是指雜染氣後不純粹的性。所以他說：「性也，理也，一而不二，故原其所自來，則粹然至善而不雜矣。」〔註55〕李光地的這些說法，都和朱子所說的類似。

但是在朱子的理學思想裡，他把「理」當作最高的本體，而李光地則是強調「性」為理之總名。他說：

> 性為之主，理者其流也。〔註56〕

> 性者，理之總名爾。〔註57〕

> 萬物散殊，無非完其性之所固有。〔註58〕

朱子說「性」是「理」在人身上的體現，李光地則相反地強調說「理」是「性」在事物上的表現，他認為「理散于事物，性統乎人心」，故「性」該是純粹至善的最高本體，所有的萬物都是遵循著由「性」所規定的「理」而生，因此「理」是歸屬於「性」的，「性」是「理」的總名。所以李光地主張要以「理即性」來代替朱子所說的「性即理」。他說：

> 程子言「性即理也」，今嘗言理即性也。不知性之即理，則以習為性，
> 而混於善惡；以空為性，而入於虛無。不知理之即性，則求高深之
> 理，而差於日用；溺氾濫之理，而昧于本源。性即理也，是天命之
> 无妄也；理即性也，是萬物之皆備也。〔註59〕

他認為不知道「性即理」，就容易把日常習氣當作是性，使善惡混雜其中；或是把空當作性，而有流於虛無的弊端。但若是不知道「理即性」，而只求高深的道理，就會不明白日用生活之理；或是沉溺在很多的道理中，就會有不能

〔註54〕〔清〕李光地：《榕村語錄》，卷18，頁316～317。
〔註55〕〔清〕李光地：《榕村語錄》，卷18，頁321～322。
〔註56〕〔清〕李光地：《榕村全集》，卷2，《經書筆記》，頁65。
〔註57〕〔清〕李光地：《榕村全集》，《正蒙注》，頁10060。
〔註58〕〔清〕李光地：《榕村全集》，卷6，《初夏錄‧誠明篇》，頁267。
〔註59〕〔清〕李光地：《榕村語錄》，卷26，頁457。

明白本源的弊害。因此說性即理，只能明白天命是不會隨意欺騙的；而說理即性，則可以知道性是萬物皆所具備的。他又說：

> 理即性也，實實有箇本體在，即乾之元，而人之性也。〔註60〕

若「性即理」是以「性」爲「理」的體現，而「理」是本體；那麼「理即性」則是以「理」爲「性」的體現，「性」就變成本體了。故李光地主張「理即性」，認爲這樣才有一個實實在在的本體，而這個本體就是人性。

（三）天地之性、人性與物性

關於人性、物性，朱子已有這個概念，他在《孟子集註》中說：

> 以氣言之，則知覺運動，人與物若不異也；以理言之，則仁義禮智之稟，豈物之所得而全哉？此人之性所以無不善，而爲萬物之靈也。
> 〔註61〕

若以氣來論，人與物都是氣所形成，並沒有什麼差異；但若從理來論，則人是得仁義禮智之稟，而物只得其偏，所以才說人性無不善，而能成爲萬物之靈，但物性卻不可以說全部都是善的。

李光地大致繼承朱子的這種說法，而把「性」分爲天地之性、人性與物性。在三者之中，「天地之性」是產生人性和物性的本源，除此之外，所謂的「天地之性」還是「生物的本體」，他說：

> 性之所以爲性者，善而已矣，性之所以爲善者，仁而已矣，在天地則爲生物之本體，所謂大德曰生者也。〔註62〕

天地之性之所以爲性，是因爲它是善的；天地之性之所以爲善，是因爲它是仁的，而此善與此仁在天地之間就是生物的本體，此本體是具有生生之德的，所以天地之性是善且仁的。他又說：

> 從古及今，不知其千萬年也。天地之爲天地，無有他事，生萬物而已。生生也不生，則成其所生而又以爲生生之地也。觀天地之爲天地者，天地之情之心可見矣，觀天地之情之心者，天地之性可識矣。
> 〔註63〕

〔註60〕〔清〕李光地：《榕村語錄》，卷26，頁457。
〔註61〕〔宋〕朱熹：《四書集註》，《孟子集注》，頁326。
〔註62〕〔清〕李光地：《榕村全集》，卷7，《初夏錄二‧人心篇》，頁378。
〔註63〕〔清〕李光地：《榕村全集》，卷7，《初夏錄二‧太極篇》，頁351。

認爲天地之所以是天地，就因爲它能生萬物，是萬物的本源。而雖然萬物皆爲它所生，它卻又不會想強制地去掌控、主宰。了解這一點，便可發現天地在生萬物時的用情與用心了，那是一種博愛，是一種大德；知道這種用情與用心後，那麼也可識得天地之性了。又天地之性也是一「至極而無所加于其上」的主宰綱維，他說：

> 極也者，純粹以精之理，至眞而無妄，至善而無惡，其爲物也不二，其爲道也不息，此所謂天地之性，而萬物得之，亦各一其性，有若以之爲根氏標準者然，比之兩儀四象，則無聲無臭爲之主宰綱維，至極而無所加于其上，故曰太極也。〔註64〕

李光地認爲天地之性就是所謂的「極」，是純粹的理，而且是眞實無妄、全善無惡的。天地萬物皆爲天地之性所生，所以各得其性；天地之性又是無聲無臭且至高無上的主宰，故又稱爲「太極」。而他說：「太極，即種也。」〔註65〕此「太極」一樣是具有生生之德的，譬如說：

> 惟天地之性在人，故人心渾然太極，而獨肖於天地，自是而發之，形神交、五性感，萬事生焉，是眾人之陰陽五行萬物也；寂感一、中正仁義行，萬事定焉，是聖人之陰陽五行萬物也，如成實之後，又自爲種，而生生不窮，此人所以曰天地之子。〔註66〕

天地之性在人身上體現出來，人心就如同太極一樣是純粹至善的，而由人之性善去感通萬事萬物，就像播種結果實一樣，果實成熟了又各自產生新的種子，如此生生不息的循環，這就是人爲何被稱爲天地之子的緣故。

雖說萬物皆由天地之性所生，人性、物性也是由天地之性而生，但「人性」卻是得到天地之性的「正」；而「物性」只得到天地之性的「偏」。他說：

> 偏正者，人物之分也。曰性，人物所同也，故曰盡人之性，盡物之性。曰中，人所獨也，故曰降中于下民，民受天地之中以生也。〔註67〕

> 凡精而粹者居中，中則全，精則明，粹則美。凡粗而駁者居偏，偏則不備，粗則不通，駁則成惡。〔註68〕

〔註64〕〔清〕李光地：《榕村全集》，卷7，《初夏錄二·太極篇》，頁349～350。
〔註65〕〔清〕李光地：《榕村全集》，卷7，《初夏錄二·太極篇》，頁356。
〔註66〕〔清〕李光地：《榕村全集》，卷7，《初夏錄二·太極篇》，頁356～357。
〔註67〕〔清〕李光地：《榕村全集》，卷1，《觀瀾錄·性》，頁37。
〔註68〕〔清〕李光地：《榕村全集》，卷1，《觀瀾錄·性》，頁37。

性是人與物都具有的，而人性與物性的分別在於得到天地之性的「正」或「偏」。只有人是稟受「天地之中」而生，所以人性是純粹至善的，但物性則並非全然都是純粹至善。因為所謂的「中」是指精粹、全備、美善，「偏」則是指粗駁、偏頗且惡的，物性是接受天地之性的「偏」的部分，因此它所表現出來的性就不會全是好的、完整的，他說：

> 孟子終謂人之性善不與物同者，物明於一而暗於他，不能與天地相似則不足以言善，不足以言善者，非謂無一端之善，不足以語純粹至善之本而得乎天地之性之全也。〔註69〕

他又舉例說：

> 如虎狼，則但知父子而不知有君臣；蜂蟻，則但知君臣而不知有父子。惟人，雖才質不同，皆可反求擴充而得其全，故曰：「聖人與我同類者，若犬馬則不與我同類也。」人性皆善，非曰性皆善也；人未必盡堯舜，然人皆可以為堯舜。〔註70〕

像虎狼與蜂蟻等物性，就是得到天地之性的「偏」，因此所表現出來的性就不是全然完整的；但是李光地又認為只有人，雖然天生才質不同，即使有不善的行為，還是可以靠後天反求擴充的工夫來改正，並得到全善。因此他認為人性都是善的，但並非說到性就都是善的；就像人未必都是堯舜，可是若經過後天的努力，每個人還是有機會可以成為堯舜的。雖說物性並非全是善的，但其中也有靈而善的，且「禽獸之善者，終古不移，一則無習化之變，一則所稟偏而專也。」〔註71〕物性因為沒有學習的變化，加上其稟性雖然偏頗但卻專注，因此物性中的善能夠保持長久，甚至終古不變。而人性雖都是善，但也有濁而惡的，且人一旦為惡，也不是萬物可比擬的，因為「惟其全能之備也，故擴而充之，貴於萬物；而逆而反之，則其惡亦非萬物比也。」〔註72〕是故，人性雖接受「天地之中」而生，且是純然至善的；但若有不善的行為，又怠惰因循不去改正惡的部分，也會使性變為惡的，因此人不可以因為其性是完整完備的，就忽略了修養的工夫。此外，人性在萬物中是很尊貴的，只有人能以至誠至善之心去感通萬物，使得人能各盡人之性，物能各盡物之性，

〔註69〕〔清〕李光地：《榕村全集》，卷7，《初夏錄・人物篇》，頁366。
〔註70〕〔清〕李光地：《榕村語錄》，卷6，頁104。
〔註71〕〔清〕李光地：《榕村全集》，卷7，《初夏錄・人物篇》，頁365～366。
〔註72〕〔清〕李光地：《榕村全集》，卷7，《初夏錄・人物篇》，頁365。

進而能夠參贊天地化育，調和陰陽之氣。這些都是物性所做不到的，也是人性與物性不同的地方。

李光地認為人性是源於天地之性而生的純粹至善的性，人性中實在不會有不善的成分在；但若是人性有不善，就是受到才質的影響，使人的行為變不善，他說：

> 張、程補出氣質之性，其實熟看《孟子》，亦不必補。孟子曰：「非才之罪也」，……才即氣質之性，人之才質不同，有偏於仁者，有偏於義禮智者；有不足於仁者，有不足於義禮智者。要未有全無仁義禮智，及仁義禮智之闕一者也。如五味調和之不鹹，是所入之鹽少，非全無鹽也；不酸，是所入之梅少，非全無梅也。人雖才質稍遜，奮勵擴充，自不可限。〔註73〕

他認為才質就是「氣質之性」，人因為才質的不同，所以人性也會因人而異有不同的偏重與不足，但是這並不會妨礙到人性至善的本質，只要個人在才質上奮勵擴充，認真修養，加以改正與努力，相信前途還是不可限量的。

而雖然李光地認為是才質影響了人性，使人的行為有惡，但是他卻反對程朱等理學家把人性分為「天地之性」與「氣質之性」，把惡的根源歸到「氣質之性」上。他認為「性」只有一個，就是承天地之性而來的純粹至善的性。他說：

> 程朱分理與氣說性，覺得孟子不是這樣說。孟子卻是說氣質，而理自在其中。若分理氣，倒象理自理、氣自氣一般。氣中便有理，氣有偏全，理即差矣。……大約天地之氣，本於天地之理，何嘗有不善？鼓之以雷霆，雷霆是好的；潤之以風雨，風雨亦是好的；只是人物如何稟得全似天地？惟人也具體而微，到底不能如天地。但氣質雖或偏駁，而天地之性無不有，如銀子之成色雖不等，然饒使極低，畢竟陶鍊得銀子出。〔註74〕

他認為如果硬要分別「天地之性」與「氣質之性」，就會產生混淆，讓人以為有兩個性。其實孟子說氣質，其實就是才質，人若有不善之行為並非說其「全無」善性，而只是「稍遜」而已，因為理自然就涵蓋在其中，也就是說，在駁雜的才質當中，是存有天地之性的。所以人性都是善的，只是所稟的氣不

〔註73〕 〔清〕李光地：《榕村語錄》，卷6，頁103。
〔註74〕 〔清〕李光地：《榕村語錄》，卷6，頁99～100。

同，故會有所偏差駁雜，就像銀子的成色雖然不一樣，但是仍可以陶鍊出銀子。因此，人所稟受的氣質雖然不同，但是人性的至善本質是不會變的；而人性也只會有一個，就是純粹至善的性。

　　總結來說，李光地的「知本」說與「明性」說，確立的是其中的意義與階段性：「知本」乃是以《大學》爲立論基礎，將身心性情作爲根源，便可免於流入只外求於物的缺失；「明性」則是明瞭人性實是源於天地之性而生，所以才顯得純然至善，而這也反映了李光地在註解《中庸》時，以「性」爲總名的理學思維。就意義上來看，「知本」即爲「明性」，若就階段性而言，「知本」是爲了「明性」而有所闡發：知修身爲本，方能從日用平常做起，以明白承天地之性而來的至善之性。由此可看，李光地在《學》、《庸》上的見解，是以陸王立其大的原則爲學術基礎，從而說明其階段性，強調後天修養之要緊處，避免輕看工夫之弊，卻也修正了程朱學後期昧於外求的毛病，如此說法，便可見李光地詮釋《學》、《庸》時之學術特色。

三、修養工夫

　　在「知本」與「明性」之後，如何使自己的本心、本性合於規範，這就要靠平日工夫的修養了。因爲心會受到氣質的影響，會隨著個人稟氣的不同偏差，而有所偏雜。當本心有所雜染時，就不能澄澈見物，就不能明白事理，這時候就要透過「格物致知」以及「涵養用敬」的工夫，使自己的本心恢復明澈，這樣才能使行爲合乎禮儀規範。因此，在道德行爲實踐的過程中，工夫修養也是很重要的事，而在修養的工夫當中，又以格物致知爲首要。

（一）格物致知

　　「格物」一詞來自於《大學》，朱子將《大學》分爲經傳，又作了格物補傳，以說明他對於格物的看法，這些在上述皆已提及。而歷來對於「格物」一詞，學者有許多不同的看法，李光地描述了這種情況，他說：

> 自宋以來，格物之說紛然。扞禦外物而後知至道，溫公司馬氏之言也；必窮萬物之理同出於一爲格物，知萬物同出於一理爲知至，蓋田呂氏之言也；以求是爲窮理，上蔡謝氏之言也；天下之物不可勝窮也，然皆備於我而非從外得，反身而誠，則天地萬物之理在我，龜山楊氏之言也；物物致察，宛轉歸己，又曰即事即物，不厭不棄，

而身親格之，武夷胡氏父子之言也；格，正也；物，事也，去其不
正以歸於正，則又近年姚江王氏之說也。古注之說不明，而諸家又
紛紜若此，此古人入德之方，所以愈枝也。程、朱之說至矣。司馬
氏、王氏，不同道而姑舍是，餘諸子皆學程門者，宜乎各有所至矣。
然朱子之意，猶謂程子之言，內外無間，而本末有序，非如諸儒者，
見本則有薄末之心，專內則有遺外之失，又或以外合內，而不勝其
委屈之煩，皆未能得乎程氏明彼曉此、合內外之意，及積累既多豁
然貫通之指也。雖然程子之說，則真聖門窮理之要矣，而施之《大
學》則文意猶隔。……象山陸氏之言曰：為學有講明、有踐履。《大
學》格物致知，講明也，修身正心，踐履也。物有本末，事有終始，
知所先後，則近道矣。……愚謂陸子之意，蓋以物有本末，知所先
後，連格物致知以成文，其於古人之旨既合，而警學之理尤極深切，
視之諸家，似乎最優，未可以平日議論異於朱子而忽之也。就諸家
中，則龜山之說，獨為渾全，蓋雖稍失《大學》淺近示人之意，而
實聖門一貫之傳也。〔註75〕

李光地在上述這段話中說明了眾學者對於格物的看法，包括司馬溫公的「扞
禦外物而後知至道」；呂大臨的「必窮萬物之理同出於一為格物，知萬物同出
於一理為知至」；謝良佐的「以求是為窮理」；楊時的「天下之物不可勝窮也，
然皆備於我而非從外得，反身而誠，則天地萬物之理在我」；胡安國、胡宏父
子的「物物致察，宛轉歸己，又曰即事即物，不厭不棄，而身親格之」；以及
王陽明的「格，正也；物，事也，去其不正以歸於正」等說法，其中李光地
還是較認同程朱的格物說，但是他卻認為，程朱格物的目的是為了窮理，並
不能直接闡明格物是為了要知本的要旨，因此覺得其「施之《大學》則文意
猶隔」。此外，李光地又以朱子所提內外無間、本末有序的意涵，來批評呂大
臨、謝良佐、胡安國、胡宏父子等人，認為他們雖然取法於程朱，但說法不
是有本無末，就是專內遺外，沒有辦法做到程朱所說的兼顧內外，以及累積
久了自然就會貫通的意旨。又李光地也對楊時、陸象山的看法提出了意見，
他認為陸象山知道事情本末先後有序的道理，而把格物致知連在一起講，這
樣與《大學》所提出「為學有講明、有踐履」的意旨是相符的，且對於為學
之道的警醒也最為深切，因此李光地認為陸象山的格物說，在眾家的說法中

〔註75〕 〔清〕李光地：《榕村全集》，卷7，《初夏錄‧通書篇》，頁342～346。

是最恰當的；他又認爲楊時的說法，雖然少了像《大學》那樣淺近示人的道
理，但其說卻是眾家中最爲渾全的。

李光地綜合以上學者的學說，並加以取捨，提出了他對「格物」的看法。
首先是他所認爲「格物」中「物」的意思，他說：

> 心身、家國、天下是物也；脩身、齊家、治國、平天下，是事也。
> 本，即脩身，故曰：「壹是皆以脩身爲本，其本亂而末治者否矣。」
> 〔註76〕

> 物，事即物也；本末始終，即物中之理也。格之，則知所先後。
> 〔註77〕

> 如云格物也，不是物物都要格盡，也不是格一物便知天下之物。積
> 累多時，自有貫通處。〔註78〕

物是指身心、家國、天下；事是指修身、齊家、治國、平天下這些事。而「格」
的目的是爲了要知所先後，也就是要知道修身、齊家、治國、平天下的本末，
是要先以修身爲本，而後才能齊家、治國、平天下。格物是有順序的，要先
從自身做起，積累久了，自然就能貫通道理，並不是說要格盡天下的事物。
他又說：

> 蓋《大學》所謂格物者，知本而已。物有本末，而貫乎格之而知其
> 本。末者，天下國家也；本者，身也；知天下國家不外乎吾身之謂
> 知本，知本則能務本矣。此古人言學之要，《大學》之首章，《學記》
> 之卒章，其致一也。〔註79〕

> 事物皆格，至本末始終俱透，方爲格物之全功。《大學》恐人疑惑「知
> 至」「至」字，爲當窮天下之物，始謂之至，故又曰：「以脩身爲本。」
> 本亂末未有治者，厚者薄，未有薄者厚者。「此謂知本，此謂知之至」。
> 〔註80〕

他所認爲的「格物」，就是「知本」的意思，意即知道要先以修身爲本，本體
做好了，推廣出去，就自然能涵蓋所有天下國家的道理，這也是所謂的「知
至」。而更明確地說，「格物」就是：

〔註76〕〔清〕李光地：《榕村語錄》，卷1，頁9。
〔註77〕〔清〕李光地：《榕村語錄》，卷1，頁9。
〔註78〕〔清〕李光地：《榕村語錄》，卷1，頁9～10。
〔註79〕〔清〕李光地：《榕村全集》，卷7，《初夏錄‧通書篇》，頁344。
〔註80〕〔清〕李光地：《榕村語錄》，卷1，頁10。

> 格物者，知天下國家以身爲本，則知身心之不可以放縱、苟且自私。
> 〔註81〕

知道天下國家的事都是以身爲本，因而不可放縱自己的身心，以及苟且自私。以身爲本、從本做起，說的就是修身，又修身意即誠身，心中要存有誠意的去做每件事，這樣就能收成己成物，齊治均平的功效。他又說：

> 而欲誠身者必先明善，蓋善者，性之實理，即所謂誠也。明之則知性，而可以反身而誠矣。〔註82〕

「格物」就是「知本」，「知本」就要「修身」，「修身」意謂「誠身」，而想要「誠身」，就要先「明善」，「明善」則可以「知性」，之後便可反身而誠。又：

> 性者，善而已矣。物之性，猶人之性，人之性，猶我之性，知其性善之同而盡之本在我，此所以爲知性明善也。〔註83〕
>
> 擇善而後能明善，見得此理內外無間，天地萬物，與我同一仁義禮知，便是格物、致知，便是明善、知性。〔註84〕

誠身的最終目的，是要發揮自身已有的善性，而了解性善的道理就可以貫通天地萬物，進而能明白物之性，且能盡其在我，並了解修身最終的根本還是在人本身，是故其「格物致知」又可說成是「明善知性」。

而李光地雖然是以知本來說格物，替代程朱所說的窮理，但是他仍重視程朱所提格物窮理的重要性，只是他強調要以「知本」爲本才行，他說：

> 夫窮理而至知本，然後其理窮；致知而至於知本，然後其知至。
> 〔註85〕

他認爲格物窮理要以「知本」爲根本，要「知本」才能算是理窮、知至，並不是像程朱那樣一昧地往外格物，想要窮盡天下萬物的道理，而不知本末究竟爲何。所以李光地的格物是較偏向於內在的省察，他說：

> 人者，具天體之體而微，凡天地間所有，皆吾性之所有也。其大者爲三綱五典，其自然之心，當然之則，我固有之也：其顯者爲禮樂政教，其所以然之理，亦吾固有之也。從此而推之，則陰陽變化，

〔註81〕　〔清〕李光地：《榕村全集》，《大學古本說》，頁3705。
〔註82〕　〔清〕李光地：《榕村全集》，《大學古本說》，頁3706。
〔註83〕　〔清〕李光地：《榕村全集》，卷6，《初夏錄・大學篇》，頁288。
〔註84〕　〔清〕李光地：《榕村語錄》，卷1，頁12。
〔註85〕　〔清〕李光地：《榕村全集》，卷6，《初夏錄・大學篇》，頁287。

> 鬼神屈伸，昆蟲草木之榮枯生息，遠近幽明，高下巨細，亦無有不
> 相爲貫通者矣。〔註86〕

透過格物致知的工夫，就可以知道在天地萬物中所有的道理，其實都是我所
固有的，無論是自然之心、當然之則、還是所以然之理；若又由此推展出去，
則吾人之性甚至也可與天地陰陽變化等自然之理相貫通了，而這就是「知
性」。故他又說：

> 萬物皆備於我矣，何則？其性與我同出於天也。是故盡其性則能盡
> 人物之性，是能大其心以體天下之物也。人之不能體物者，由其不
> 能知物之皆我也，不能知物之皆我，由梏於見聞，而不能知其性也。
> 能盡心以知性，則能盡性而大其心以體物矣。〔註87〕

人性與物性都是同由天地之性所生，因此他認爲人只要能夠「盡心知性」，就
能擴大自己的本心來體察萬物，懂得「萬物皆備於我」這道理的眞正意涵；
但若是人被所見所聞梏梏，那麼就無法「知性」了。故他雖不排斥各種見聞
學習，但仍強調要先「知本」，不管有任何外在知識的學習，都要能夠回歸到
自己的本心上面來，這樣才不會捨本逐末。李光地在此認爲只要「盡心」，就
能「知性」，但是他忽略了程朱的心是氣心，是會受到氣質的影響而有所偏雜，
盡心之後是否就能夠知性，這也是一個問題。

　　總之，李光地是以其「知本誠身」的說法來解釋格物致知的工夫，雖與
程朱所提「即物窮理」的方法不同，但他仍認同窮理的重要性，只是強調一
切要以「知本」爲前提，這樣才能知所先後，而不會像程朱那樣流於向外逐
物，本末倒置。此外，他又把「格物致知」解釋爲「明善知性」，認爲只要知
本誠身，就能明善知性，也就能夠盡心知性，體察萬物，了解萬物皆備於我
的道理了。故李光地的認識論與程朱的認識論不盡相同，他比較偏向於內在
省察，而朱子則是往外逐物，這是兩者較不同的地方，也是李光地對程朱學
說所作的修正。

（二）持敬、存誠

　　在程朱的學說中，認爲「誠」與「敬」，是主體修養工夫中必須該擁有的
態度。《朱子語類》中說：

〔註86〕〔清〕李光地：《榕村全集》，《讀孟子劄記》，頁 4071～4072。
〔註87〕〔清〕李光地：《榕村全集》，《正蒙注》，頁 10078～10079。

「敬」字工夫，乃聖門第一義，徹頭徹尾，不可頃刻間斷。〔註88〕

「敬」之一字，真聖門之綱領，存養之要法。一主乎此，更無內外精粗之間。〔註89〕

「大凡學者須先理會『敬』字，敬是立腳去處。程子謂：『涵養須用敬，進學則在致知。』此語最妙。」〔註90〕

在程朱的修養工夫中，持敬是很重要的一件事，它不僅是涵養的第一義，也是任何學問以及工夫的根本基礎。李光地也提到「誠」「敬」的重要性，他說：

聖人之學，唯知與行，知行之本在立志與持敬，然立志持敬者，亦主於誠而已矣。〔註91〕

他認為聖人的學問，可用知行來蓋括，而知行的根本在於「立志」與「持敬」。立定志向所趨，以及時常持有敬心，這些都是誠身之事，只要行事能「誠」，那麼對於有關自身修養或做學問的事情，就沒有什麼太大的問題了。雖說如此，但他認為「誠」與「敬」的意思卻不相同，他說：

聖人言誠又言敬，誠則其心實而有物，敬則其心虛而無邪，二事一心也，而有虛實之德。〔註92〕

誠是「心實而有物」，敬則是「心虛而無邪」，誠與敬是同在一心當中，但體現在行為上，卻是能有兩種德行，一虛一實，相輔相成，並不會互相違背。他又說：

人若不端厚深穩，則不能莊敬嚴威，雖有所學，既不著己，又不關心，必不能得之堅固也。此居敬為學問之本也。「主忠信」，則毫無外飾，豈肯臨深為高，護過而飾非乎！此存誠為躬行之本也。然誠敬又自相為表裏，非敬則誠亦虛，非誠則敬亦偽。聖人為學者言之，則須從矜持收斂處起，制於外所以養其中也。〔註93〕

人在學習的過程中，必須要有端厚深穩及莊敬嚴威的態度才行，這些都是「敬」的工夫，不然就算你學了，那也都只是白費，並不能使所學堅固，因此他認

〔註88〕〔宋〕黎靖德編，王星賢點校：《朱子語類》，卷12，頁210。
〔註89〕〔宋〕黎靖德編，王星賢點校：《朱子語類》，卷12，頁210。
〔註90〕〔宋〕黎靖德編，王星賢點校：《朱子語類》，卷12，頁215。
〔註91〕〔清〕李光地：《榕村全集》，卷6，《初夏錄・仁智篇》，頁305。
〔註92〕〔清〕李光地：《榕村全集》，卷6，《初夏錄・誠明篇》，頁271。
〔註93〕〔清〕李光地：《榕村語錄》，卷2，頁22。

爲「居敬」是做學問的根本。又「誠」與「敬」是相爲表裏，沒有敬的誠是空虛的，而沒有誠的敬是虛僞的，「存誠」是躬行的根本，做學問必須由矜持收歛的態度做起，這樣才能內外兼顧。李光地在此認爲「誠」與「敬」是知與行的根本，他在解釋《論語》「子曰德之不修章」也說：

> 德中誠敬二字又是知行二者之根。敬則志氣清明，培養深厚，而其講學也有深造自得之功；誠則立志眞切，存心篤實，而其力行也有敦行不怠之效。〔註94〕

人的內心如果能持敬，就能培養自己深厚的學問基礎，運用到在學習上面，自然就可得到深切的心得與收穫；如果內心存誠，就能使自己確立志向，本心篤實，這樣在身體力行上就不會懈怠了。因此李光地才認爲「誠」與「敬」是知與行的根本。

而李光地又對「敬」作了解釋，他與朱子所說之意相去不遠，在《朱子語類》中有說：

> 心只是一箇心，非是以一箇心治一箇心。所謂存，所謂收，只是喚醒。〔註95〕

> 敬，只是一箇「畏」字。〔註96〕

而李光地說：

> 敬說「喚醒」二字最好，一喚醒起來，便是東方日出氣象。〔註97〕

> 朱子說「敬」字，是「畏」字意。〔註98〕

他說以「喚醒」來形容敬最恰當，因爲人只要一喚醒心中的敬，使自己能夠持敬去行事，便會有一番新格局；又他認爲朱子說敬，是把它解成「畏」的意思，也就是自己在態度上要持有敬畏之心去做任何事，他的這些說法都與朱子的類似。此外，朱子也提過關於「敬」的活與死，他說：

> 敬有死敬，有活敬。若只守著主一之敬，遇事不濟之以義，辨其是非，則不活。若熟後，敬便有義，義便有敬。靜則察其敬與不敬，動則察其義與不義。如「出門如見大賓，使民如承大祭」，不敬時如

〔註94〕〔清〕李光地：《榕村全集》，《讀論語劄記》，頁3869。

〔註95〕〔宋〕黎靖德編，王星賢點校：《朱子語類》，卷12，頁200。

〔註96〕〔宋〕黎靖德編，王星賢點校：《朱子語類》，卷12，頁216。

〔註97〕〔清〕李光地：《榕村語錄》，卷23，頁418。

〔註98〕〔清〕李光地：《榕村語錄》，卷23，頁419。

何？「坐如尸，立如齊」，不敬時如何？須敬義夾持，循環無端，則
內外透徹。〔註99〕

朱子認爲敬有「活敬」、有「死敬」，必須要以「敬」配合上「義」，這樣才能
辨別事情的是非對錯，這樣才是所謂的「活敬」；若是不知變通，只有「敬」
沒有「義」，那就是「死敬」了。因此，朱子主張要「敬義夾持」，修身才能
得到最大的功效，而他解釋了「敬」與「義」，他說：

敬者，守於此而不易之謂；義者，施於彼而合宜之謂。〔註100〕

「敬」是固守原則而不輕易更改，「義」則是隨著事情調整到最適當的狀況，
在行事上面，「敬」必須要與「義」配合，才能因時、因地、因人的去做事，
隨時調整自己的作法，這樣才算得上是活用敬，才算是眞正「持敬」。而李光
地也曾說：

「戒懼」是「敬以直內」，「愼獨」是「義以方外」。〔註101〕

內，心也。敬以直其心，徹上徹下，無所屈撓。外，事也，到得處
事，均齊停當。義是有頭尾的，敬是無頭尾的。〔註102〕

李光地認爲「敬」是用來修養內心的，而「義」是拿來對外處事的，內心有
了敬，就會戒愼恐懼，對於自己的行爲嚴格要求，就能涵養自己的內心；做
人處事有了義，就會小心謹愼，就算是自己獨處時也會特別當心，這樣面對
任何事就能夠處理得當，拿捏好分寸。因爲敬是修養內心，所以是沒有止盡
的；義是待人接物，所以會有起始完結。李光地又說：

「敬」字被後人講不明白，做來形狀可畏。湯潛菴、陸稼書皆中此
病，竟有不近人情之意，令人望而去之。敬是怕人，不是要人怕我。
如見大賓，如承大祭；無衆寡，無小大，無敢慢；戰戰兢兢，臨深
履薄；還是自己怕人？還是要人怕己？至于敬人者人恒敬之，自然
儼然人望而畏，威可畏而儀可象。〔註103〕

他認爲那些學者誤解了「敬」字的意思，以爲在態度上持敬，是要端起道貌
岸然的架子，讓大家望而卻步，這樣就未免太不近人情了。他說敬是怕人，

〔註99〕 〔宋〕黎靖德編，王星賢點校：《朱子語類》，卷12，頁216。
〔註100〕 〔宋〕黎靖德編，王星賢點校：《朱子語類》，卷12，頁216。
〔註101〕 〔清〕李光地：《榕村語錄》，卷7，頁112。
〔註102〕 〔清〕李光地：《榕村語錄》，卷7，頁112。
〔註103〕 〔清〕李光地：《榕村語錄》，卷23，頁419。

也就是前面所說的「畏」，是自己要存有敬畏之心去行事，隨時都戰戰兢兢，深怕自己不小心做錯了事；而不是說要擺出高高在上的樣子，讓別人不敢親近。如果能活用「敬」，就自然會受到別人尊敬；相反地若是讓別人害怕你，那就是「做來形狀可畏」，也就是不知活用「敬」了。因此，李光地在說明「持敬」的這點上，是受到朱子說法的影響。

此外，對於「誠」，李光地曾在《大學古本說》第一章的結論說：「孔門相傳心法，曰誠身而已」〔註104〕，他認為內心「存誠」，就能夠誠身；反身而誠，則能夠收修齊治平的功效。因此他又說：

> 誠意之實用功處，只是徹底為善，以不自欺其好善惡惡之初心，如章句或問之所云者焉爾。然推其本則是平時涵養本原，故所發者好惡皆得其正，而有以為省察之地。究其流，則君子終身之學，求以自慊而已，既不自欺，又豈有作偽欺人之弊哉！是故去其妄念者，主敬之事，誠意之原也。實用其力者，所知之切，誠意之功也。不揜著以徇人者，所發之真，誠意之效也。〔註105〕

他認為誠意最大的功用，就是使自己內在的善性徹底發揮出來，且不會欺騙自己那善惡分明的初心。人性本是善的，因為被物欲與雜念所染，所以會有惡，故要去除惡念，恢復本心。因此平時若能「存誠」，涵養本心，就能自我省察；做學問若能不自欺，就也不會去欺騙別人了。而除去妄念並主敬，是誠意的本原；真實的力行，得到切實的學問，是誠意的功用；誠意既然從內心發出來，就是真切的，不會因為別人而遮蔽或顯揚，這就是誠意的效果。是故他認為內心「存誠」也是修養極重要的工夫。

總之，李光地認為「敬」與「誠」是可以存在於一心中，且發揮相輔相成的效果，並能得到兩者的功用；又敬與誠是知與行的根本，自己做任何事若能「持敬」、「存誠」，就可以涵養自己的本體，在待人接物上就能有所準則。但也得要活用誠與敬才行，不然就只會變成道貌岸然的人，而不知變通、枉費精神了。故李光地在修養工夫上亦受到朱子的影響，並認為「持敬」與「存誠」是極重要的修養工夫。

綜上所述，李光地《四書》學中，特別提出對於《大學》、《中庸》所闡發之「知本說」與「明性說」討論，在於以理學角度詮釋的「知本說」與「明

〔註104〕〔清〕李光地：《榕村全集》，《大學古本說》，頁3706。
〔註105〕〔清〕李光地：《榕村全集》，《大學古本說》，頁3725。

性說」，影響了李光地之經學；雖然其《四書》學中不乏談論到《論語》及《孟子》思想，但著墨點卻不及《大學》、《中庸》來得深刻與獨特，而且其中之義理思想，與《詩》、《書》內容之相關性較少，故略而不論。此外，李光地也談到與心性修養關係密切的工夫論，這部分可與經學中所提及之個人修身治世觀點相參照。故以下討論《四書》學思想內容對其《詩》《書》義理之影響。

第二節 《四書》學之主要影響

　　《四書》自朱學成為官方學術最高標準及典範之後，便成了足以凌駕《五經》的存在。朱子集結《四書》，主要目的是為了提供研讀經學、探求義理的首要進路，而《大學》指示了儒家從個人修身到治理天下的成德途徑，《中庸》則建構出儒學天理觀得以具體呈現的基礎模式，故朱子言：

>　　《大學》、《中庸》有箇準則，讀著便令人識蹊徑。《詩》又能興起人
>　　意思，皆易看。……《詩》是吟咏性情，感發人之善心。……這都
>　　是切身工夫，如《書》亦易看，大綱亦似《詩》。〔註106〕

朱子認為《大學》、《中庸》中有個顯而易見的「準則」，可成為探究聖人深意的一條「蹊徑」；除此之外，朱子強調其「簡而易知，約而易守」〔註107〕的特質，將《學》《庸》視作學子研讀經書乃至於其他典籍的入門書籍，而《大學》及《中庸》所具備「平易明白，而意自深遠」〔註108〕的特色，正與《詩》、《書》「易看」之性質相互呼應。

　　清初重《四書》而輕《五經》的思維已根深蒂固，然而《五經》雖為聖人立言之典範，亦是三代義理與禮樂文明結合的典範，但其內容之繁雜難懂，隨著時代的變遷，以及後人在理解上產生的許多隔閡，便漸失去其非純粹講授義理思想的原貌，「去聖既遠，講誦失傳」〔註109〕。因此，李光地在科舉改革的過程中，為了要讓學子們重新正視經學之價值，除了為迎合上意，大力推崇《五經》之地位外，亦主張讀書須謹守從《四書》入《五經》的次序，

〔註106〕〔宋〕朱鑑：《詩傳遺說》，長春：吉林出版集團有限責任公司，2005年，卷
　　　　1，頁6上／5。
〔註107〕〔宋〕朱熹著，陳俊民校訂：《朱子文集》，卷59，頁2862。
〔註108〕〔宋〕朱熹著，陳俊民校訂：《朱子文集》，卷49，頁2234。
〔註109〕〔宋〕朱熹著，陳俊民校訂：《朱子文集》，卷82，頁4079。

爲的就是強調由易而難的爲學路徑，方能讓學子便於接受。此一由易而難的學習歷程，實受朱子之影響，朱子曾說：

> 《詩》固可以興，然亦自難。……近來於《詩》《易》略得聖人之意。今學者不如且看《大學》《語》《孟》《中庸》四書，且就見成道理精心細求，自應有得。待讀此四書精透，然後去讀他經，卻易爲力。〔註110〕

就讀書次序而言，朱子認爲《詩》雖略得聖人意，但若要以正確思維引導讀《詩》者，則非透過《四書》先行建構義理基礎不可。又說：

> 爲學如何做工夫？……先其易者，闕其難者，將來難者亦自可理會。且如讀書：《三禮》、《春秋》有制度之難明，本末之難見，且放下未要理會，亦得。如《書》、《詩》，直是不可不先理會。〔註111〕

> 嘗看《易傳》，看得如何是好？何處是緊要？……此書平淡，所說之事，皆是見今所未嘗有者。如言事君及處事變患難處，皆未嘗當著，可知讀時無味。蓋他說得闊遠，未有底事，欲包在此。學者須先讀《詩》、《書》他經，有箇見處，及曾經歷過此等事，方可以讀之。〔註112〕

先將《四書》讀至精透，然後再去讀《五經》；「先其易者」，而難者將來當「自可理會」，這確實是李光地在經學立場一章中所強調的讀書準則。而《五經》雖同樣爲記載古代聖王典範的經典，但《詩》、《書》算是較適合初學者的，可說是儒學的基本教材，而且其中確是極富道理。朱子說：

> 先讀〈典〉〈謨〉之書，〈雅〉〈頌〉之詩，何嘗一言一句不說道理，何嘗深潛諦玩，無有滋味。只是人不曾子細看。若子細看，裡面有多少倫序，須是子細參研方得。〔註113〕

朱子認爲《詩》、《書》文句之中皆可見其道理倫序，仔細參研後，便可習得其義理內涵。那麼，又該如何讀《詩》、《書》呢？當從《大學》、《中庸》下手。朱子以爲：

> 或問讀《尚書》。曰：「不如且讀《大學》。若《尚書》，卻只說治國

〔註110〕〔宋〕黎靖德編，王星賢點校：《朱子語類》，卷115，頁2778。
〔註111〕〔宋〕黎靖德編，王星賢點校：《朱子語類》，卷8，頁140～141。
〔註112〕〔宋〕黎靖德編，王星賢點校：《朱子語類》，卷117，頁2813～2814。
〔註113〕〔宋〕黎靖德編，王星賢點校：《朱子語類》，卷8，頁141。

平天下許多事較詳。如〈堯典〉「克明俊德，以親九族」，至「黎民
於變」，這展開是多少！〈舜典〉又詳。」〔註114〕

問致知讀書之序。曰：須先看《大學》。然《六經》亦皆難看，所謂
「聖人有郢書，後世多燕說」是也。如《尚書》收拾於殘闕之餘，
卻必要句句義理相通，必至穿鑿。不若且看他分明處，其他難曉者
姑闕之可也。〔註115〕

朱子認爲與其讀《書》以知「許多事」，不如先讀《大學》，或許更能從中興
發對義理更深之領會，避免穿鑿附會之弊；而蔣秋華先生談及二程解《詩》
之理念時，亦提出了取資《中庸》的說法。他說：

二程解《詩》之理念，略與解《書》相似，蓋亦秉持護衛聖人之用
心。……。二程解《詩》既不離聖人之意，故言聖人甚深之《中庸》，
乃其取資之源，其中尤以《中庸》引《詩》釋文王「維天之命」一
事，最稱顯例。〔註116〕

綜合上述所言，《大學》、《中庸》不僅易讀好懂，更容易興發其義理思維，亦
可從中領略聖人之眞意。《詩》可以興發對義理的理會，《書》則是聖人之言
的直接印證，《學》《庸》中所引《詩》《書》的最大功能，便在於幫助學者領
會這些義理內涵，透過對裡頭文句及其思想之理解，更可以藉此發揮傳統儒
學的義理概念。由《學》《庸》而《詩》《書》的思考進路，是程朱學者標榜
的讀書要領，而這樣的思考方式，也影響了李光地以濂洛關閩爲進學門戶的
主張。

　　李光地從《大學》和《中庸》中提出「知本說」及「明性說」，「知本」
即「明性」，重視的是內在省察的工夫，這樣的說法是爲了修正朱子「格物說」
的不足。他以爲「格物」應該解釋爲「知本」，格物是爲了知一之理，而不是
窮分殊事物個別之理；明白的由「知本」做起，並且知所先後，這樣才有知
之至的一天。所以他的「知至」，就是「知本」，他只是要強調出《大學》中
所說的「以修身爲本」的重要性而已。而且朱子的格物說，原本就是教人要
以身心性情爲首要，而不是教人在沒要緊的地方用心，所以只要能夠掌握身

〔註114〕〔宋〕黎靖德編，王星賢點校：《朱子語類》，卷78，頁1982。
〔註115〕〔宋〕黎靖德編，王星賢點校：《朱子語類》，卷78，頁1982。
〔註116〕蔣秋華：《二程詩書義理求》，臺灣：國立臺灣大學，博士論文，1991年，頁
243。

心性情之德，就能夠窮本極源，自然就涵蓋了天地萬物、人倫日用的一切法則了。他說：

> 學問全要知本，知本之學，所學皆歸於一本。〔註117〕

李光地所說的知本之學，是要將身心性情放在格物的首位，作爲格物的根本，由「知本」至「知至」而知天性之本，盡人物之性而參贊化育。李光地認爲學問的目的在於發揚個人身心性情之德，然他又說：

> 學問固以存心爲本，卻又不是只守著這箇本就無事了。〔註118〕

> 君子既要尊德性，又要道問學，存心、致知，一面少不得。〔註119〕

雖然作學問要以存心爲根本，但是也要注重致知，不然就不免流於陸王心學空談一路了。李光地認爲存心跟致知兩者都很重要，所以他也很注重學問的探求，循規蹈矩，方能達到知本明性、誠身致知的目標。李光地對於《四書》、《五經》相當看重，以爲天下之道盡在《四書》、《五經》中，應仔細探究經典中之義理，方能修、齊、治、平，以成就內聖外王之道。且他認爲經中有道、有理，經書中所說之理，皆由自身之修身、齊家講起，而至治國、平天下。像他提到《詩》、《書》就說：

> 諸經多將首二篇包括全書之義，〈乾〉、〈坤〉兩卦，括盡《易》理；
> 〈二典〉、〈二南〉，亦括盡《詩》、《書》中道理，總未有不從脩身齊
> 家說起者。冢宰管到宮闈瑣細，俗儒疑端，以此爲首。不知此乃脩
> 齊之要，正治天下之本。〔註120〕

又說《詩經》：

> 《詩經》道理，不出齊家、治國平天下。〈二南〉從齊家起，〈雅〉
> 則治國平天下，〈頌〉則天地位，萬物育，郊焉而天神格，廟焉而人
> 鬼享。然其理，不外於修身、齊家，大指如此。〔註121〕

李光地認爲經書中所提之道理，雖然有不同的表現方式，但最終依歸根本還是在於個人性命之修養，而正與《大學》所講乃格物、致知、正心、誠意、修身、齊家、治國、平天下的爲學次序有密切關係，甚至可見其外王學的展

〔註117〕〔清〕李光地：《榕村語錄》，卷1，頁10。
〔註118〕〔清〕李光地：《榕村語錄》，卷1，頁10。
〔註119〕〔清〕李光地：《榕村語錄》，卷1，頁10。
〔註120〕〔清〕李光地：《榕村語錄》，卷1，頁2。
〔註121〕〔清〕李光地：《榕村語錄》，卷13，頁221。

示，這對欲極力成為康熙近臣，意圖達成君之所念——「治道合一」目標的李光地而言，確實是個顯而易見的手段，所以李光地注重經書之價值，並著重闡發其中之義理思想。然而這樣以義理為特色之經學，亦不難看出李光地之經學深受理學之影響，並且試圖融合經學與理學之企圖，如實契合由《中庸》所延伸出在闡述心、性理之學上的思想內容，恰與重視經學意義及忻慕程朱學的康熙一拍即合，而李光地這種理學化的經學詮釋，也反映在他對《詩經》與《尚書》的理解上。《詩經》與《尚書》之內容，本來就與修身、齊家、治國、平天下此一條內聖外王之道息息相關，加上歷代文人之闡述，更增添其思想性與義理價值，這也說明了為何在《四書》之中，李光地在《大學》、《中庸》中所談及的義理思想較為深刻，且與《詩》《書》間的連結性較高的原因。而李光地之《詩》《書》思想內涵，除了對於經書版本之考辨，用力最深乃在於其中義理之闡發與詮釋，這些論點將於下章討論。

第五章　李光地《詩經》義理思想

　　《詩經》是傳統儒家重要經典之一，然因其具有六義比興之特點，意涵較隱晦，在內容語意方面有不同的解讀方式；加上時代版本流傳的問題，因而《詩經》學研究頗多，其中的幾個問題與觀點，歷代學者爭論不休，李光地在研究《詩經》時，對於前代學者討論的幾個問題提出了自己的看法，李光地之《詩經》義理內涵〔註1〕，主要討論到孔子刪《詩》、《詩經》世次、對《詩經》中「道」之闡發、「思無邪」與「淫詩」以及「〈雅〉、〈鄭〉邪正」說等幾個問題。他崇尚程朱學，對於《詩經》觀念理論上應該要以朱熹《詩集傳》為宗，然他對於朱子在《詩經》上的某些觀點卻又不是那麼贊同，造成他思想的駁雜。因此，以下先探討李光地《詩經》義理之主要觀點及其中涉及之議題，論述李光地對於前人之《詩經》學思想的繼承與歧異；之後再就李光地對於《詩經》中「道」之闡發以及「淫詩」等問題作說明，以其了解其《詩經》之義理。

第一節　對孔子刪《詩》說之闡釋

　　關於孔子是否刪《詩》，歷代學者多有爭議，李光地在討論這個問題時，加入了政治考量，使孔子刪《詩》的說法多了政治意圖，且由此意圖為脈絡，論述《詩經》之世次，並開展其後對《詩經》中「道」之闡發與對於變〈風〉之看法等討論。以下先說明李光地對孔子刪《詩》之看法：

〔註 1〕 李光地對於《詩經》之研究，主要為《詩所》及《榕村語錄》、《榕村續語錄》裡有關《詩經》的部分，除了本論文提及關於義理思想的部分外，他亦有談論到讀《詩》之方法等問題，然與本論文探討的主題較無關係，故不討論。

一、孔子刪《詩》之政治意圖

關於孔子是否刪《詩》，已經成爲《詩經》學史上的公案之一。而孔子刪《詩》這樣的說法，最早是源於司馬遷的《史記・孔子世家》：

> 古者詩三千餘篇，及至孔子，去其重，取可施於禮義，上采契后稷，中述殷周之盛，至幽厲之缺，始於衽席，故曰「〈關雎〉之亂以爲風始，〈鹿鳴〉爲小雅始，〈文王〉爲大雅始，〈清廟〉爲頌始」。三百五篇孔子皆弦歌之，以求合〈韶〉、〈武〉、〈雅〉、〈頌〉之音。禮樂自此可得而述，以備王道，成六藝。〔註2〕

司馬遷認爲古代的《詩》有三千餘篇，超過現今傳本「詩三百」的數量；然後到了孔子，針對詩做了去取的選擇，選擇的標準在於「可施於禮義」者，選取的時代爲「上采契后稷，中述殷周之盛，至幽厲之缺」。而風的首篇爲〈關雎〉，大、小雅的首篇分別爲〈文王〉、〈鹿鳴〉，頌的首篇爲〈清廟〉，這與現今傳本相同，並且孔子還將三百零五篇的《詩》皆配樂，「以求合韶武雅頌之音」。司馬遷的此段記載，成爲孔子是否刪《詩》這個問題的源頭；其後班固、鄭玄也支持這個說法，班固《漢書・藝文志》云：

> 孔子純取周詩，上采殷，下取魯，凡三百五篇，遭秦而全者，以其諷誦，不獨在竹帛故也。〔註3〕

鄭玄云：

> 孔子錄周衰之歌，及眾國聖賢之遺風，自文王創基，至於魯僖，四百年間，凡取三百五篇，合爲《國風》、《雅》、《頌》。〔註4〕

他們皆認爲孔子在選詩上是有所取捨，最後爲三百零五篇。然而到了唐代，孔穎達卻對於孔子刪《詩》這點提出了懷疑，他說：

> 案書傳所引之詩，見在者多，亡逸者少，則孔子所錄，不容十分去九；馬遷言古詩三千餘篇，未可信也。〔註5〕

他以爲先秦其他古籍所引用的詩，多數都出自於現今流傳版本《詩經》的三百零五篇，即今本《詩經》。如果古詩眞的有如司馬遷所說的三千餘篇，爲何

〔註2〕　〔日〕瀧川龜太郎：《史記會注考證》，臺北：藝文印書館，1972年，頁742。

〔註3〕　〔漢〕班固著，〔唐〕顏師古注：《漢書》，北京：中華書局，1964年，第6冊，卷30，頁1708。

〔註4〕　〔漢〕毛亨傳，鄭玄箋，〔唐〕孔穎達疏：《毛詩正義》，臺北：藝文印書館，1976年，〈詩譜序・正義〉引鄭玄《藝論》，頁6。

〔註5〕　〔漢〕毛亨傳，鄭玄箋，〔唐〕孔穎達疏：《毛詩正義》，〈詩譜序・疏〉，頁6。

其他篇章的詩很少被引用？這顯然有違常理；加上他認為孔子並不會刪去那樣多的詩，所以孔穎達以為司馬遷的講法或許不可全信。

到了宋代以後，關於這個問題，爭論的情況更加激烈，主要可以分成兩派：主張孔子刪《詩》一派是支持孔子刪《詩》說的，主要人物有歐陽脩、程頤、邵雍、王應麟、顧炎武、王崧等人；另一派反對孔子曾經刪《詩》，有朱熹、葉適、朱彝尊、王士禎、趙翼、崔述等人。他們兩派各提出了支持與反對的論點，支持孔子刪《詩》的歐陽脩指出：

> 司馬遷謂古詩三千餘篇，孔子刪之，存者三百。鄭學之徒，皆以遷說之謬，言古詩雖多，不容十分去九。以予考之，遷說然也。何以知之？今書傳所載逸詩，何可數焉？以圖推之，有更十君而取其一篇者，又有二十餘君而取其一篇者。由是言之，何啻乎三千？〔註6〕

歐陽脩認為司馬遷說古詩有三千餘篇是正確的。他以為古代諸侯國很多，君主數量眾多，所陳之詩為數相當可觀，而若根據鄭玄《詩譜圖》對《詩經》三百篇所屬時代的分類去推論，《國風》的採錄狀況，有經歷十個君主才採錄一篇，或是經歷二十幾個君主才採錄一篇的情況，按照常理這應該是不可能的事。故若由此推之，這樣古詩數量一定超過三千，因而歐陽脩才會認為司馬遷古詩三千餘篇的論點是正確的，那些沒有採用的詩一定被孔子刪掉了。此外，邵雍云：

> （孔子）刪《詩》自文武而下；修《春秋》自桓文而下。〔註7〕

> 仲尼刪詩，十去其九。〔註8〕

程頤亦云：

> 夫子之刪《詩》、《書》，使群弟子編緝之也。〔註9〕

他們都明確指出孔子刪《詩》，對孔子刪《詩》的這種說法表示贊同。

而另一派反對孔子刪《詩》說的代表人物則是朱子。朱子認為孔子只是對原有之《詩》加以勘定與整理。其言：

〔註6〕　〔宋〕歐陽脩：〈詩圖總序〉，《詩本義》卷16，《景印文淵閣四庫全書》，臺北：臺灣商務印書館，1986年，第70冊，頁301。

〔註7〕　〔宋〕邵雍：〈現物篇五十六〉，《皇極經世書》卷11，《景印文淵閣四庫全書》，第803冊，頁1038。

〔註8〕　〔宋〕邵雍：〈伊川擊壤集序〉，《皇朝文鑒》卷87，《景印文淵閣四庫全書》，第1351冊，頁29。

〔註9〕　〔宋〕程頤、程顥著，王孝魚點校：《二程集》，北京：中華書局，1981年，〔宋〕程頤：〈論語解〉，《河南程氏經說》卷6，頁1140。

> 人言夫子刪《詩》，看來只是採得許多詩，往往只是刊定。聖人當來
> 刊定，好底詩，便吟詠，興發人之善心；不好底詩，便要起人羞惡
> 之心。〔註10〕

朱子說孔子只是把手中收集到的許多詩，做整理與編訂的工作，目的是要勘
定選擇詩的好壞，是要發人之善心。又云：

> 孔子未嘗作一事，如刪《詩》、定《書》，皆是因《詩》、《書》而刪
> 定。〔註11〕

> 所謂刪者，果是有刪否？要之，當時史官收《詩》時，已各有編
> 次，但到孔子時已經散失，故孔子重新整理一番，未見得刪與不
> 刪。〔註12〕

這兩段話朱子明顯地指出，孔子並沒有刪《詩》。孔子手中拿到的《詩經》，
本來在採詩時早就經過史官編次過順序的，然到他手中時已經散亂，他只是
把它重新整理好而已，所以朱子認為孔子當時拿到的《詩經》篇章數量，跟
今本《詩經》數量大致上是一致的，孔子並無意於刪《詩》。

　　孔子是否刪《詩》，兩派論點各有不同，爭論到了清代仍持續著，在前代
學者討論孔子是否刪《詩》的論述基礎下，李光地對於這個論點又是如何闡
釋呢？首先，他針對《詩經》裡面的篇章提出了看法：分別是〈衛風・碩人〉
以及〈小雅・常棣〉。

　　〈衛風・碩人〉本來是衛人讚美衛莊公夫人莊姜的一首詩，由今本《詩
經・衛風・碩人》來看，可知此篇分為四章，每章七句，形式結構相當整齊，
詩意也很完整：

> 碩人其頎，衣錦褧衣。齊侯之子，衛侯之妻，東宮之妹，邢侯之姨，
> 譚公維私。

> 手如柔荑，膚如凝脂，領如蝤蠐，齒如瓠犀。螓首蛾眉，巧笑倩兮，
> 美目盼兮。

> 碩人敖敖，說于農郊。四牡有驕，朱幩鑣鑣，翟茀以朝。大夫夙退，
> 無使君勞。

〔註10〕　〔宋〕黎靖德編，王星賢點校：《朱子語類》，卷23，頁542。
〔註11〕　〔宋〕黎靖德編，王星賢點校：《朱子語類》，卷34，頁855。
〔註12〕　〔宋〕黎靖德編，王星賢點校：《朱子語類》，卷34，頁856。

河水洋洋，北流活活。施眾濊濊，鱣鮪發發，葭菼揭揭。庶姜孽孽，庶士有朅。〔註13〕

這首詩相當生動地描繪出衛莊公夫人莊姜的美。然歷代學者之所以會對〈衛風·碩人〉產生疑問，主要是因為《論語·八佾》裡子夏與孔子對於《詩經》問答的這段對話：

子夏問曰：「『巧笑倩兮，美目盼兮，素以為絢兮。』何謂也？」子曰：「繪事後素。」曰：「禮後乎？」子曰：「起予者商也！始可與言《詩》已矣。」〔註14〕

在這段對答裡，充滿了跳躍式的思考，加上對於當時此段對話相關背景資料的缺乏，使得歷代學者在註解這段話時，產生了不同的解讀方式。其中最主要的是「巧笑倩兮，美目盼兮，素以為絢兮。」這三句話，爭論點在於這三句話若與今本《詩經·衛風·碩人》對照，就會發現今本《詩經·衛風·碩人》少了「素以為絢」此句，因而歷代學者對於此句或此段是否為逸詩多有討論。

朱子就在其《四書集註》裡講到「子夏問曰：『巧笑倩兮，美目盼兮，素以為絢兮。』何謂也？」該段時，於此後註解曰：

此逸詩也。〔註15〕

認為「巧笑倩兮，美目盼兮，素以為絢兮。」這段全是逸詩，然他在此並沒有深入討論；而他在《四書或問》裡有另一段說法：

或問子夏所引之詩蓋〈衛風·碩人〉之篇，或以云「素以為絢兮」一句云者夫子刪而去之也。曰：刪詩者，去其不合於義理者耳。今此句之義，夫子方有取焉而反見刪者，何哉？且〈碩人〉之詩四章，而章皆七句，不應此章獨多一句而見刪，又不應因刪此句而并及他章例損一句以取齊也。蓋不可知其為何詩矣。〔註16〕

朱子在此先說明孔子刪去詩中句子，原則在於「去其不合於義理者」，孔子會刪掉某些句子，目的在於符合他自己認定的一套義理標準；然而在《論語·

〔註13〕程俊英、蔣見元：《詩經注析》，北京：中華書局，1999年，〈衛風·碩人〉，頁164～167。

〔註14〕楊伯峻譯注：《論語譯注》，北京：中華書局，1980年，〈八佾〉，頁26。

〔註15〕〔宋〕朱熹：《四書集註》，頁63。

〔註16〕〔宋〕朱熹：《四書或問》卷8，《景印文淵閣四庫全書》，第197冊，臺北：臺灣商務印書館，1986年，頁242。

八佾》裡，由孔子最後回答子夏說：「起予者商也！」他給了子夏很高的評價，此段師生對談應該是相當具有保存價值，也應符合孔子義理的標準。既然如此，那孔子爲什麼要刪呢？而且還是刪去「素以爲絢兮」這句重點？朱子是從篇章結構來說明：首先，今本〈衛風・碩人〉分爲四章，每章七句，形式結構整齊，如果孔子只是爲了整體結構之一致，而硬把「巧笑倩兮，美目盼兮」後面之「素以爲絢兮」這句重點句刪掉，應該不太可能。另一種情況是，假設除了「巧笑倩兮，美目盼兮」後面有多一句話，其他三章後面本來也各有一句，即變成每章八句，而孔子刪去了「素以爲絢兮」，爲了結構整齊，也一併把其他三章的三句都刪掉了，這種假設應該也是不可能會發生的。所以最後朱子下了一個定論：「蓋不可知其爲何詩矣」，不知道是哪一首詩。他認爲在《論語・八佾》裡，子夏提出的「巧笑倩兮，美目盼兮，素以爲絢兮。」不應該是〈衛風・碩人〉裡的句子，因此他才會在《四書集註》裡說：「此逸詩也」，判定「巧笑倩兮，美目盼兮，素以爲絢兮」應爲某一已亡佚詩篇的內容。

　　而李光地之所以提到〈衛風・碩人〉，主要是因爲他也認爲孔子把「素以爲絢」此句刪掉了。爲何他會如此判斷？與朱子由形式結構來判斷不同，李光地是從儒家禮樂教化的角度來分析，其言：

> 聖人刪《詩》之意，當就《論語》中求之。如「素以爲絢」句，某意即在〈碩人〉之詩，而夫子去之。素自素，絢自絢，如人天資自天資，學問自學問，豈可說天資高便不用學問不成？正如「雖曰未學，吾必謂之學」；又如「質而已矣，何以文爲」一般。「繪事後素」，亦言繪事必繼素後耳。「禮後乎」，亦言禮必繼忠信之後乎？皆言絢不可抹殺也。推此可以見刪《詩》之意。〔註17〕

李光地認爲「素以爲絢」一句，「素」就好比是人的天資，「絢」則是後天的學習與教化；如果說一個人天生資質就很高，難道他就不需要後天的學習與教化了嗎？李光地認爲還是必要的。而後孔子又講了「繪事後素」，雖說先天有了良好的本質，還是要靠後來的裝飾，就像人如果先天有了好的資質，後天還是得努力學習才行；「禮後乎」亦說明禮樂產生在仁義之後，強調後天教化的作用。這些說法就符合孔子不斷提倡禮樂教化的本意。孔子一再提倡禮、樂、教化、學習的重要性，而在此若言「素以爲絢」，怕人誤會成「先天的才

〔註17〕〔清〕李光地：《榕村語錄》，卷13，頁223。

質即是禮樂教化」，這樣便抹殺了後天學習、禮樂教化的價值，因而李光地才
說此處把「素以爲絢」句刪掉，吾人便可推見孔子刪《詩》之本意。然孔子
談「繪事後素」之本意是說妝容須先上粉底，才能進行彩繪，實是強調「禮
樂」當以「仁義」爲本的道理，儘管禮樂與仁義有其先後順序，但與先天資
質、後天學習之說法無關，由此可知李光地對該句的理解是有誤的。

　　此外，關於〈小雅・常棣〉，李光地亦提出認爲孔子有刪《詩》的看法。
今本《詩經・小雅・常棣》原文如下：

> 常棣之華，鄂不韡韡。凡今之人，莫如兄弟。
>
> 死喪之威，兄弟孔懷。原隰裒矣，兄弟求矣。
>
> 脊令在原，兄弟急難。每有良朋，況也永歎。
>
> 兄弟鬩于牆，外御其務。每有良朋，烝也無戎。
>
> 喪亂既平，既安且寧。雖有兄弟，不如友生。
>
> 儐爾籩豆，飲酒之飫。兄弟既具，和樂且孺。
>
> 妻子好合，如鼓琴瑟。兄弟既翕，和樂且湛。
>
> 宜爾家室，樂爾妻帑。是究是圖，亶其然乎？〔註18〕

這是一首宴會兄弟的詩，用以闡述兄弟之間的感情，首章以常棣〔註19〕之花
起興，形象鮮明。而歐陽脩卻懷疑孔子刪了〈小雅・常棣〉裡的其中一段，
其言：

> 刪云者，非止全篇刪去也，或篇刪其章，或章刪其句，或句刪其字。
> 如「唐棣之華，偏其反而。豈不爾思？室是遠而。」此〈小雅・常
> 棣〉之詩也，夫子謂其以室爲遠，害於兄弟之義，故篇刪其章也。
>
> 〔註20〕

歐陽脩認爲孔子刪《詩》，並不是全篇都刪掉，有時會刪去一篇裡的一章、一
句或一個字。他就舉了〈小雅・常棣〉爲例，認爲孔子把「唐棣之華，偏其
反而。豈不爾思？室是遠而。」這段刪去，理由是因爲這段文字的意思會危

〔註18〕程俊英、蔣見元：《詩經注析》，〈小雅・常棣〉，頁448～452。

〔註19〕「常棣，亦作棠棣、唐棣，古訓爲夫栘，亦單稱栘，即今之鬱李。」程俊英、
　　　　蔣見元：《詩經注析》，頁448。此處之常棣，與下文之唐棣實爲相同，在此說
　　　　明。

〔註20〕〔宋〕段昌武：《毛詩集解》，《景印文淵閣四庫全書》，第74冊，頁421。今
　　　　本歐陽修《詩本義》無論《四庫全書》本或《通志堂經解》本，皆未收此段
　　　　文字。

害兄弟之間的情義。對照今本《詩經‧小雅‧常棣》確無此段文字，此段見於《論語‧子罕》：

> 「唐棣之華，偏其反而。豈不爾思？室是遠而。」子曰：「未之思也，夫何遠之有？」〔註21〕

它說看到唐棣樹的花隨風搖擺，不免思念起兄弟，難道我是真的不思念你嗎？乃是因為家裡住得太遠了。孔子的評語為：「他是不去想念吧？若是真的想念，有什麼好遙遠的？」若兄弟感情真的深厚融洽，距離再遠也該無礙於彼此情誼，那又何遠之有呢？除非真是互相感情不睦，才會把遙遠當作藉口。歐陽脩即以孔子的觀點去推斷「唐棣之華，偏其反而。豈不爾思？室是遠而。」此四句的意思會傷害兄弟情誼，所以才會說：「夫子謂其以室為遠，害於兄弟之義，故篇刪其章也。」認為孔子刪去了這段話。

關於這個看法，李光地是贊同歐陽脩的，此外他還說：

> 〈關雎〉之詩，夫子明言：「樂而不淫，哀而不傷」，自非淫詩。……天下惟此樂不淫，哀不傷，外此未有不淫傷者。〈唐棣〉之詩孔子刪之，以其無此意也。〔註22〕

他由淫詩的角度來評斷孔子刪去了〈唐棣〉之詩，原因在於〈唐棣〉之詩四句並不符合孔子「樂而不淫，哀而不傷」的標準。孔子曾說〈關雎〉：「樂而不淫，哀而不傷」，快樂而不放蕩，悲哀而不痛苦，是一首把情感表達得恰到好處的詩；此種不過分的情感表達，乃合於儒家所謂的中庸之道。而〈唐棣〉之詩所表達出的情感太過強烈，尤其是「室是遠而」一句，更是直指兄弟彼此不睦之事實。故〈唐棣〉之詩，除了其內容傷害了兄弟之間的情誼之外，也與儒家中庸之道不符，因而李光地說：「〈唐棣〉之詩孔子刪之，以其無此意也」，所謂的「無此意」，指的便是不符合情感表達恰到好處的標準，故認為孔子刪去了此段內容。

李光地透過提出對於〈衛風‧碩人〉以及〈小雅‧常棣〉的疑問，以及參照前人的論述，來推論孔子刪改過詩的內容，所以李光地是支持孔子刪《詩》說法的，並且他還說：

> 《詩》三百，亦刪後之詩，所以垂世而立教者，纔道詩字，便有詩教二字意在裏面，非尋常歌謠絃誦之詩也。〔註23〕

〔註21〕楊伯峻譯注：《論語譯注》，〈子罕〉，頁101。
〔註22〕〔清〕李光地：《榕村續語錄》，卷3，頁596。
〔註23〕〔清〕李光地：《榕村全集》，卷24，〈論語詩三百章〉，頁1216。

李光地認為現今流傳所謂的「《詩》三百」，乃是經過孔子刪改過後的版本，而且具有相當重要的教化意義；此外他認為孔子刪《詩》是有經過選擇的：

> 蓋《詩》為夫子所刪，則黜棄者多矣，其存者必其醇者也。〔註24〕

> 聖人刪《詩》最妙，唐、魏儉至於陋，而聖人錄之。〔註25〕

孔子認為詩必須具有教化的意義，所以經由他刪後留存下來的，必是精華、值得後人研讀的作品。那麼孔子刪《詩》的準則又是什麼呢？李光地說：

> 某欲選《詩》、解《春秋》，都有一見解，須體聖人意思。可以興觀
> 羣怨，事父、事君，多識鳥獸草木之名；不為〈二南〉，便正牆面；
> 不學《詩》，便無以言；授之以政不達，使於四方不能專對；思無邪；
> 皆是刪《詩》凡例。〔註26〕

他在選讀註解《詩經》、《春秋》時，認為有一件事很重要，就是要體會「聖人意思」，也就是聖人的用心。接著他便提出體會到的孔子對於刪擇《詩經》的凡例，若與《論語》配合對照，主要有以下五個：

首先，是「可以興觀羣怨，事父、事君，多識鳥獸草木之名」。語出《論語‧陽貨》：

> 子曰：「小子何莫學夫《詩》？《詩》，可以興，可以觀，可以羣，
> 可以怨。邇之事父，遠之事君；多識於鳥獸草木之名。」〔註27〕

孔子認為《詩經》主要有四大功用——興、觀、羣、怨。興，可以培養聯想力，啟發人的思想與感情；觀，可以提高觀察力，透過《詩經》可以考察各地風俗民情、社會現實狀況以及政治得失；羣，可以鍛鍊合羣性，有益於人與人之間情感與思想的溝通與交流；怨，可以學得諷刺方法，意指《詩經》之內容能夠針對不良之事加以批評，達到諷刺的效果。《詩經》具備了此四大功用，所以才說可以運用其中道理來侍奉父母或服事君上，而且多多認識鳥獸草木的名稱。李光地在此提出此點，主要看中的是《詩經》有「補察時政，洩導人情」的政治性效果，春秋戰國時局混亂，他認為孔子刪《詩》應該是有此考量；此外，這點與康熙帝相當注重《詩經》之政治作用是一致的，因此他認為這是孔子刪《詩》的第一個凡例。

〔註24〕〔清〕李光地：《榕村語錄》，卷2，頁24。
〔註25〕〔清〕李光地：《榕村續語錄》，卷18，頁856。
〔註26〕〔清〕李光地：《榕村語錄》，卷1，頁6。
〔註27〕楊伯峻譯注：《論語譯注》，〈陽貨〉，頁196。

　　第二爲「不爲〈二南〉，便正牆面」，此之〈二南〉指《詩經》之〈周南〉、〈召南〉，《論語‧陽貨》云：

> 子謂伯魚曰：「女爲〈周南〉、〈召南〉矣乎？人而不爲〈周南〉、〈召
> 南〉，其猶正牆面而立也與？」〔註28〕

孔子問伯魚：「你研究過〈周南〉、〈召南〉了嗎？人假若不研究〈周南〉和〈召南〉，那會像正面對牆壁而站著吧！」由這段話看得出來孔子相當重視〈周南〉、〈召南〉之詩。而關於〈周南〉、〈召南〉：

> 周、召之分陝，在武王既得天下之後。〈周南〉、〈召南〉雖皆文王之
> 風化，不可繫之於文王。故周公所居之地所得之詩，則謂之〈周南〉；
> 召公所居之地所得之詩，則謂之〈召南〉。〔註29〕

周公、召公分陝而治，周南乃指周公所治之南周，召南指召公所治之南國，〈周南〉、〈召南〉之詩指的是由周公、召公領地裡所採集之詩。而李光地認爲孔子會保留此〈二南〉，一方面是因爲周公是孔子最崇仰的人，故不會刪掉與周公有關之詩。另一方面，李光地著重的還是政治面向，周公制禮作樂、輔佐文王成就霸業，是儒家典型道統與治統完美結合的模範，可作爲清初統治的參考與範本，故李光地才認爲孔子不刪〈二南〉之詩有其道理。

　　再者爲「不學《詩》，便無以言」以及「授之以政不達，使於四方不能專對」，李光地分別舉了《論語‧季氏》與《論語‧子路》內容爲例：

> 陳亢問於伯魚曰：「子亦有異聞乎？」對曰：「未也。嘗獨立，鯉趨
> 而過庭。曰：『學《詩》乎？』對曰：『未也。』」「不學《詩》，無以
> 言。」鯉退而學《詩》。〔註30〕

> 子曰：「誦《詩》三百，授之以政，不達；使於四方，不能專對；雖
> 多，亦奚以爲？」〔註31〕

學習《詩經》在當時是一件很重要的事，不論是平時與人的應對進退，或是政治場合的外交手段，都可透過《詩經》的詩篇來代表語言，表達自己的心志，即所謂「賦詩言志」。故不論是由時代性或是政治性來看，《詩經》對於

〔註28〕楊伯峻譯注：《論語譯注》，〈陽貨〉，頁197。
〔註29〕〔宋〕李樗、黃櫄：《毛詩李黃集解》，《景印文淵閣四庫全書》，第71冊，卷
　　　　1，頁51b。
〔註30〕楊伯峻譯注：《論語譯注》，〈季氏〉，頁188～189。
〔註31〕楊伯峻譯注：《論語譯注》，〈子路〉，頁142。

政治相當重要，因而李光地認為孔子會刪去那些無法幫助訓練或當作政治語言的篇章。

最後，李光地提出了孔子對於《詩經》思想的最高評價──「思無邪」。孔子曾云：

> 子曰：「《詩》三百，一言以蔽之，曰：『思無邪』。」〔註32〕

《詩經》三百篇，用一句話來概括它，就是「思想純正」。孔子這樣講的目的，乃是希望讀《詩》之人皆能有所警惕、撥亂反正，發人之善心，使不正歸於正；而這就牽涉到道德修養層面的問題，恰與孔子不斷教人如何修身養性相呼應。且李光地認為《詩經》內容本來就與修身、齊家、治國、平天下息息相關，故孔子刪去不合於「思無邪」的篇章實屬自然。

李光地提出孔子刪《詩》的主要凡例，筆者認為都有其政治性的考量，除了孔子本身的「聖人之意」外，李光地乃是有意把它與政治牽合，也等同強調《詩》之教化作用。李光地是康熙帝重用的大臣，大力配合推行當時朝廷之政策，一方面是為了穩固地位，迎合上意；一方面則是與清初「崇儒重道」、重新重視儒家傳統經典的文教政策相呼應。李光地藉由其對於《詩經》之看法，不斷與清初現實政治環境結合，透過對於儒家傳統經典的提倡，來增加清朝統治的權威性與合理性。故李光地的《詩經》思想，是帶有濃厚的政治色彩的。

二、由孔子刪《詩》之意論《詩經》時代先後次序

孔子刪《詩》的「聖人之意」，除了上述之凡例外，還有一個特例，就是孔子既然刪改編訂了《詩經》，卻還保留了《詩經》裡淫詩的篇章。李光地認為孔子這麼做，其中蘊含了深刻的涵義，其言：

> 夫刪《詩》之義，猶之作《春秋》也，《春秋》何嘗沒亂賊之跡哉，著之者戒之也。況又有善惡之相形，禍福治亂之相應，《春秋》成而懼，《詩》三百而皆可以興者此矣。「無」猶「毋」也。「思無邪」，戒辭也。言學《詩》者以辨邪正為急，猶學《春秋》者以正名分為先也。未聞有以商臣、蔡般之在簡，而云君父之可賊者，則於聖人之存〈鄭〉、〈衛〉也奚疑。〔註33〕

〔註32〕楊伯峻譯注：《論語譯注》，〈為政〉，頁11。
〔註33〕〔清〕李光地：《榕村全集》，《詩所》，卷1，頁8660～8661。

孔子刪《詩》的用意，就如同作《春秋》一樣，具有其政治考量，目的是要讓後世讀者有所警戒。《春秋》成則亂臣賊子懼；《詩經》一言以蔽之曰「思無邪」，是要人思想純正，能夠明辨是非善惡、撥亂反正，身處亂世之中，實為重要。而淫詩裡記載了許多亂臣賊子的行為，反映了他們惡劣的行徑，孔子保留下來，是希望後世統治者能夠有所警惕並注意。因此，孔子保留《詩經》裡淫詩的篇章，有其在政治上的意義與影響，且這亦與孔子刪《詩》凡例相符。

除了政治考量外，李光地認為孔子還從文化的角度去考慮。《詩經》收集了當時許多列國之詩，這些詩作充滿了各地的民情、風俗與文化，雖然有些地區的作品被認定為淫詩，但孔子還是留存，乃是希望能夠保留下當地的文化，以便後世考察與了解。李光地說：

> 列國之詩，俗化而聲變，〈鄭〉、〈衛〉之蕩也，〈齊〉、〈秦〉之誇也，聖人間存焉。以為泯其失，無以彰其得也。不極乎民心之流，不足以顯民彝之真也。〔註34〕

列國之詩，具有其本土特色，雖到後來產生變聲，孔子保留，目的是為了要彰顯當時真實的狀況，顯示當地的風土民情與文化，亦可由淫詩發現詩歌發展的變化。又云：

> 聖人所以存而不刪，正以見一國之俗化如此，而其間尚有特立獨行之人，不以風雨報其音，不以如雲亂其志，則民彝之不泯可見，而欲矯世行義者可以興。此聖人之意也。〔註35〕

李光地認為孔子之所以允許淫詩的存在，除了上述所言保存各地的民情、風俗與文化外，也讓大家看到當時某些地區如鄭、衛，它們禮崩樂壞的情況，當作借鏡，希望藉此糾正民風民情，這才是孔子真正的用意。

李光地認為孔子刪《詩》和保留淫詩都有其政治思想上的考量，可以從政治教化思想內容去界定《詩經》詩篇之屬性。故他在《詩所》裡，以此為線索，試圖推斷考察了《詩經》的世次。其在〈詩所序〉云：

> 孟子言：「頌其詩必論其世」，今失其世，則又賴有詩存，而可以推而知旁引而得也。〔註36〕

〔註34〕 〔清〕李光地：《榕村全集》，卷1，《觀瀾錄‧經》頁18～19。
〔註35〕 〔清〕李光地：《榕村語錄》，卷2，頁24～25。
〔註36〕 〔清〕李光地：《榕村全集》，《詩所》，〈詩所序〉，頁8584。

孟子所言「頌其詩必論其世」，吟詠一首詩必須知道其創作年代，然而這個說
法並不適合《詩經》，因《詩經》篇章創作時間多不可考，是以李光地才說雖
然並不知道詩作創作時間，但可以藉由留存下來《詩經》篇章的內容與思想，
去推論詩中之時代背景，了解篇章的先後次序與連貫關係。以下就李光地對
《詩經》世次的推論簡要說明之：

（一）〈國風〉之〈二南〉

關於《詩經》〈國風〉的性質，傳統說法多以〈詩序〉所言為主：

> 〈風〉，風也，教也。風以動之，教以化之。〔註37〕

> 上以風化下，下以風刺上。主文而譎諫，言之者無罪，聞之者足以
> 戒，故曰風。〔註38〕

〈詩序〉的這兩種說法，一種是由風教的角度，強調〈風〉的社會教化功能；
另一種則是以諷刺的層面，帶出〈風〉在政治上的功用；這兩種說法都是強
調《詩經》在社會政治上的教化作用。而李光地對於〈風〉是如何闡釋呢？
其言：

> 〈風〉者，室家之詩也。〈雅〉者，朝廷之詩也。〈頌〉者，郊社宗
> 廟之詩也。始於室家，行於朝廷，達於郊社宗廟。故曰：「造端夫婦，
> 察乎天地也。」〔註39〕

他把〈風〉解為「室家之詩」，並且認為此為修身、齊家、治國、平天下之開
端。可見李光地相當注重〈風〉的教化作用與意義。而〈國風〉共分十五國，
以〈二南〉為首，〈二南〉分〈周南〉、〈召南〉，傳統見解以〈二南〉為「王
化之基」以及周公、召公分治的角度來論述其性質。如〈詩序〉云：

> 然則〈關雎〉、〈麟趾〉，王者之風，故繫之周公。南，言化自北而南
> 也。〈鵲巢〉、〈騶虞〉之德，諸侯之風也，先王之所以教，故繫之召
> 公。〈周南〉、〈召南〉，正始之道，王化之基。〔註40〕

〈詩序〉以〈二南〉為「正始之道，王化之基」的說法，普遍為學者所接受。
其後之鄭玄、朱熹皆以〈二南〉為周公、召公分治之時所採的南方之詩，且
產生年代在文王、武王之間。鄭玄〈周南召南譜〉云：

〔註37〕　〔漢〕毛亨傳，鄭玄箋，〔唐〕孔穎達疏：《毛詩正義》，卷1，頁4。
〔註38〕　〔漢〕毛亨傳，鄭玄箋，〔唐〕孔穎達疏：《毛詩正義》，卷1，頁11。
〔註39〕　〔清〕李光地：《榕村全集》，《詩所》，卷3，頁8795。
〔註40〕　〔漢〕毛亨傳，鄭玄箋，〔唐〕孔穎達疏：《毛詩正義》，卷1，頁17～18。

周、召者，〈禹貢〉雍州岐山之陽地名。……又命文王典治南國江、
漢、汝旁之諸侯，於時三分天下有其二，以服事殷。故雍、梁、荊、
豫、徐、揚之人，咸被其德而從之。文王受命，作邑於豐，乃分岐
邦周、召之地爲周公旦、召公奭之采地，施先公之教於己所職之國。
武王伐紂，定天下，巡守述職，陳誦諸國之詩，以觀民風俗。六州
者，得二公之德教尤純，故獨錄之，屬之大師，分而國之。其得聖
人之化者，謂之〈周南〉，得賢人之化者爲〈召南〉，言二公之德教
自岐而行於南國也。乃棄其餘，謂此爲〈風〉之正經。〔註41〕

鄭玄以〈二南〉爲周、召二公德教之化、南方之詩，且乃「〈風〉之正經」，
相當肯定其教化價值。而朱子《詩集傳》云：

周，國名。南，南方諸侯之國也。周國、本在禹貢雍州境內、岐山
之陽。……至孫文王昌，辟國寖廣，於是徙都於豐，而分歧周故地，
以爲周公旦、召公奭之采邑。且使周公爲政於國中，而召公宣布於
諸侯，於是德化大成於內。而南方諸侯之國，江沱汝漢之間，莫不
從化。蓋三分天下，而有其二焉。至子武王發，又遷於鎬，遂克殷
而有天下。武王崩，子成王誦立。周公相之，制作禮樂，乃采文王
之世風化所及民俗之詩，被之筦弦，以爲房中之樂，而又推以及於
鄉黨邦國。所以著明先王風俗之盛，而使天下後世之脩身、齊家、
治國、平天下者，皆得以取法焉。〔註42〕

他認爲〈二南〉是探文王時期教化所及之民間作品，目的是要表明先王德行
教化之風，彰顯文王聖人之教的偉大，並以此作爲脩身、齊家、治國、平天
下的準則。李光地亦遵循前人對於〈二南〉之看法，其言：

文王之時，殷都以北，漸染汙俗，惟南國服從文王之化，延及江沱
漢沔汝墳之間，聞風慕義，形於謳歌，文王以服事殷，而黎庶歸心
焉。故孔子曰：三分天下有其二也。及武王受命，周、召二公分理
中外，兼領采風之職，於是追摭謠俗，章盛德之感，顯受命之符，
以示法於子孫，以化成於天下，協以聲律，掌柷太師。〔註43〕

〔註41〕〔漢〕毛亨傳，鄭玄箋，〔唐〕孔穎達疏：《毛詩正義》，〈周南召南譜〉，頁7
　　　　～10。
〔註42〕〔宋〕朱熹：《詩集傳》，卷1，收入朱傑人、嚴佐之、劉永翔主編：《朱子全
　　　　書》，上海：上海古籍出版社，2002年，頁401。
〔註43〕〔清〕李光地：《榕村全集》，《詩所》，卷1，頁8593～8595。

在文王統治時期，殷都以北區域都以漸染汙俗，只有南方之國還服從文王之教化，並將其德義形於謳歌。後來武王時期，周、召二公分治南國，採集當地之詩作，並協以聲律，流傳下來，使後人得以感受文王德化之遺風，凸顯文王教化的價值。所以李光地亦認爲〈二南〉爲文王教化與南國之詩的代表作品。此外，他又說：

> 召公爲相既久，頗用文武以後之詩附之，要取合乎〈二南〉之義者，以無忘文王之教。〔註44〕

認爲〈二南〉裡除了文王、武王時期的作品，還收了許多文王、武王之後符合〈二南〉先王之教意義的詩作，用來勉勵眾人勿忘文王德化之教。

（二）〈邶〉、〈鄘〉以下之變〈風〉

《詩經》共分十五〈國風〉，傳統說法以〈二南〉爲正〈風〉，〈邶〉以下則爲變〈風〉，明確提及正、變篇章說法的爲鄭玄，其言：

> 周自后稷播種百穀，黎民阻飢，茲時乃粒，自傳於此名也。陶唐之末、中葉，公劉亦世脩其業，以明民共財。至於大王、王季，克堪顧天，文武之德，光熙前緒，以集大命於厥身，遂爲天下父母，使民有政有居。其時詩〈風〉有〈周南〉、〈召南〉；〈雅〉有〈鹿鳴〉、〈文王〉之屬；及成王、周公致大平，制禮作樂，而有〈頌〉聲興焉，盛之至也。本之由〈風〉、〈雅〉而來，故皆錄之，謂之《詩》之正經。後王稍便陵遲，懿王始受譖，亨齊哀公，夷身失禮之後，邶不尊賢。自是而下，屬也、幽也，政教尤衰，周室大壞，〈十月之交〉、〈民勞〉、〈板〉、〈蕩〉，勃爾俱作，眾國紛然，刺怨相尋。五霸之末，上無天子，下無方伯，善者誰賞？惡者誰罰？綱紀絕矣。故孔子錄懿王、夷王時，託於陳靈公淫亂之事，謂之變〈風〉、變〈雅〉。

〔註45〕

鄭玄此種說法影響極深，後世論《詩經》者多以正、變區分篇章，認爲世次較前面的篇章，乃是政治清明時的作品，爲正詩；世次較後面的篇章，爲政治混亂、教化衰敗時期的作品，爲變詩。這種以時代政教興衰來劃分《詩經》〈風〉、〈雅〉正變的看法已成爲正統之論。

〔註44〕〔清〕李光地：《榕村全集》，《詩所》，卷1，頁8594。
〔註45〕〔漢〕毛亨傳，鄭玄箋，〔唐〕孔穎達疏：《毛詩正義》，〈詩譜序〉，頁3～5。

李光地對於〈二南〉以下變〈風〉篇章的世次，也是由政教興衰來區分，首先討論的是〈邶〉、〈鄘〉，他說：

> 夫南風溫和，北風勁屬，天地之氣殊焉。殷周之際，德教又偏，故詩以南名，遠紹大舜之音，近表文王之化也。其時紂之北鄙，尤尚淫靡之俗，多殺伐之聲，亡國微兆實惟先見。〈二南〉以後，次之以〈邶〉，則南北之義明，興亡之揆顯矣。〔註46〕

李光地在此提出地理環境對於民風政教的影響，認爲南、北因氣候與環境不同，當地人民的個性也會有不同，若再加上教化之偏，容易形成各地民風政教的落差性。南方因爲氣候較溫和，又接受文王德教之化，呈現出復興的景象；北方則因氣候較險惡，又崇尚淫靡之俗，多殺伐之聲，常常可見其亡國的徵兆。所以李光地言〈二南〉之後爲〈邶〉、〈鄘〉，則可看出南方深得文王之教化，並表明南北地理政教之不同，與興衰之差異。此外，李光地又從內容論述〈邶〉、〈鄘〉、〈衛〉之性質：

> 殷之故都，北鄙爲邶，南鄘東衛，武王封康叔於衛，其後兼有邶鄘之地，是以〈邶〉、〈鄘〉之詩，皆言衛事。衛爲殷都，習於亂世亡國之音，而北鄙爲甚。周既革命，餘風未殄，三國之詩，大率皆夫婦之道乖，與〈二南〉之化反，而其被之以邶音者，則其哀傷慘戚，尤非所語於南風之和也。〔註47〕

他說因爲當時領地的關係，〈邶〉、〈鄘〉之詩，內容多在講衛國之事；而衛國是殷商國都，卻習於亂世亡國之音，又以靠近北方之邶情況最爲嚴重，這種情況一直持續到了周朝，餘風未滅。〈邶〉、〈鄘〉、〈衛〉此三國之詩，內容大多在講夫婦道乖之事，與〈二南〉文王德化之教內容是相反的；且它的樂音哀傷悽慘，這與〈二南〉之和諧亦不同。

李光地認爲〈二南〉之後爲〈邶〉、〈鄘〉、〈衛〉，這樣的次序，恰可彰顯政治教化之得失，其言：

> 〈邶〉、〈鄘〉、〈衛〉之次〈二南〉，爲其政之得失，俗之貞淫，教之治亂，聲之和哀，反對之義最明，可以興焉，可以觀焉。〔註48〕

由這樣的次序，可以看見爲政之得失，風俗之貞淫，教化之治亂，聲音之和哀，產生的對比意義最明顯。而〈邶〉、〈鄘〉之後的次序，李光地說：

〔註46〕 〔清〕李光地：《榕村全集》，《詩所》，卷1，頁8594～8595。
〔註47〕 〔清〕李光地：《榕村全集》，《詩所》，卷1，頁8628。
〔註48〕 〔清〕李光地：《榕村全集》，《詩所》，卷2，頁8770。

其後世則太師所采，純駁兼收，畿內者附之〈雅〉，侯邦者還諸列國
之部，〈邶〉、〈鄘〉以下是也。〔註49〕

〈邶〉、〈鄘〉以下篇章，乃太師所採，在王畿範圍之內的歸附在〈雅〉，屬於
諸侯國的還之於各地所屬之部。又各國之次序爲：

餘則先王畿，次鄭畿內之國，次齊、晉、秦之伯國，次陳、檜、曹
之小邦也，其末又系以〈豳風〉者。〔註50〕

在〈邶〉、〈鄘〉、〈衛〉之後，爲先王畿之國的〈王風〉，其次爲鄭畿內之國的
〈鄭風〉，次爲齊、晉、秦等大諸侯國的〈齊風〉、〈魏風〉、〈唐風〉、〈秦風〉，
再其次爲陳、檜、曹等小國的〈陳風〉、〈檜風〉、〈曹風〉，最後則爲〈豳風〉。
李光地認爲這樣排列的次序，正可看見政教興衰的情況：

〈二南〉風化之首，〈邶〉、〈鄘〉、〈衛〉與〈二南〉反對者。周以齊
家而興；衛以淫亂而亡，且衛即紂之污俗，所謂「殷鑑不遠」也。〈王
風〉衰弱，亂由褒姒。次於殷之故都，鄭乃畿內之國，王畿之風化
可知。王綱頹敗，則霸國興，故次以齊、晉、唐、魏即晉也。霸者
再衰，則天下之勢歸於秦，所以刪《詩》錄〈秦風〉，刪《書》錄〈秦
誓〉。〈檜風〉之卒章，傷天下之無王；〈曹風〉之卒章，傷天下之無
霸。〈豳風〉居末者，見變之可復於正也。〔註51〕

整個〈國風〉以〈二南〉爲首，因其最能代表文王德教之風。〈二南〉以下則
爲變〈風〉，排列次序的原因與〈二南〉相反，〈邶〉、〈鄘〉、〈衛〉等已漸染
上俗靡之風，與〈二南〉形成對比。之後由〈王風〉、〈鄭風〉一直往下，從
內容可知當時王綱頹敗，霸國興起，之後霸國再衰，秦國統一天下，形成天
下無王、天下無霸的局面。故由整個〈國風〉篇章排列的順序，可以看出當
時整個政治教化盛衰的情形；而最後一個是〈豳風〉，李光地認爲這是有「變
之可復於正」〔註52〕的涵義，他說：

〔註49〕　〔清〕李光地：《榕村全集》，《詩所》，卷1，頁8593～8595。
〔註50〕　〔清〕李光地：《榕村全集》，《詩所》，卷2，頁8770。
〔註51〕　〔清〕李光地：《榕村語錄》，卷13，頁225。
〔註52〕　「變之可復於正」，王通《中說》已有此說法，朱熹《詩集傳》引之：「程元
問於文中子曰：『敢問〈豳風〉何〈風〉也？』曰：『變〈風〉也。』元曰：『周
公之際，亦有變〈風〉乎？』曰：『君臣相誚，其能正乎？成王終疑周公，則
〈風〉遂變矣。非周公至誠，其孰卒正之哉！』元曰：『居變〈風〉之末何也？』
曰：『夷王以下，變〈風〉不復正矣。夫子蓋傷之也，故終之以〈豳風〉，言
變之可正也，惟周公能之，故係之以正。變而克正，危而克扶，始終不失其

> 禮反其所自生，樂樂其所自始，盛衰之極，必維其初，故〈風〉終
> 〈豳風〉，〈雅〉終〈豳雅〉，〈頌〉終〈豳頌〉，周詩三百而又以〈商
> 頌〉終焉，其義一而已矣。〔註53〕

認為把〈豳風〉放在最後，乃是因盛衰之極，最後必反歸其初，所以〈風〉
終於〈豳風〉，〈雅〉終於〈豳雅〉，〈頌〉終於〈豳頌〉，整個詩三百篇終於〈商
頌〉，皆取此義。

（三）〈大雅〉、〈小雅〉

關於〈二雅〉，多由政治的角度去理解，〈大序〉云：

> 言天下之事，形四方之風，謂之〈雅〉。〈雅〉者，正也，言王政之
> 所由興廢也。政有小大，故有〈小雅〉焉、有〈大雅〉焉。〔註54〕

此處把雅解釋為正，而正與政通，政事有大有小，政事之小者為〈小雅〉，政
事之大者為〈大雅〉。其後鄭玄之《詩譜》云：

> 〈小雅〉、〈大雅〉者，周室居西都豐鎬之時詩也。……其用於樂，
> 國君以〈小雅〉，天子以〈大雅〉，然而饗賓或上取，燕或下就。
> 〔註55〕

他以使用者的身分地位來區別〈大雅〉、〈小雅〉，〈大雅〉乃是天子所用之樂，
〈小雅〉則是諸侯所用之樂；但是也有上取或下就的例外情況。到了朱熹，
他則提出結合音樂與政治的看法：

> 雅者，正也，正樂之歌也。其篇本有大小之殊，而先儒說又各有正
> 變之別。以今考之，正〈小雅〉，燕饗之樂也；正〈大雅〉，會朝之
> 樂，受釐陳戒之辭也。故或歡欣和說，以盡羣下之情；或恭敬齊莊，
> 以發先王之德。〔註56〕

朱熹認為〈雅〉是正樂之歌。〈小雅〉，是燕饗之樂，音樂與歌詞須充滿歡欣
和樂的氣氛，以使賓主盡歡；〈大雅〉則是會朝之樂，受釐陳戒之辭，需要恭
敬莊重，表現出先王德教之莊嚴肅穆。雖然他主要是以音樂來區分，但由〈大

本，其惟周公乎？係之〈豳〉，遠矣哉。』」李光地此處乃承此說法。見〔宋〕
朱熹：《詩集傳》，卷8，頁541。

〔註53〕〔清〕李光地：《榕村全集》，《詩所》，卷2，頁8770～8771。

〔註54〕〔漢〕毛亨傳，鄭玄箋，〔唐〕孔穎達疏：《毛詩正義》，卷1，頁15。

〔註55〕〔漢〕毛亨傳，鄭玄箋，〔唐〕孔穎達疏：《毛詩正義》，卷9，頁1～5。

〔註56〕〔宋〕朱熹：《詩集傳》，卷9，頁543。

雅〉「恭敬齊莊，以發先王之德」來看，朱熹仍是以政治教化的思想爲出發點，企圖將音樂與政治教化結合在一起。

李光地論〈二雅〉，與前人較不同，他是以詩的內容意義作區別：

> 〈雅〉者，朝廷之詩也。……〈雅〉有小大，以義別也。運乎上下之情，聯親疏之懽，其事未遠於〈風〉，是以爲〈小雅〉也。推受命之原，述祖宗之德，其事已近於〈頌〉，是以爲〈大雅〉也。自〈鹿鳴〉至〈菁莪〉，自〈文王〉至〈卷阿〉，皆文、武、成、康之世，周、召輔政之時所作，與〈風〉詩之〈二南〉同，雅之正體，故先儒謂之正雅也。〔註57〕

他將〈雅〉定義爲「朝廷之詩」，並以內容意義區別〈小雅〉、〈大雅〉：〈小雅〉篇章內容較接近〈風〉，主要敘述上下之情誼與聯繫親疏之歡樂；而〈大雅〉則是性質較接近〈頌〉，乃推受命之原與敘述祖宗之德化。所以〈小雅〉自〈鹿鳴〉至〈菁莪〉，〈大雅〉自〈文王〉至〈卷阿〉，這些都是文、武、成、康時期完成的篇章，是〈雅〉之正體，即「正雅」，所以這些篇章的世次是比較沒有問題的。而〈二雅〉其他篇章的世次，李光地是這樣說明的，其言：

> 〈大雅〉自〈卷阿〉以上，文、武、成、康之詩，〈民勞〉以下，屬、宣、幽之詩。……〈雲漢〉、〈崧高〉、〈烝民〉、〈韓奕〉、〈江漢〉、〈常武〉，宣王之詩；〈瞻卬〉、〈召旻〉，明明是說幽王，世次一些不亂。
>
> 〈小雅〉自〈鹿鳴〉至〈菁莪〉，文、武、成、康之詩；〈六月〉以下，則宣王詩。〈節南山〉至〈鼓鐘〉，顯然爲幽、平之詩；乃自〈楚茨〉至〈車舝〉，復起頭似文、武、成、康之詩。〈青蠅〉、〈賓筵〉、〈魚藻〉，似屬王時詩；〈黍苗〉明是宣王詩，〈白華〉明是幽王詩。……朱子疑〈大田〉、〈良耜〉等爲〈幽雅〉、〈幽頌〉，而未嘗言之詳。今觀〈小雅〉〈楚茨〉、〈信南山〉、〈甫田〉、〈大田〉，〈頌〉〈載芟〉、〈良耜〉、〈絲衣〉，皆言幽事，所謂〈幽雅〉、〈幽頌〉。其餘則皆東都之詩，……如此則西京之詩，自文、武以及幽、平；東都之詩，亦自文、武以及幽、平，有條有理，各得其所矣。〔註58〕

他認爲整個〈二雅〉的世次一點都不亂，由文、武、成、康至屬、宣、幽，是極有條理、各得其所的。可整理如下：

〔註57〕〔清〕李光地：《榕村全集》，《詩所》，卷2，頁8795～8796。

〔註58〕〔清〕李光地：《榕村語錄》，卷13，頁221～222。

◎〈大雅〉

· 〈文王〉至〈卷阿〉——文、武、成、康之世，周、召輔政之時所作，為正雅。

· 〈民勞〉至〈桑柔〉——屬王時期之詩。

· 〈雲漢〉、〈崧高〉、〈烝民〉、〈韓奕〉、〈江漢〉、〈常武〉——宣王時期之詩。

· 〈瞻卬〉、〈召旻〉——幽王或東遷以後之詩。

◎〈小雅〉

· 〈鹿鳴〉至〈菁莪〉——文、武、成、康之世，周、召輔政之時所作，為正雅。

· 〈六月〉、〈采芑〉、〈車攻〉、〈吉日〉——宣王以後之詩。

· 〈節南山〉至〈鼓鐘〉——幽王及東遷以後詩。

· 〈楚茨〉至〈車牽〉——文、武、成、康之世時所作，為〈豳雅〉。

· 〈青蠅〉、〈賓筵〉、〈魚藻〉——屬王時期之詩。

· 〈采菽〉至〈黍苗〉——宣王時期之詩。

· 〈白華〉——幽王時期之詩。

而關於〈豳雅〉、〈豳頌〉，他認為朱子有懷疑〈大田〉、〈良耜〉等為〈豳雅〉、〈豳頌〉，只是沒有詳細說明，所以李光地在此特別提出，指出〈小雅〉之〈楚茨〉、〈信南山〉、〈甫田〉、〈大田〉為〈豳雅〉，〈頌〉之〈載芟〉、〈良耜〉、〈絲衣〉為〈豳頌〉，並言此說法「乃前儒所未定，而今創說者。」〔註59〕乃是他繼承朱子，而所提出的創見。

另外，李光地對於「《詩》亡」的看法，在〈讀孟子箚記・離婁篇・孟子曰王者之跡熄而詩亡章〉有提到，他說：

《詩》亡，舊謂東遷無〈雅〉，是〈雅〉亡也。近又或謂西周之〈風〉不傳，是〈風〉亡也。愚竊意二說俱未然，所謂《詩》亡者，〈風〉、〈雅〉俱亡也。蓋東遷以後，天子不巡守，則采風視俗以行慶讓之典廢，而〈風〉亡矣。今〈邶〉、〈鄘〉以下，有東周之詩，乃列國自流傳者，非太師所采，是以不得謂之正〈風〉也。諸侯不述職，則燕勞訓戒以宣恩威之典廢，而〈雅〉亡矣。今自厲、宣以後，皆謂之變〈雅〉而不得為正〈雅〉。況東遷乎？故所謂《詩》亡者，正

〔註59〕〔清〕李光地：《榕村全集》，《詩所》，〈詩所序〉，頁8583。

> 〈風〉正〈雅〉亡，則謂之〈風〉、〈雅〉俱亡可也。慶讓不達於天
> 下，恩威不出於朝廷，於是桓文之徒迭操其柄，而列國之史各言其
> 私，夫子作《春秋》，所以紹〈風〉、〈雅〉之義，寓慶讓恩威之典，
> 存天子之事，黜伯者之專，正列史之繆，此《詩》亡然後《春秋》
> 作之說也。《詩》亡兩字，上要說得與王跡之興替相關，下要說得與
> 春秋之褒貶相切。〔註60〕

關於「《詩》亡」，舊說指因東遷之後無〈雅〉，《詩》亡即是〈雅〉亡；後來
又有所謂《詩》亡即是〈風〉亡的說法。然李光地卻認為，「《詩》亡」指的
乃是「〈風〉、〈雅〉俱亡」。因為自平王東遷之後，周天子之威權地位低落，
禮樂與征伐制度由各國諸侯私自實行，列強爭霸，天下混亂，天子無法巡守，
諸侯不來述職，導致制度不行，故「正〈風〉正〈雅〉亡」，說是〈風〉、〈雅〉
俱亡亦可，因所存乃為變〈風〉、變〈雅〉。

　　可知當天下王道不行，政教不明，僭越之事層出不窮時，就是〈風〉、〈雅〉
俱亡之時，亦是孔子作《春秋》寓褒貶之時。孔子作《春秋》乃是要承紹〈風〉、
〈雅〉德教之義，「寓慶讓恩威之典，存天子之事，黜伯者之專，正列史之繆」，
企圖導正整個混亂的局勢，這是孔子深刻的本意，所以才說「《詩》亡然後《春
秋》作」，使亂臣賊子有所畏懼。李光地最後說「《詩》亡」與王跡之興替、
春秋之褒貶有關，此乃從政教興衰的角度對「《詩》亡」說法寄予深切的含意，
也呼應李光地以政治教化思想內容去界定《詩經》詩篇之屬性，判定各篇章
世次的說法。

第二節　《詩經》中「道」之闡發

　　上節有言，李光地的《詩經》思想帶有政治性考量，他認為孔子刪《詩》
之凡例及保留淫詩的目的，皆是為了導正當時混亂的民風，宣揚文王德化之
教，相當重視《詩經》的教化功能。而《詩經》之教化，乃教人如何涵養自
己的性情，也就是個人如何修身；《大學》所言之修身而至平天下條目的開展，
亦是由個人推及至家庭，再推及至國家，甚至整個天下。李光地認為經中有
道、經中有理，經書中所說之道與理，皆由自身之修身、齊家講起，而至治
國、平天下，《詩經》亦不例外，《詩經》中之「道」，即在闡明修身、齊家、

〔註60〕〔清〕李光地：《榕村全集》，《讀孟子劄記二·離婁篇》，頁4011～4012。

治國、平天下，而後能參天地之化育，達到天人相通的修養道理。李光地對
《詩經》中「道」的此種看法乃是受到朱子的影響，〈二南〉是文王德化之教
的代表，朱子在討論〈周南〉時即說道：

> 〈關雎〉舉其全體而言也。〈葛覃〉、〈卷耳〉言其志行之在己，〈樛
> 木〉、〈螽斯〉美其德惠之及人，皆指其一事而言也。其詞雖主於后
> 妃，然其實則皆所以著明文王身脩家齊之效也。至於〈桃夭〉、〈兔
> 罝〉、〈芣苢〉則家齊而國治之效。〔註61〕

〈周南〉前五篇雖然極力申述后妃之德，但朱子認為后妃之德卻是文王修身
有所成就，德化外推於后妃，故實際上是文王修身齊家，由個人推展到人倫
夫婦的成果。這種解釋朱子亦運用在注解〈鵲巢〉上，其言：

> 南國諸侯被文王之化，能正心脩身以齊其家，其女子亦被后妃之化，
> 而有專靜純一之德，故嫁於諸侯，而其家人美之曰：維鵲有巢，則
> 鳩來居之，是以之子于歸，而百兩迎之也。此詩之意，猶〈周南〉
> 之有〈關雎〉也。〔註62〕

這是一首祝賀新婚之詞，朱子認為這是男女雙方，在文王德教薰陶下，諸侯
被文王之化，女子被后妃之化，修正其性情而結合成家的模範，故給予高度
讚賞。這也是在強調個人修養身心之後，先由人倫夫婦關係開始，推廣至其
他人倫關係，進而達到治國、平天下的目標。朱子將修、齊、治、平道理集
中於〈二南〉，李光地卻認為「道」涵蓋了整部《詩經》，其言：

> 〈風〉者，室家之詩也，〈雅〉者，朝廷之詩也，〈頌〉者，郊社宗
> 廟之詩也。始於室家，行於朝廷，達於郊社宗廟，故曰：「造端夫婦，
> 察乎天地也。」〔註63〕

李光地解〈風〉為室家之詩，〈雅〉為朝廷之詩，〈頌〉為郊社宗廟之詩。由
室家至朝廷，而至郊社宗廟，整個意思表達的就是由個人、夫婦而至天地化
育、天人相通的進程，他又說：

> 《詩經》道理，不出齊家、治國平天下。〈二南〉從齊家起，〈雅〉
> 則治國平天下，〈頌〉則天地位，萬物育，郊焉而天神格，廟焉而人
> 鬼享。然其理不外於修身、齊家，大指如此。〔註64〕

〔註61〕〔宋〕朱熹：《詩集傳》，卷1，頁411。
〔註62〕〔宋〕朱熹：《詩集傳》，卷1，頁411。
〔註63〕〔清〕李光地：《榕村全集》，《詩所》，卷3，頁8795。
〔註64〕〔清〕李光地：《榕村語錄》，卷13，頁221。

認爲《詩經》中之「道」講的就是修、齊、治、平的道理，〈二南〉是由齊家道理開始講起，〈雅〉則是治國平天下的道理，〈頌〉是天地化育的道理，三者所蘊含之道理皆不脫修、齊、治、平而達到天人相通的修養工夫，其中又以個人修身爲根本，這就呼應了本論文中李光地針對《大學》、《中庸》所提出的「知本」、「明性」說：先要從自身，也就是「本」做起，修正身心，見得天性之本，才能盡人物之性，參贊化育。而「本」就是「性」，「知本」就是爲了「明性」，「性」乃是理之總名，是其理學思想之最高本體，而這個本體就是人性，故李光地相當重視人的情性，並認爲修身需要以情性爲本。他提到古代學校及孔門之教皆相當重視《詩經》教育，其言：

> 古者學校四術及孔門之教，皆以《詩》首，爲其近在情性，察於倫
> 理，而及其至也，光四海、通神明，率由是也。〔註65〕

他們重視《詩經》，著重點在於《詩經》抒發情性的功能；《詩經》本就能言志言情，故其內容以抒發情性爲主，若由此情性的抒發，近便可察於倫理，遠甚至是可光四海，通神明。故可得知，此處的情性，不是指單純的一般感情的宣洩與表達。李光地說：

> 其言情，情即性也，聖人盡性，徹上徹下，見到至處。《六經》皆是
> 此理，《詩經》便說得薈萃融浹耳。〔註66〕

他此處提出「情即性」的說法，乃因「性」是其思想最高本體，「情」爲喜怒哀樂之情，「性」是「情」的根據，而「情」是「性」的發用，「情」由「性」而生，「性」則靠「情」而展現，故言「情即性」，其實就是「性即情」，兩者關係密切不可分開。聖人盡性，就是盡情，必須透過盡情的工夫來達到盡性的目的；盡性就是修身，而能達至平天下、天人相通，李光地認爲《六經》講的全是修、齊、治、平的道理，在《詩經》裡說得更完整融合。而他在講《詩經》裡「天生蒸民，有物有則。民之秉彝，好是懿德」四句之註疏時，提到朱子及鄭玄的看法，其言：

> 「天生蒸民」四句，朱子說：「有耳目便有聰明之則，有父子便有慈
> 孝之則，是乃民所執之常性，故其情無不此美德者。」本說得好。
> 康成謂物爲性，謂則爲情，言「天生蒸民」，其中實在有箇性。物，
> 如「爲物不二」之物；所謂性，立天下之有也。惟其有此，所以感

〔註65〕〔清〕李光地：《榕村全集》，《詩所》，〈詩所序〉，頁8579。
〔註66〕〔清〕李光地：《榕村續語錄》，卷3，頁596。

應於外者，都有箇則。他竟於「物」指出仁義禮智之名，於「則」
指出喜怒哀樂之名。惟有「物」，故爲「民之秉彝」；惟有「則」，故
未有好而不在此懿德者。某卻從康成說。〔註67〕

鄭玄在這裡解「物」爲性，解「則」爲情。所謂的性，指的是人本來就有的
仁義禮智之善性，感應於外物，才有喜怒哀樂等情緒的展現。因爲有這個
「性」，才說是「民之秉彝」；有「情」，才說「好是懿德」。此處言盡情當下
也是盡性，與李光地說的「情即性」是同樣看法，故他最後採取鄭玄的說法。

李光地認爲《詩經》內容是情性的抒發與展現，強調先由個人修身開始，
最後能達到天人相通，這就是《詩經》中之「道」。他說：

《六經》皆是言天人相通之理，然猶零碎錯見，惟《詩》全見此意。
〔註68〕

他認爲《六經》講的都是天人相通的道理，然而卻零碎錯落，惟有《詩經》
闡述表達得最完整。而李光地天人相通的道理指的是什麼？其言：

天地神人，以至鳥獸草木，總是一箇性情。雎鳩之摯而有別，麟之
仁厚，草木之榮落翩反，皆天地之性，萬古不變。月落萬川，處處
皆圓，一散爲萬，萬各有一，原自無兩。〔註69〕

他說天地神人乃至鳥獸草木，都是以性情爲本。雎鳩之摯、麟之仁厚、草木
的繁榮枯萎，在在都是天地之性的展現，這是萬古不變的道理，就像月落萬
川，處處皆圓，不論是天地神人或是鳥獸草木，只要盡情盡性，都能與此天
地之道相通，這就是他所謂的天人相通的道理。

李光地《詩經》中之「道」，最終展現爲天人相通，是透過盡情盡性的方
式達到，而在人倫情性之中，又以夫婦之道爲首要，他說：

〈國風〉之首，夫婦正焉；〈小雅〉之首，君臣父子兄弟朋友備矣。
〈大雅〉〈頌〉之首，推祖宗，本天地，此四詩之序也。首造端夫婦
而塞天地者，達乎上下，性情一也。飲食之細也，琴瑟鐘鼓以將之，
尊罍錡釜以豫之，夫婦之道也。然而燕嘉賓，樂兄弟者，此而已矣。
醉鬼神，歆上帝者，此而已矣。是故，能盡飲食男女之道，則導親
疏之歡，通上下之志。廟焉而人鬼享，郊焉而天神至。〔註70〕

〔註67〕　〔清〕李光地：《榕村語錄》，卷13，頁239。
〔註68〕　〔清〕李光地：《榕村續語錄》，卷3，頁595。
〔註69〕　〔清〕李光地：《榕村語錄》，卷13，頁223。
〔註70〕　〔清〕李光地：《榕村全集》，卷2，《經書筆記》，頁70～71。

《詩經》中由〈國風〉、〈小雅〉、〈大雅〉、〈頌〉這樣的次序，表現出來即是人倫情性之中以夫婦爲首要，繼而推及至君臣、父子、兄弟、朋友，最終能充塞天地，達到天人相通的道理。夫婦之道的重要性在於「能盡飲食男女之道，則導親疏之歡，通上下之志」，認爲夫婦之道是通上下之志的根本。他又說：

> 始於夫婦之細，而察乎天地之高深；發於人情之恒，而極乎天載之微妙。夫如是則三百之繁言，四始之宏綱，小大兼舉矣。夫子教人學詩，近則在於牆面，遠則使於四方，要其指則曰可以興，責其效則曰可以言。嗚呼！反之於身而可哉！〔註71〕

由夫婦之道爲基礎，而能察天地高深；這是因爲其爲人情性之所發，而能企極天載微妙的道理。若如此，則夫婦之道爲始所代表的「情性」的發用，便涵蓋了整部《詩經》，而孔子《詩》教的目的也正在此。可知夫婦之道實爲達到天人相通的開端與根本。

李光地論《詩經》中之「道」，主要是在闡述由修身開始而至平天下、天人相通的道理，藉由情性的抒發，涵養自己的本性，並以夫婦之道爲基礎，從而達至最高境界，他這種論點，比較貼近日常生活，讓人可以從人倫關係開始努力，所以他這裡所提出的情性觀點，已經帶有個人道德修養與教化意義了。李光地如此解釋《詩經》，主要是受到宋明理學家影響，他們注重自身修養工夫與涵養性情，並且相當重視《詩經》教化功能，如朱子就說：

> 《詩》本性情，有邪有正，其爲言既知，而吟詠之間，抑揚反覆，其感人又易入。故學者之初，所以興起其好善惡惡之心，而不能自已者，必於此而得之。〔註72〕

《詩經》本就著重性情的抒發，雖然篇章內容有邪有正，然人於吟詠閱讀之間，必受其影響，能興起好善惡惡之心，開啓個人道德修養之入門。其又言：

> 凡《詩》之言，善者可以感發人之善心，惡者可以懲創人之逸志，其用歸於使人得其情性之正而已。〔註73〕

朱子認爲《詩經》的功用在於可以使人「得其情性之正」，透過閱讀《詩經》篇章，可以感發善心，可以讓人警惕流於安逸的心志，使人可以將自身之情

〔註71〕　〔清〕李光地：《榕村全集》，《詩所》，〈詩所序〉，頁8584～8586。
〔註72〕　〔宋〕朱熹：《四書集註》，《論語集註・泰伯》，頁104～105。
〔註73〕　〔宋〕朱熹：《四書集註》，《論語集註・爲政》，頁53。

性導正。朱子不斷強調《詩經》對於人之情性，具有感發效果，能開啓入善之門，能使人注重修養，達到道德生命的完善，而李光地重視《詩經》教化意義亦在此。

李光地之《詩經》思想是具有政治意圖的，他認爲經中有道，故他提出《詩經》中亦有所謂的「道」，而《詩經》中之「道」，乃在闡明《大學》修身、齊家、治國、平天下，而後能參天地之化育，達到天人相通的修養進程。他在闡述《詩經》中之「道」時，深受朱子影響，認爲《詩經》裡主要意涵乃在強調文王德化之教，重視《詩經》政治教化的功能；此外，亦與李光地之理學思想有深刻關聯。他把其理學思想中「知本」、「明性」的觀點，與《詩經》之「情性」觀作結合，帶出修養工夫要從個人修身開始，也就是要以情性爲本，經由盡情、盡性的行爲，達到個人情性的抒發，達到個人道德生命的修養，從而能達到與天人相通的境界。李光地這樣闡述《詩經》中之「道」，把它與政治教化、理學思想結合在一起，就是他經學思想理學化的最好證明。

第三節　對於變〈風〉之看法

上述有言，《詩經》十五國風，傳統說法以〈二南〉爲正〈風〉，〈邶〉以下則爲變〈風〉。李光地對於變〈風〉所提出的看法，主要是關於「思無邪」與「淫詩」以及〈雅〉、〈鄭〉邪正說，他在論述這兩個部分時，參照了宋代的說法，並提出自己的意見，乃因《詩經》學之研究，漢代之後又以宋代爲另一個研究高峰，期間出現了許多相當重要的學者，而李光地只特別提出朱子與呂祖謙作探討，針對二人關於「思無邪」與「淫詩」以及〈雅〉、〈鄭〉邪正說這兩部分之論述加以分析與評說，以下分述之：

一、關於「思無邪」與「淫詩」

《詩經》學之研究，朱子之代表著作爲《詩集傳》，呂祖謙爲《呂氏家塾讀詩記》，這兩本著作影響後代《詩經》學發展頗深。而關於呂祖謙，字伯恭，其學問根基出於家學，師從伯父呂本中，得其學術精要。因呂姓郡望東萊，故世稱東萊先生，爲南宋時期著名的理學家、史學家、教育家和名臣。他自幼跟隨父在福建任所，師從林之奇，後至臨安，師從汪應辰及胡憲。中博學鴻儒科後，曾任太學博士，兼國史院編修官、實錄院檢討官。後因其父去世，

久居明招山守墓服喪。待守喪期滿，因李燾推薦而升任祕書省祕書郎，然因疾病纏身，兩年後便因病過世。

呂祖謙與張栻、朱子過從甚密，並稱「東南三賢」，曾與朱子一同講學於浙江浦江的月泉書院。他首開書院會講之例，邀請朱子、陸九淵等人參加名爲「鵝湖之會」的學術會議，陳亮甚尊其爲「道德一世師表」。

呂祖謙的著述甚豐，今存者有《東萊集》四十卷、《古周易》一卷、《呂氏家塾讀詩記》三十二卷、《春秋左氏傳說》二十卷、《續左氏傳說》十二卷、《東萊博議》二十五卷、《大事記》十二卷、《書說》三十五卷等。他的《呂氏家塾讀詩記》，長期以來一直被視爲擁護《詩序》的守舊派代表作，其書性質屬於集解體，將對《詩序》的詮釋作爲理解詩義的核心概念，並掌握其時代意義，著重於義理意旨之闡發。且書中蒐羅諸家之解說，其所選錄之說法不僅只在纂輯資料而已，更是呂祖謙自己意見的反映，故對於《詩經》學發展具有相當的影響。近代對此書的評價兩極：反對派評論其解《詩》態度過於保守，無法突破《詩序》舊有看法；贊成一方卻認爲該書突破了過去對《毛傳》與鄭《箋》的解釋，掌握了其時代脈絡及思潮。

朱、呂二人雖然私交甚篤、學術往來密切，然對於《詩經》之看法卻不盡相同。明代顧起元在〈呂氏家塾讀詩記序〉裡，就提出兩者的論述差異，其言：

> 文公取夾漈鄭氏詆諆〈小序〉之說，多斥毛、鄭，而以己意爲之序；成公則尊用〈小序〉，且謂《毛詩》率與經傳合，爲獨得其眞，其異一也。文公釋「思無邪」，謂勸善懲惡，究乃歸正，非作詩之人皆無邪；成公則直謂詩人以無邪之思作之云耳，其異二也。文公以〈桑中〉、〈溱洧〉即是〈鄭〉、〈衛〉，二雅乃名爲〈雅〉；成公則謂二詩并是《雅》聲，彼桑間、濮上，聖人固已放之，其異三也。文公以〈二南〉房中之樂，正大、小〈雅〉朝廷之樂，〈商頌〉、〈周頌〉宗廟之樂，〈桑中〉、〈溱洧〉之倫，不可以薦鬼神，御賓客；成公則謂凡詩皆〈雅〉樂也，祭祀聘享皆用之，惟桑濮鄭衛之音乃世俗所用，元不列於三百篇數，其異四也。〔註74〕

〔註74〕〔明〕顧起元：〈呂氏家塾讀詩記序〉，〔清〕朱彝尊：《經義考》，卷107，《景印文淵閣四庫全書》，第678冊，頁13a～14b。

他認爲朱、呂二人的看法有歧異，主要是有四個部分：第一是關於是否尊用〈小序〉與《毛詩》。二則是針對孔子所提出之「思無邪」的闡釋。第三是關於〈鄭〉、〈衛〉之詩是屬於雅樂還是鄭聲，也就是「〈雅〉、〈鄭〉邪正」的問題。第四則是《詩經》中之篇章，可否全數用於祭祀聘享的問題。這四個部分，第二點與第三點是探討《詩經》學義理思想之重點核心，也就是關於《詩經》中「淫詩」是否存在的觀點，然而兩人分岐之說法，孰是孰非，一直未有定論。

首先，關於「思無邪」一詞，源於〈魯頌・駉〉〔註75〕，亦見於《論語・爲政》：

> 子曰：「《詩》三百，一言以蔽之，曰：『思無邪』。」〔註76〕

孔子用「思無邪」一詞來概括《詩經》特色與思想，而朱子與呂祖謙對於「思無邪」闡釋方式不盡相同。朱子在註解《論語・爲政》時提到：

> 思無邪，《魯頌・駉》篇之辭。凡《詩》之言，善者可以感動人之善心，惡者可以懲創人之逸志，其用歸於使人得其情性之正而已。然其言微婉，且或各因一事而發，求其直指全體，則未有若此之明且盡者，故夫子言《詩》三百篇，而惟此一言足以盡其義，蓋其示人之意亦深切矣。〔註77〕

他說《詩經》之篇章內容，好的可以感動人之善心，壞的可以讓人警惕流於安逸的心志，最後目的都是要導人爲正。然而《詩經》所用言詞委婉，內容繁雜，故孔子以「思無邪」一詞來概括《詩》三百整個涵意，彰顯《詩經》教化人心的深切意義。此外朱子又說：

> 夫子之言，正謂其有邪正美惡之雜，故特言此，以明其皆可以懲惡勸善，而使人得其情性之正耳，非以〈桑中〉之類亦以無邪之思作之也。〔註78〕

〔註75〕 〈魯頌・駉〉：「駉駉牡馬，在坰之野。薄言駉者：有驕有皇，有驪有黃，以車彭彭。思無疆，思馬斯臧。駉駉牡馬，在坰之野。薄言駉者：有騅有駓，有騂有騏，以車伾伾。思無期，思馬斯才。駉駉牡馬，在坰之野。薄言駉者：有驒有駱，有騮有雒，以車繹繹。思無斁，思馬斯作。駉駉牡馬，在坰之野。薄言駉者：有駰有騢，有驔有魚，以車祛祛。思無邪，思馬斯徂。」這是歌頌魯僖公養馬眾多，注意國家長遠利益的詩；而「思無疆」、「思無期」、「思無斁」、「思無邪」等三字句，是全詩關鍵，把馬群的存在歸功於僖公英明正直、深謀遠慮。程俊英、蔣見元：《詩經注析》，〈魯頌・駉〉，頁997～1001。
〔註76〕 楊伯峻譯注：《論語譯注》，〈爲政〉，頁11。
〔註77〕 〔宋〕朱熹：《四書集註》，《論語集註・爲政》，頁53～54。
〔註78〕 〔宋〕朱熹：《詩集傳》，〈詩序辨說〉，頁365～366。

孔子講「思無邪」的目的，在於言明《詩經》內容邪正混雜，要讀者以無邪
之思去感受，才能達到懲惡勸善、端正情性的效果，並非是說《詩經》裡如
〈桑中〉之類的淫詩也屬無邪思之作。而朱子在〈讀呂氏詩記桑中篇〉中明
確提出其如何解讀「思無邪」一詞，其曰：

> 孔子之稱「思無邪」也，以爲《詩》三百篇，勸善懲惡，雖其要歸
> 無不出於正，然未有若此言之約而盡者耳，非以作《詩》之人所思
> 皆無邪也。今必曰：「彼以無邪之思，鋪陳淫亂之事，而憫惜懲創之
> 意，自見於言外」，則曷若曰：「彼雖以有邪之思作之，而我以無邪
> 之思讀之」，則彼之自狀其醜者，乃所以爲吾警懼懲創之資耶？而況
> 曲爲訓説，而求其無邪於彼，不若反而得之於我之易也；巧爲辨數，
> 而歸其無邪於彼，不若反而責之於我之切也。〔註79〕

朱子認爲孔子之所以會以「思無邪」來概括整部《詩經》的思想，主要是因
爲《詩》三百用意是要勸人爲善，並使惡人引以爲戒，使不正歸於正。然而
《詩經》的內容並不全都是「無邪」的，因爲每首詩的作者想法不一定都無
邪念。所以朱子認爲必須要從讀者的角度出發，「彼雖以有邪之思作之，而我
以無邪之思讀之」，讀者需要保持自己「思無邪」去讀《詩》，這樣才能達到
警懼的作用。更何況若是要求作者都要以無邪之思去創作，不若反求諸己，
使自己保持無邪之思才是良策。

　　朱子一再強調「思無邪」指的乃是讀者「思無邪」，是站在讀者的立場去
解讀；而呂祖謙則認爲應該由創作者與讀者兩者的角度去解釋，其言：

> 仲尼謂：「《詩》三百，一言以蔽之曰：思無邪！」詩人以無邪之思
> 作之，學者亦以無邪之思觀之。閔惜懲刱之意，隱然自見於言外矣！
>
> 〔註80〕

「思無邪」指的是創作者以無邪之思去創作詩歌，讀詩之人亦應以無邪之思
去研讀，這樣才能體會詩中隱含閔惜懲創之深意。故呂祖謙認爲創作者與讀
者，兩者皆應「思無邪」才行。

　　然而由於朱子與呂祖謙對「思無邪」的看法不一，連帶引申出來的是關
於《詩經》內容思想之探討，也就是「淫詩」的問題。兩人對於《詩經》中

〔註79〕　〔宋〕朱熹著，陳俊民校訂：《朱子文集》，卷70，〈讀呂氏詩記桑中篇〉，頁
　　　　　3494。
〔註80〕　〔宋〕呂祖謙：《呂氏家塾讀詩記》，臺北：新文豐出版股份有限公司，1984
　　　　　年，卷5，頁96。

是否存在「淫詩」，意見亦有分岐，可由他們對於《詩經》篇章之解讀見其端倪。如〈桑中〉、〈溱洧〉二首，朱子就說：

> 〈桑中〉、〈溱洧〉乃淫奔者所自作。〔註81〕

朱子認為〈桑中〉、〈溱洧〉乃淫奔者所作，為淫奔之詩。又曰：

> 今必曰「三百篇皆〈雅〉」，而大小〈雅〉不獨為〈雅〉，〈鄭風〉不為〈鄭〉，〈邶〉、〈鄘〉、〈衛〉之風不為衛，〈桑中〉不為桑間，亡國之音，則其篇帙混亂，邪正錯糅，非復孔子之舊矣。〔註82〕

他以為《詩經》篇章混亂，邪正夾雜，已經不全然是正風〈風〉、正〈雅〉，裡頭存在許多淫詩，乃作者心思不正導致，故他才主張讀者需要「思無邪」去讀《詩》，才能探究《詩經》篇章之深意。而呂祖謙則跟他持相反意見，認為〈桑中〉、〈溱洧〉不是淫詩，他在《呂氏家塾讀詩記》論〈桑中〉、〈溱洧〉二首時便說：

> 〈桑中〉、〈溱洧〉諸篇，幾於勸矣！夫子取之，何也？曰：「《詩》之體不同，有直刺之者，〈新臺〉之類是也；有微諷之者，〈君子偕老〉之類是也；有鋪陳其事，不加一辭而意自見者，此類是也。」或曰：「後世狹邪之樂府，冒之以此詩之敘，豈不可乎？」曰：「仲尼謂：『《詩》三百，一言以蔽之曰：思無邪！』詩人以無邪之思作之，學者亦以無邪之思觀之。閔惜懲刱之意，隱然自見於言外矣！」或曰：「〈樂記〉所謂桑間、濮上之音，安知非即此篇乎？」曰：「《詩》，雅樂也。祭祀朝聘之所用也。桑間、濮上之音，〈鄭〉、〈衛〉之樂也，世俗之所用也。〈雅〉、〈鄭〉不同部，其來尚矣。……雖今之世，太常教坊，各有司局，初不相亂，況上而春秋之世，寧有編鄭、衛樂曲於雅音中之理乎？〈桑中〉、〈溱洧〉諸篇，作於周道之衰，其聲雖已降於煩促，而猶止於中聲，荀卿獨能知之，其辭雖近於諷一勸百，然猶止於禮義，〈大序〉獨能知之。仲尼錄之於經，所以謹世變之始也。借使仲尼之前，〈雅〉、〈鄭〉果嘗龐染，自衛反魯，正樂之時，所當正者，無大於此矣。《論語》答顏子之問，乃孔子治天下之大綱也，於鄭聲亟欲放之，豈有刪詩，示萬世，反收鄭聲以備六藝乎？」〔註83〕

〔註81〕 〔宋〕朱熹：《詩集傳》，〈詩序辨說〉，頁364。
〔註82〕 〔宋〕朱熹著，陳俊民校訂：《朱子文集》，卷70，〈讀呂氏詩記桑中篇〉，頁3495。
〔註83〕 〔宋〕呂祖謙：《呂氏家塾讀詩記》，卷5，頁96～97。

認為《詩經》中之詩有許多體例，有直刺、微諷、鋪陳等，〈桑中〉、〈溱洧〉就是屬於鋪陳一類，作者在創作時並無帶邪念，乃單純陳述事實，進而對事件加以諷刺。而對於朱子將〈桑中〉、〈溱洧〉歸類為〈樂記〉所言桑間、濮上之音，呂祖謙採否定態度，乃因《詩經》內容皆為雅樂，用於祭祀朝聘，若〈桑中〉、〈溱洧〉為桑間、濮上之音，太常教坊是不可能會把鄭、衛樂曲編入於雅音之中，故他認為桑間、濮上另有其音。此外，〈桑中〉、〈溱洧〉作於周道衰微之時，雖有煩促的缺點，但仍屬諷刺之作，合於雅樂。最後他又舉了孔子為例，認為孔子之所以會選錄像〈桑中〉、〈溱洧〉這類的作品入《詩》，是要警惕人們世道開始變化；且若在孔子之前，《詩經》已有沾染龐雜，孔子正樂時不可能沒注意到，更不可能還把鄭聲收入《詩經》中了。所以呂祖謙認為《詩經》三百篇皆為〈雅〉，是不可能會有所謂的淫奔之詩。

　　然關於呂祖謙所提〈桑中〉、〈溱洧〉屬於鋪陳一類體例，朱子提出了反駁，其言：

> 《詩》體不同。固有鋪陳其事，不加一辭而意自見者，然必其事之猶可言者，若〈清人〉之詩是也。至於〈桑中〉、〈溱洧〉之篇，則雅人莊士有難言之者矣。〔註84〕

他認為《詩經》作品本就有鋪陳體例的用法，但前提是該件事必定有值得討論的意義與價值；至於像〈桑中〉、〈溱洧〉之類的篇章，是不值得討論的，否定其內容價值，具有鄙夷意味。

　　朱子與呂祖謙對於「思無邪」與「淫詩」有各自的看法，李光地對於他們的說法加以分析，並提出評說。首先，是關於「思無邪」的解讀，李光地說：

> 朱子與東萊呂氏反復辨難，其差在此。〔註85〕

他認為這是朱子與呂祖謙反覆辯論的重點。而李光地對於朱子看法又是如何解讀？其言：

> 《詩》三百章，依朱子說，則當以「無」字與「毋」通，禁止辭也。言《詩》之為教，歸於使人禁止其邪思，故雖有三百之多，而《魯頌》一言可以蔽其指也。〔註86〕

〔註84〕　〔宋〕朱熹著，陳俊民校訂：《朱子文集》，卷70，〈讀呂氏詩記桑中篇〉，頁3494。

〔註85〕　〔清〕李光地：《榕村全集》，卷24，《講義二・論語詩三百章》，頁1216。

〔註86〕　〔清〕李光地：《榕村語錄》，卷2，頁24。

然則何以處夫無邪之說。曰：「無」者，猶「毋」也，禁止之也。詩
教如此，非概詩辭也。〔註87〕

他認為若依照朱子所說，所謂「思無邪」指的乃是讀者「思無邪」，讀者需要
保持自己心思無邪念去讀《詩》，那麼「無」字應該與「毋」通，是禁止的意
思；這種說法源自於朱子，其言：

「無」，古本作「毋」。〔註88〕

毋，《史記》作「無」是也。〔註89〕

朱子在《論語集註》註解〈子路〉、〈子罕〉時分別都以「毋」來解「無」。李
光地採用此種看法，他說：

《集注》「無」與「毋」通，為禁止之辭。先儒以《禮》之「毋不敬」
證之，其義甚精。言《詩》之教如此也。〔註90〕

「思無邪」三字，與「毋不敬」三字語氣相似，皆當作戒詞看。則
文意自然明白。《詩》三百亦刪後之詩，所以垂世而立教者，纏道詩
字便有「詩教」二字在裡面，非尋常歌謠絃頌之詩也。〔註91〕

「思無邪」與「毋不敬」三字語氣相似，皆當作戒詞看，這樣文意就自然明
白。如此，則「思無邪」即是禁止人心思產生邪念，最終也就歸於使讀《詩》
之人能將心中之不正導於正，這乃是《詩》教之作用。因而李光地說：

《詩》三百，一言以蔽之曰「思無邪」。非言作詩之人性情無邪。亦
非言詩之辭義無邪。蓋言詩之為教所以禁止人邪心而已。「無」字亦
當與「毋」通。夫子言《詩》三百篇，而其為教，則可以一言蔽其
義，不過禁止人之邪心而已。〔註92〕

李光地認為所謂「思無邪」，不是指作者之性情無邪，也不是指《詩》之內容
無邪；而是強調《詩經》教化的功用，透過讀《詩》，可以禁止人產生邪心，
將心之惡導歸於正。故《詩》三百用「思無邪」概括其義，講的不過都是禁
止人產生邪心的道理罷了。然而李光地又說：

〔註87〕〔清〕李光地：《榕村全集》，卷15，〈朱呂說詩論〉，頁805。

〔註88〕〔宋〕朱熹：《四書集註》，《論語集註‧子路》，頁141。

〔註89〕〔宋〕朱熹：《四書集註》，《論語集註‧子罕》，頁109。

〔註90〕〔清〕李光地：《榕村全集》，《讀論語劄記一‧為政篇》，頁3839。

〔註91〕〔清〕李光地：《榕村全集》，卷24，《講義二‧論語詩三百章》，頁1216。

〔註92〕〔清〕李光地：《榕村全集》，卷24，《講義二‧論語詩三百章》，頁1215。

夫子所謂「思無邪」者，蓋言《詩》之教，使人如此，非必其言粹
然一出於正也。〔註93〕

他認為人可以受到《詩》教，保持端正無邪之心，因此就算《詩》之篇章內容不屬於「正」，或是淫詩，讀者讀完後亦是可以將心導歸正途。

　　筆者認為李光地此種說法，太過看重《詩》教的功用，太過低估「人心」的變化。假若讀者以無邪之思去讀淫詩，是否能保證讀完該詩後，其心思完全不會產生邪念？抑或是若是產生邪念，其最終將心導正的原則與關鍵又是什麼？李光地並沒有細說。他的這種解讀方式，將使人心之歸善無所依據，而流於空虛之弊。由此可看出，李光地在闡釋《詩經》內容思想時，不僅從程朱理學角度分析，更會參雜入陸王心學之色彩，這是其思想駁雜之處。

　　而李光地對於呂祖謙「思無邪」的看法，有認同也有反對。呂祖謙認為作者以無邪之思去創作詩歌，讀詩之人亦應以無邪之思去研讀，因而《詩經》裡是不存在淫詩的。李光地則對此反駁道：

《詩》舊說謂三百篇皆賢人所作，……其釋義也，非美則刺，蓋如
〈風〉詩鄭、衛之國，則以其淫亂之言，為譏他人之作。〔註94〕

他說《詩》三百篇章內容，其中隱含非美即刺的意義，如〈國風〉裡〈鄭〉、〈衛〉等淫詩，就是用淫亂之言來達到譏諷他人的目的，所以李光地是認為《詩》三百是有淫詩之存在。又言：

若言作詩之人思皆無邪，則如〈鄭〉、〈衛〉許多篇什，〈序文〉雖以
刺淫釋之，然極有辭意穢褻不似諷刺者，真不可通也。〔註95〕

他認為「思無邪」並不是如呂祖謙所言為作詩之人性情無邪，若是如此，那麼那些〈鄭〉、〈衛〉淫詩篇章，雖然〈毛序〉以「刺淫」來為其解釋，然詩裡頭還是存在許多辭意穢褻的部分，這就無關諷刺了。故李光地認為若呂祖謙言「思無邪」為作者以無邪之思作詩，就與《詩經》內容互相矛盾了。雖說如此，但李光地本身也很矛盾，他又說：

然謂作詩之人自無邪思者，亦不為無理，蓋《詩》為夫子所刪，
則黜棄者多矣，其存者必其醇者也，雖有〈鄭〉、〈衛〉淫泆之詩，

〔註93〕〔清〕李光地：《榕村全集》，《讀論語劄記一・為政篇》，頁3840。
〔註94〕〔清〕李光地：《榕村全集》，《讀論語劄記一・為政篇》，頁3839。
〔註95〕〔清〕李光地：《榕村全集》，卷24，《講義二・論語詩三百章》，頁1216。

較之全編，殆不能什之一，則從其多者而謂之「思無邪」也可矣。
〔註96〕

他此處卻又以爲「然謂作詩之人自無邪思者，亦不爲無理」，說是作者無邪思也不無道理；孔子既然刪《詩》，三百篇裡絕大部分都是有教化意義的，雖然有〈鄭〉、〈衛〉等淫詩，然所占比例不多，故由整體角度去評論《詩經》，說《詩經》裡之篇章爲無邪思作者之創作也是可以的。此外他說：

〈鄭〉、〈衛〉之在詩也，不逾十之一。淫者之詩，之在〈鄭〉、〈衛〉也，其灼灼著者，亦十之一耳。然則悖於禮而傷於教，必不可云無邪者，才百一也，何害夫全詩之爲性情之正。〔註97〕

雖然謂《詩》之無邪者，未可盡非也。聖人之以一言蔽者，概言《詩》之正者多而已矣。〔註98〕

淫詩篇幅很少，〈鄭〉、〈衛〉篇章不過占《詩經》十分之一，淫詩在〈鄭〉、〈衛〉裡也大概占十分之一，也就是淫詩大概占《詩經》百分之一而已，其內容也的確是悖禮傷教，不可謂之無邪，然李光地認爲不用因爲小比例之淫詩，而損害《詩經》整體端正情性的詩教作用與「思無邪」的意義。故他以爲孔子以「思無邪」一詞概括《詩經》，也是以其雅正篇章佔大部分的緣故。

李光地分析朱子與呂祖謙對「思無邪」之看法，雖然他認同朱子以「毋」解「無」，「思無邪」最終目的是使人不要產生邪思，將不正導於正；也認爲呂祖謙用無邪之思來解讀「思無邪」未嘗不可，李光地還是提出他自己的看法，他認爲「思無邪」應該解釋爲「思無餘」，其曰：

「邪」字，古多作「餘」解，《史記》、《漢書》尚如此。「思無邪」，恐是言思之周盡而無餘也。觀上「無疆」、「無期」、「無斁」，都是說思之深的意思。〈邶〉之〈北風〉亦作「餘」解。古人曆法拙，閏月必定在十二月，故曰「閏者，歲之餘；虛者，朔虛也」。言冬月將盡，而歲餘亦將終，比北風、雨雪又急矣。但「思無邪」，從來都是說是「邪正」之邪，故《詩所》亦姑依之，不欲破盡舊解。其實他經說道理學問，至世事人情，容有搜求未盡者，惟《詩》窮盡事物曲折，情僞變幻，無有遺餘，故曰「思無邪」也。〔註99〕

〔註96〕〔清〕李光地：《榕村語錄》，卷2，頁24。
〔註97〕〔清〕李光地：《榕村全集》，卷15，〈朱呂說詩論〉，頁805。
〔註98〕〔清〕李光地：《榕村全集》，卷1，《觀瀾錄·經》，頁18。
〔註99〕〔清〕李光地：《榕村語錄》，卷13，頁243。

他說「邪」字，古代多解為「餘」，《史記》、《漢書》都是如此。所以「思無邪」應該是「思之周盡而無餘」。他先舉了〈魯頌・駉〉〔註100〕之「無疆」、「無期」、「無斁」，也都是思之深的意思；後舉〈邶風・北風〉〔註101〕之「其虛其邪？既亟只且」，「邪」也是作「餘」解釋，故「思無邪」應該為「思無餘」，思之周盡而無餘的意思。雖然舊說「思無邪」之「邪」，都說是「邪正」之邪，但李光地認為其他經書中的道理學問，以至於世事人情，都還有搜求未盡之處；只有《詩經》能窮盡事物曲折，情偽變幻，沒有遺漏，乃「思之周盡而無餘」，故以此說法解「思無邪」最為恰當。李光地認同朱子之講法，也不否定呂祖謙之說，可見他對於「思無邪」之解釋應與二人無太大差異，而此處提出以「餘」解「邪」的說法，李光地卻以其「無有遺餘」之意，詮釋了他主張《詩》以情性為本，必須盡情性以完成個人生命修養境界的論點，這可謂是李光地《詩經》義理內涵之系統全貌，故不難理解。

其次，關於《詩經》中是否存在淫詩以及〈桑中〉、〈溱洧〉是否為淫詩的問題，李光地也作了解說。朱子認為〈桑中〉、〈溱洧〉乃淫奔者所作，為淫奔之詩，呂祖謙則跟他持相反意見，認為〈桑中〉、〈溱洧〉不是淫詩。李光地是贊同朱子的，其言：

> 其詞意顯然不可掩覆，如〈桑中〉、〈溱洧〉，乃為淫詞無疑。〔註102〕

他明確指出若就〈桑中〉、〈溱洧〉之內容而言，實為淫詩無誤。而他在解〈桑中〉時說：

> 〈桑中〉三章，此類之詩，〈序〉皆以為刺時也。夫勸百諷一，猶或非之，豈有自比於亂，而設淫辭，始終無微文深意之可思者。而曰所以刺時，必不然矣。朱子與呂氏往復終不合者以此，其記〈桑中篇〉，辨論詳矣。〔註103〕

〔註100〕〈魯頌・駉〉之內容詳見註360。

〔註101〕〈邶風・北風〉：「北風其涼，雨雪其雱。惠而好我，攜手同行。其虛其邪？既亟只且！北風其喈，雨雪其霏。惠而好我，攜手同歸。其虛其邪？既亟只且！莫赤匪狐，莫黑匪烏。惠而好我，攜手同車。其虛其邪？既亟只且！」這是人民不堪衛國虐政，招呼朋友共同逃亡的詩。程俊英、蔣見元：《詩經注析》，〈邶風・北風〉，頁112～115。

〔註102〕〔清〕李光地：《榕村語錄》，卷2，頁24。

〔註103〕〔清〕李光地：《榕村全集》，《詩所》，卷1，頁8660。

〈詩序〉以為〈桑中〉為諷刺時政之作，然而詩中卻無任何深意值得令人警惕深思，應為淫辭。而朱子與呂祖謙也對此點有所爭論，朱子在〈讀呂氏詩記桑中篇〉一文中已辯說詳細。李光地雖然贊同朱子淫奔之詩的看法，但他也提出懷疑的地方，其言：

> 就〈鄭〉、〈衛〉之中，亦有未必淫詩，而朱子姑意之者，〈風雨〉、〈子矜〉之類是也。〔註104〕

> 惜乎朱子改之未盡，如〈風雨〉、〈子矜〉尚可不以淫解之。〔註105〕

他認為未必〈鄭〉、〈衛〉之篇章就一定全是淫詩，朱子太過誇大所謂淫詩的標準與範圍。李光地就指出〈風雨〉、〈子矜〉兩篇不可以淫詩來看待。他說：

> 〈風雨〉三章，〈序〉謂思君子者可從。蓋以「風雨」、「雞鳴」為興也。雞之知時，或有東方微蒙之景，則感之而鳴，然風雨冥晦，且無星月之光，而雞鳴之節不改也。鄭俗昏亂，而猶有心知禮義，獨為言行而不失其操者，是以同道者見而喜之。〔註106〕

> 〈子矜〉三章，〈序〉謂刺學校。朱傳謂淫奔者。詳詩意俱無顯證，或亦朋友相思念之辭爾。〔註107〕

〈風雨〉以「風雨」、「雞鳴」起興，在講身處亂世不改其節操之君子風範，故李光地認為可以〈風雨〉應順從〈詩序〉之說法，為讚揚君子高尚之氣節。而〈子矜〉該篇，〈詩序〉謂其意在諷刺學校，朱子說其為淫奔之詩，然李光地卻以為詩中並無明確證據證明其意，或許只是在寫朋友互相思念的心情而已。

李光地認為《詩經》中淫詩之存在，是有深切意義的，其言：

> 大抵自古學者，以三百之刪，皆經聖手，而又有「思無邪」之一言，不應復有鄙褻混襍其間。夫刪詩之義，猶之作《春秋》也，《春秋》何嘗沒亂賊之迹哉？著之者戒之也。況又有善惡之相形，禍福治亂之相應，《春秋》成而懼，詩三百而皆可以興者此矣。無猶母也。思無邪，戒辭也。言學詩者以辨邪正為急，猶學《春秋》者以正名分為先。〔註108〕

〔註104〕〔清〕李光地：《榕村語錄》，卷2，頁24。
〔註105〕〔清〕李光地：《榕村語錄》，卷13，頁229。
〔註106〕〔清〕李光地：《榕村全集》，《詩所》，卷2，頁8705～8706。
〔註107〕〔清〕李光地：《榕村全集》，《詩所》，卷2，頁8706。
〔註108〕〔清〕李光地：《榕村全集》，《詩所》，卷1，頁8660～8661。

雖然《詩經》經過孔子之手，又以「思無邪」一詞概括其義，然其中仍是
存在淫詩的。孔子刪詩之義，猶如其作《春秋》，《春秋》中仍有亂臣賊子
的描述，乃是著者欲人有所警惕，所以才說《春秋》成而亂臣賊子懼。而
《詩經》中淫詩的存在亦是同樣道理，想要讓讀《詩》者能辨別邪正，所
以「思無邪」應該是戒辭，作爲警惕之用，而不是指詩的內容全爲雅正之
辭。

二、關於「〈雅〉、〈鄭〉邪正」說

　　朱子與呂祖謙辯論《詩經》中淫詩是否存在，亦有涉及到詩篇配樂的問
題，也就是到底是「詩」淫或是「聲」淫？這個爭論來自孔子在《論語》中
的這段敘述：

　　　　顏淵問爲邦。子曰：「行夏之時，乘殷之輅，服周之冕，樂則〈韶〉、
　　　　〈舞〉。放鄭聲，遠佞人。鄭聲淫，佞人殆。」〔註109〕

顏淵問怎麼治理一個國家，孔子說：「用夏朝的曆法，坐殷朝的車子，戴周朝
的禮帽，音樂則用〈韶〉、〈舞〉。捨棄鄭國的樂曲，遠離奸佞小人。鄭國樂曲
靡曼淫穢，靠近小人則有危險。」此段重點是「鄭聲淫」這三個字，孔子講
「鄭聲淫」，指的是「聲」淫，乃音樂淫靡；而朱子與呂祖謙卻分別有不同看
法，因而有所謂的「〈雅〉、〈鄭〉邪正」〔註110〕說的論點。「〈雅〉、〈鄭〉邪正」
說指的是關於《詩經》篇章與所配音樂是「雅正」還是「淫邪」的問題。朱
子在與呂祖謙的書信往來中提到，其言：

　　　　問：「《讀詩記》中所言〈雅〉、〈鄭〉邪正之言何也？」曰：「〈鄭〉、
　　　　〈衛〉之音便是。今〈邶〉、〈鄘〉、〈鄭〉、〈衛〉之詩多道淫亂之事，
　　　　故曰：『鄭聲淫』。聖人存之，欲以知其風俗，且以示戒，所謂《詩》
　　　　可以觀者也，豈以其詩爲善哉？伯恭謂《詩》皆賢者所作，直陳其

〔註109〕楊伯峻譯注：《論語譯注》，〈衛靈公〉，頁173。

〔註110〕「〈雅〉、〈鄭〉邪正」爲朱子所言，他在〈呂氏家塾讀詩記後序〉云：「雖然，
　　　　此書所謂朱氏者，實熹少時淺陋之說，而伯恭父誤有取焉。其後歷時既久，
　　　　自知其說有所未安，如〈雅〉、〈鄭〉邪正之云者，或不免有所更定，則伯恭
　　　　父反不能不置疑於其間，熹竊惑之。方將相與反復其說，以求真是之歸，而
　　　　伯恭父已下世矣。嗚呼，伯恭父已矣！若熹之衰頹汩沒，其勢又安能復有所
　　　　進，以獨決此論之是非乎？」〔宋〕朱熹著，陳俊民校訂：《朱子文集》，卷
　　　　76，〈呂氏家塾讀詩記後序〉，頁3807。

事，所以示譏刺。熹嘗問伯恭，如伯恭是賢者，肯作此等詩否？且如今人有作詩譏刺人者，在一鄉爲一鄉之擾，在一州爲一州之惡，安得謂之好人？伯恭以爲《詩》三百篇皆可被之絃歌，用之饗祀，今以〈鄭〉〈衛〉之詩奏之郊廟，豈不褻瀆？用以享幽、厲、褒姒乃可耳，施之賓客燕饗亦待好賓客不得，須遇齊襄、陳靈之徒乃可歌此耳。不止〈鄭〉、〈衛〉，其餘亦有正有邪。〔註111〕

朱子認爲〈鄭〉、〈衛〉之音淫靡，而「〈邶〉、〈鄘〉、〈鄭〉、〈衛〉之詩多道淫亂之事」，所以孔子曰「鄭聲淫」，保留這些淫詩是爲了要使後人有所警戒，因此在《詩經》裡篇章不一定皆爲雅正，還是有淫詩存在。這種看法，可以解讀爲朱子把「詩」與「聲」結合在一起，《詩經》篇章與所配音樂是一體的，「鄭詩淫」也就是「鄭聲淫」；且除了〈鄭〉、〈衛〉之詩外，其他篇章與音樂亦有雅正有淫邪。其又曰：

若夫〈雅〉也，〈鄭〉也，〈衛〉也，求之諸篇固各有其目矣：〈雅〉則大、小雅若干篇是也，〈鄭〉則〈鄭風〉若干篇是也，〈衛〉則〈邶〉、〈鄘〉、〈衛風〉若干篇是也。是則自衛反魯以來未之有改。〔註112〕

朱子認爲《詩經》中雅正、淫邪篇章各有所屬，各自存在，孔子沒有更改過，因此孔子並沒有「放鄭聲」，還是保留淫詩。又曰：

〈雅〉者，二雅是也。〈鄭〉者，〈緇衣〉以下二十一篇是也。〈衛〉者，〈邶〉、〈鄘〉、〈衛〉三十九篇是也。桑間，〈衛〉之一篇〈桑中〉之詩是也。〔註113〕

他認爲雅正之音的代表就是〈大雅〉、〈小雅〉等篇章；而鄭、衛之淫聲則爲〈緇衣〉以下二十一篇及〈邶〉、〈鄘〉、〈衛〉三十九篇；桑間之音爲〈桑中〉篇。桑間、濮上之音乃亡國之音，他在此以淫聲代指淫詩，可見其淫聲等同於淫詩了。朱子結合「詩」與「聲」來論證《詩經》裡淫詩之存在。而呂祖謙卻持相反意見，他不認爲《詩經》中存在淫詩，主張「詩」與「聲」是不同的，所以他認爲是「鄭聲淫」而不是「鄭詩淫」，詩篇不應該與配樂相混淆。此外他又說：

〔註111〕〔宋〕朱鑑：《詩傳遺說》，卷2，頁4下5上／18～19。
〔註112〕〔宋〕朱熹著，陳俊民校訂：《朱子文集》，卷70，〈讀呂氏詩記桑中篇〉，頁3494～3495。
〔註113〕〔宋〕朱熹：《詩集傳》，〈詩序辨說〉，頁365。

《詩》，雅樂也。祭祀朝聘之所用也。桑間、濮上之音，〈鄭〉、〈衛〉
之樂也，世俗之所用也。〈雅〉、〈鄭〉不同部，其來尚矣。戰國之際，
魏文侯與子夏言古樂、新樂；齊宣王與孟子言古樂、今樂，蓋皆別
而言之。……借使仲尼之前，〈雅〉、〈鄭〉果嘗龐染，自衛反魯，正
樂之時，所當正者，無大於此矣。《論語》答顏子之問，乃孔子治天
下之大綱也，於鄭聲亟欲放之，豈有刪詩，示萬世，反收鄭聲以備
六藝乎。〔註114〕

他認爲雅樂與鄭聲使用的場合也不同，雅樂是祭祀朝聘時所用，鄭聲則是民
間世俗娛樂時所用。且當時還有古樂、新樂的差別，古樂就是雅樂，新樂則
是鄭聲。何況若〈雅〉、〈鄭〉早已龐染，孔子不可能沒注意到；若孔子已「放
鄭聲」，那《詩經》裡就不該有淫靡的配樂。所以呂祖謙才說「《詩》，雅樂也」，
認爲留存在《詩經》裡的配樂就全都是雅樂了。

　　關於朱子與呂祖謙兩人對「〈雅〉、〈鄭〉邪正」說的歧見，李光地說：「朱
呂說《詩》之義不同」〔註115〕，又說：

東萊以爲「《詩》無邪」，焉得有淫風？朱子以「放鄭聲」詰之，呂
云：「鄭聲淫，非鄭詩淫也。」朱子曰：「未有詩淫而聲不淫者。」
本末源流，已一句說盡。〔註116〕

朱、呂最大的差別還是在對於《詩經》中是否存在淫詩，由此去推展各自的
看法，呂祖謙認爲無淫詩，故謂「鄭聲淫，非鄭詩淫也」。朱子則認爲淫詩是
存在的，而以「未有詩淫而聲不淫者」反駁呂祖謙，認爲「鄭聲淫」即「鄭
詩淫」。李光地對於兩人的差別進一步解釋說：

案《詩》舊說，謂三百篇皆賢人所作，而可以被之弦歌，薦之鬼神，
用之賓客，其釋義也，非美則刺，蓋如〈風〉詩，鄭、衛之國，則
以其淫亂之言，爲譏他人之作，似皆因夫子此章而遷就其說者。宋
呂伯恭實主斯義，故謂鄭聲淫者，其聲淫而非詩淫也，雅樂鄭聲，
以聲樂別而非以詩別也。間有淫詩，譏淫者而非自爲淫也。朱子以
爲不然，故謂〈雅〉、〈鄭〉之別，〈雅〉即大、小雅也，〈鄭〉即〈鄭
風〉也，詩與樂相爲首尾，未有詩不淫而聲淫者，〈桑中〉、〈洧外〉

〔註114〕〔宋〕呂祖謙：《呂氏家塾讀詩記》，卷5，頁96～97。
〔註115〕〔清〕李光地：《榕村全集》，卷15，〈朱呂說詩論〉，頁805。
〔註116〕〔清〕李光地：《榕村語錄》，卷13，頁228。

諸篇自比於亂而設淫辭，首末無所謂諷一者，豈端士正人之所屑作。
〔註117〕

舊說《詩經》三百皆爲聖賢所作，可用於宴饗賓客、祭祀鬼神，且其內涵帶有美刺意義，對於〈鄭〉、〈衛〉之詩，乃以其淫亂之言譏諷他人釋之，似乎是爲了遷就孔子所言之「思無邪」。呂祖謙對於淫詩的看法就是這樣，所以他認爲所謂「鄭聲淫」，是聲淫而非詩淫；雅樂與鄭聲的分別，乃是「以聲樂別而非以詩別」，若有淫詩，則是爲了譏諷淫邪者。朱子對此種說法不以爲然，認爲〈雅〉就是〈大雅〉、〈小雅〉，〈鄭〉就是〈鄭風〉篇章，詩之篇章與配樂互爲首尾，是結合再一起的，沒有所謂詩篇不淫而配樂淫的說法，像〈桑中〉、〈洧外〉等這些淫詩，也絕非品格端正之君子所作。

李光地分析朱、呂二人之別，並說：「然則孰爲得聖人之意？曰：『朱得之。』」〔註118〕，他認爲朱子更能體悟到孔子之意，可見李光地是贊成朱子「詩」與「聲」結合的淫詩說，然他對「詩」與「聲」的關係又作了說明，其言：

然聲與詩，亦有不可不辨者。論其合，則自「言志」至於「和聲」一也。故曰：聞其樂而知其德，未有本末乖離者也。論其分，則詩直述情事，而樂被以音容，故曰「興於詩，成於樂」。〔註119〕

李光地認爲「詩」與「聲」是可分爲「合」與「分」兩種情形論述。關於詩篇與配樂之「合」，他引《尚書》爲例，其言：

「詩言志，歌永言，聲依永，律和聲。八音克諧，無相奪倫，神人以和。」樂之始終條理備矣。詩所以言志，而詩之言，必抑揚高下，歌之而後可聽。其詩之和平廣大者，以宮聲歌之；清揚激發，慷慨悲壯者，以商聲歌之；歡忻流暢者，以角聲歌之；急疾清促者，以徵聲歌之；繁碎嘈雜者，以羽聲歌之。然五聲無節，不能中和，則以律和之。由律而寫其聲於八音之中，至於克諧無相奪倫，則神人以和矣。〔註120〕

詩篇與配樂是關係密切無法分開的，如《尚書》所言之「詩言志」，詩篇可以表達人內心的志向，然需要配合音樂才能增加其張力與感染力，並輔以五音、

〔註117〕 〔清〕李光地：《榕村全集》，《讀論語劄記一·爲政篇》，頁3839～3840。
〔註118〕 〔清〕李光地：《榕村全集》，卷15，〈朱呂說詩論〉，頁805。
〔註119〕 〔清〕李光地：《榕村全集》，《詩所》，卷2，頁8692～8693。
〔註120〕 〔清〕李光地：《榕村語錄》，卷28，頁492。

六律才能達到和諧的效果。不同的音調可以表達不同詩篇內容，所以他才會說：「論其合，則自『言志』至於『和聲』一也」，音樂與詩篇是和諧統一的一體，贊同朱子所言「未有詩淫而聲不淫者。」

　　至於詩篇與配樂之「分」，分開來說，詩篇用來直接陳述所見人事物，而配樂則藉由五音、六律來表現出詩篇所描述的事件。「詩」與「聲」是可以分開的，李光地說：

> 但卻亦要知詩自詩，聲自聲，不然《虞書》何爲說「詩言志」，又說「聲依永」？夫子何爲說「興於《詩》」，又說「成於樂」？不淫詩亦可以淫聲歌之，淫詩亦可以不淫聲歌之，如旦曲以淨唱，淨曲以旦唱，只是不合情事耳。〔註121〕

他說「詩」與「聲」各自分開，雅正的詩篇可以配淫邪的樂曲，淫邪詩篇亦可以配上雅正的音樂，並舉《論語・泰伯》爲例：「子曰：『興於詩，立於禮，成於樂。』」〔註122〕，認爲孔子會這樣說，也是把「詩」與「聲」分別看待的緣故。此外，李光地提到爲何孔子「放鄭聲」而不放鄭詩？其言：

> 何以「放鄭聲」，不放鄭詩？這卻易知。醜形惡狀，采風者存爲鑒戒，見得淫風便至亂亡。若播之於樂，要人感動此心，卻是何爲？〔註123〕

他認爲孔子保留鄭詩內容，目的是要讓人引以爲戒；若是保留鄭聲，卻沒有感動人心的效果，留著何用？因而孔子才要「放鄭聲」。他又說：

> 鄭詩可存也，而鄭聲必放。以爲道情事者，人能辨其非，飾之音容則惑焉者眾矣。然則聖人何不并其詩而放之？曰：「是於桑中論之矣，況又有〈雞鳴〉、〈風雨〉、〈東門〉之篇，錯出其間，苟沒其本，無以知其善。放鄭聲，則猶之遠佞人也；存鄭詩，則猶之知佞人之情狀，見而能辨，辨而知惡者也。〔註124〕

李光地以爲相較於淫邪詩篇，淫邪之聲更容易迷惑人心，故需去之。去除鄭聲，就好像遠離奸佞小人；而若保留鄭詩，則可知奸佞小人之情狀，當作負面教材使用。所以他在此主張「放鄭聲」而保留鄭詩，乃是站在「詩」與「聲」分開的角度，這卻又與呂祖謙之主張相同。

〔註121〕〔清〕李光地：《榕村語錄》，卷13，頁228。
〔註122〕楊伯峻譯注：《論語譯注》，〈泰伯〉，頁86。
〔註123〕〔清〕李光地：《榕村語錄》，卷13，頁228。
〔註124〕〔清〕李光地：《榕村全集》，《詩所》，卷2，頁8692～8693。

　　李光地評論「〈雅〉、〈鄭〉邪正」說，主要討論「詩」與「聲」之關係。他分別由「合」與「分」的立場去論述：由「詩言志」的角度來看，詩篇表達人的心志，音樂則是良好的輔佐，兩者相合才能成就和諧的整體，這個說法與朱子「詩」與「聲」結合觀點相同。然李光地卻又舉《論語》為例，說「詩」與「聲」各自分開；並言孔子「放鄭聲」而留存鄭詩，乃是要人當作鑒戒，把鄭聲與鄭詩分開，這又與呂祖謙看法一樣，所以李光地對於朱、呂二人之看法各有繼承。然若由不同觀點論述而有不同贊成意見，本屬自然；但若是同個問題卻贊同兩種看法，這就是其矛盾之處了。

　　李光地之《詩經》義理思想，帶有濃厚的政治化色彩，與理學的觀點。他由孔子刪《詩》、論《詩經》時代先後次序、《詩經》中「道」之闡發，以至於對於變〈風〉之看法，一路討論下來，主要都在強調《詩經》德化之教的功用。李光地會如此，正與他當時所處政治環境及時代背景有關。身為康熙帝重用之大臣，需以上意為尊，配合國家政策，李光地之《詩經》義理主張，筆者認為乃是刻意往政治化方向導去，為的是要使朝廷更便於統治，也呼應康熙帝「崇儒重道」的教育政策，與提倡程朱理學之學術傾向。李光地在論述《詩經》之義理時，帶入許多程朱理學思想，雖說如此，仍可在其某些論述看到陸王心學的影子在，表示李光地並沒有那麼純然的是程朱理學的信徒；此外，李光地在評述朱子與呂祖謙觀點時，某些地方也充滿了矛盾，模擬兩可。李光地這樣的行為，或可以兼容並蓄論之；但若以學術角度來看，恐有立場不甚堅定之嫌。然就其身處當時的政治環境，有其現實考量與時代侷限，實亦不用太過苛責他才是。此外，李光地在談論〈二雅〉時，非以政治立場或依附音樂的方式，而是就其內容意義作區別，以為〈雅〉介於〈風〉與〈頌〉之間，這種從詩之內容意義上來界定的方式，使之原本的排列順序各得其所，確實勝於〈詩序〉及朱子之說；且在詮釋《詩經》內涵時，連結個人修養而致天人相通之境，強調詩教之用，這顯然是一種將《詩經》義理〈學〉〈庸〉化的呈現，卻也正是他在闡釋《詩經》義理上之特色。

第六章　李光地《尚書》義理思想

　　李光地經學之研究極廣，對於《尚書》亦有涉獵，《榕村全集》中李光地《尚書》之相關著作，主要有《尚書七篇解義》、《洪範新舊說》、〈洪範說序〉、〈尚書古今文辨〉、《尚書句讀》、《禹皋二謨》、《堯典五條》、《舜典六條》、《尚書百篇歌》等；而於《榕村語錄》、《榕村續語錄》中亦有論述《尚書》之專章，皆以闡明義理為主。其中較為重要的為《尚書七篇解義》及《洪範新舊說》，《四庫全書總目提要》評論《尚書七篇解義》說：

> 是書僅解〈堯典〉、〈舜典〉、〈大禹謨〉、〈皋陶〉、〈益稷〉、〈禹貢〉、〈洪範〉七篇，蓋未盡之本。所說不以訓詁為長，辭旨簡約，而多有精義。〔註1〕

《尚書七篇解義》乃李光地於康熙五十七年（1718）之絕筆，他甫完成七篇之解義便過世，然亦可從此七篇得知，李光地解《尚書》，乃著重其義理內涵，而不著重章句訓詁。而李光地在〈洪範說序〉云：

> 〈洪範〉之書，文雖少，而與四聖之《易》竝傳，先儒釋〈洪範〉為大法。〔註2〕

他認為〈洪範〉雖篇幅不多，卻可與《易》並傳，可見其重要性，乃因〈洪範〉裡講的是治國之大道理。而高令印、陳其芳在《福建朱子學》中對於《尚書七篇解義》及《洪範新舊說》作了提要解說：

〔註1〕　〔清〕永瑢等撰：《合印四庫全書總目提要及四庫未收書目禁燬書目》，1985年，卷12，經部12，頁84（254）。

〔註2〕　〔清〕李光地：《榕村全集》，卷10，〈洪範說序〉，頁549。

《尚書解義》一卷。是書僅解〈堯典〉、〈舜典〉、〈大禹謨〉、〈皋陶〉、〈益稷〉、〈禹貢〉、〈洪範〉七篇，係未完稿。它不以訓詁見長，而以解義見著。此書與朱熹見解有所不同，不以古文《尚書》爲僞，認爲古文《尚書》被孔安國所增刪，又爲東漢以後諸儒竄改。此書對《尚書》中的地名作了考證，不像其它理學家那樣據理懸揣。〔註3〕

《洪範新舊說》二卷。此書用天道（世界觀）、人道（社會觀）解釋〈洪範〉。李光地認爲，〈洪範〉之書，文雖少而與四聖之《易》並傳。〈洪範〉中所講的，是治國平天下之大法。〔註4〕

《尚書七篇解義》論《尚書》七篇以解義見長，並述及《古文尚書》眞僞之問題；而《洪範新舊說》則以天道與人道釋〈洪範〉，談論到政治之層面。本章以李光地《尚書》之相關著作爲討論基礎，探討其《尚書》之義理，主要針對其對《古文尚書》之看法、〈大禹謨〉「十六字傳心訣」之義理探析以及〈洪範〉之義理闡釋等三部分作論述，以期探究李光地《尚書》之義理思想。

第一節　肯定《古文尚書》爲眞

《尚書》之作者、作時、篇目、版本、眞僞、傳承等問題，一直是群經中爭議最多、最複雜的，其中又以《古文尚書》眞僞之問題最受學者注目，這就牽涉到《尚書》版本的問題。現今《尚書》之版本，最主要可分爲今文《尚書》與古文《尚書》：

今文《尚書》爲伏生所傳，《史記·儒林列傳》云：

> 伏生者，濟南人也，故爲秦博士。孝文帝時，欲求能治《尚書》者，天下無有。乃聞伏生能治，欲召之。是時伏生年九十餘，老不能行。於是乃召太常使掌故晁錯往受之。秦時焚《書》，伏生壁藏之。其後兵大起，流亡。漢定，伏生求其《書》，亡數十篇，獨得二十九篇，即以教於齊、魯之間。學者由是頗能言《尚書》。諸山東大師，無不涉《尚書》以教矣。〔註5〕

〔註3〕　高令印、陳其芳：《福建朱子學》，〈李光地著作簡介〉，頁388。
〔註4〕　高令印、陳其芳：《福建朱子學》，〈李光地著作簡介〉，頁388。
〔註5〕　〔日〕瀧川龜太郎：《史記會注考證》，臺北：藝文印書館，1972年，頁1257～1258。

可知伏生所傳《尚書》乃秦代焚書坑儒前之版本，後來漢文帝派晁錯前往向伏生學習，並以當時通行之今文隸書寫成，故今文《尚書》得以流傳，共二十八篇。〔註6〕

　　古文《尚書》指的則是漢武帝末年，魯恭王壞孔子宅，欲以廣其宮，由孔子壁中所得，用大篆及六國文字等古文所寫之《尚書》，共五十八篇，然因其時伏生之今文《尚書》已廣爲流行，古文《尚書》較不受重視，其後更皆亡佚，沒有流傳下來。而現今流傳之《古文尚書》，乃東晉時梅賾所獻，亦爲五十八篇，孔安國爲之傳注，並寫了序文。因唐代孔穎達編撰《五經正義》，採用的即是此版本，後《五經正義》被訂爲科舉考試定本，遂通行於世。直到宋代，吳棫、朱熹等人才開始懷疑《古文尚書》之眞僞，明代梅鷟著《尚書考異》加以質疑，到了清代閻若璩著《尚書古文疏證》、惠棟著《古文尚書考》，加以辯駁，才論定其中二十五篇出於僞造〔註7〕，遂成定讞。

　　由於李光地在經學上亦受朱子影響，故在此先探究朱子對於《古文尚書》眞僞之看法，以便釐清李光地之立場與觀點。

一、朱子對《古文尚書》之懷疑

　　朱子對《尚書》學最大的貢獻，在於他對東晉梅賾本《古文尚書》提出質疑的辨析。蔡方鹿說：

> 朱熹不僅疑傳注，疑〈孔序〉、《書序》，而且進一步對當時居正統地位的《古文尚書》亦提出質疑。這充分體現了宋學之疑經惑傳的特點和學風。〔註8〕

〔註6〕《今文尚書》篇目之問題，《史記・儒林列傳》、《漢書・儒林傳》記載皆爲二十九篇，明清學者多同意這一觀點。主要有三說：1.二十九篇中無〈泰誓〉，而以《書序》當一篇。以明代梅鷟、清代朱彝尊等爲代表。2.二十九篇中無《泰誓》，而有自〈顧命〉分出〈康王之誥〉一篇。以江聲、龔自珍、王先謙、皮錫端等爲代表。3.伏生二十九篇本有〈太誓〉。以王鳴盛、王引之爲代表。但據劉起釪考證，伏生所傳之今文《尚書》應爲二十八篇，其篇目爲：《虞書》：〈堯典〉、〈皋陶謨〉；《夏書》：〈禹貢〉、〈甘誓〉；《商書》：〈湯誓〉、〈盤庚〉、〈高宗肜日〉、〈西伯戡黎〉、〈微子〉；《周書》：〈牧誓〉、〈洪範〉、〈金縢〉、〈大誥〉、〈康誥〉、〈酒誥〉、〈梓材〉、〈召誥〉、〈洛誥〉、〈多士〉、〈無逸〉、〈君奭〉、〈多方〉、〈立政〉、〈顧命〉、〈費誓〉、〈呂刑〉、〈文侯之命〉、〈秦誓〉。參見劉起釪：《尚書學史》，北京：中華書局，1989年，頁71。

〔註7〕葉國良、夏長樸、李隆獻合著：《經學通論》，臺北：大安出版社，2006年，頁99。

〔註8〕蔡方鹿：〈朱熹尚書學析論〉，《孔子研究》，1997年第4期，1997年，頁66。

朱子懷疑《古文尚書》爲僞作的觀點，實對後代疑《古文尚書》之辯駁學者有所啓發。朱子何以懷疑《古文尚書》爲僞，主要是對孔安國《尚書傳》與〈大序〉〔註9〕的懷疑，其言：

> 嘗疑今《孔傳》并《序》，皆不類西京文字氣象，未必眞安國所作，只與《孔叢子》同是一手僞書，蓋其言多相表裏，而訓詁亦多出《小爾雅》也。此事先儒所未言，而子獨疑之，未敢必其然也，姑識其說，以俟知者。〔註10〕

朱子在此說只有自己懷疑孔安國《尚書傳》與〈大序〉，認爲就文章風格而言，並不像漢人文章。而他更提出《孔傳》與〈大序〉非孔安國所撰的可能，乃是魏晉間之人托名所作，朱子在訂〈大序〉注文時便云：

> 今按此〈序〉不類西漢文字，疑或後人所託，然無所據，未敢必也。〔註11〕

《語類》則云：

> 《書序》恐不是孔安國做，漢文粗枝大葉，今《書序》細膩，只似六朝時文字。〔註12〕

> 《尚書注》并〈序〉，某疑非孔安國所作。蓋文字善困，不類西漢人文章，亦非後漢之文。〔註13〕

> 《尚書》決非孔安國所注，蓋文字困善，不是西漢人文章。安國，武帝時，文章豈如此！但有太麤處，決不如此困善也。〔註14〕

> 大抵古今文字皆可考驗。古文自是莊重，至如孔安國〈書序〉并注中語，多非安國所作。蓋西漢文章，雖粗亦勁。今〈書序〉只是六朝軟慢文體。漢人文字也不喚做好，卻是麤枝大葉。〈書序〉細弱，只是魏晉人文字。陳同父亦如此說。〔註15〕

〔註 9〕 今傳之《尚書》篇章共五十八篇，每篇皆附有一序文，此即《書序》。《書序》多爲總括經文主旨之文，每則約僅十餘字；另有一篇總序，題爲孔安國所作，一般稱爲〈大序〉，篇前之序則稱《小序》。今一般所言之《書序》乃指《小序》，〈大序〉指孔安國所作之序。

〔註10〕 〔宋〕朱熹著，陳俊民校訂：《朱子文集》，卷71，〈記尚書三義〉，頁3556。

〔註11〕 〔宋〕朱熹著，陳俊民校訂：《朱子文集》，卷65，頁3252。

〔註12〕 〔宋〕黎靖德編，王星賢點校：《朱子語類》，卷78，頁1984。

〔註13〕 〔宋〕黎靖德編，王星賢點校：《朱子語類》，卷78，頁1984。

〔註14〕 〔宋〕黎靖德編，王星賢點校：《朱子語類》，卷78，頁1984。

〔註15〕 〔宋〕黎靖德編，王星賢點校：《朱子語類》，卷137，頁3269。

朱子乃就文章及所用文字風格推論《孔傳》與〈大序〉並非孔安國所作，漢人文章特色主要爲莊重，雖粗亦勁，雖不算好，然也是麤枝大葉，充滿樸實之風。而《孔傳》與〈大序〉文字卑弱，不似漢人風格。朱子又說：

> 《尚書》孔安國《傳》，此恐是魏晉間人所作，托安國爲名，與毛公《詩傳》大段不同。〔註16〕

他把《孔傳》拿來跟同時代之《詩傳》比較，發現大段不同，故疑《孔傳》爲僞，推論其爲魏晉時期之人托名僞作也。

此外，朱子還從今、古文難易之差異對《古文尚書》提出質疑，其云：

> 漢儒以伏生之書爲今文，而謂安國之書爲古文，以今考之，則今文多艱澀，而古文反平易。〔註17〕

> 伏生書多艱澀難曉，孔安國壁中書卻平易易曉。〔註18〕

朱子拿今文、古文做對照，指出伏生所傳與孔壁出土《尚書》，兩者之間有差異，不宜混爲一談；且今日考證，卻發現今文多艱澀難懂，而古文卻反而平易易懂，這是很奇怪的地方。朱子又云：

> 蓋《書》有古文，有今文。今文乃伏生所傳，古文乃壁中之《書》。〈禹謨〉、〈說命〉、〈高宗肜日〉、〈西伯戡黎〉、〈泰誓〉等篇，凡易讀者皆古文。況又是科斗書，以伏生《書》字文考之，方讀得。豈有數百年壁中之物，安得不訛損一字？又卻是伏生記得者難讀，此尤可疑。今人作全書解，必不是。〔註19〕

〈禹謨〉、〈說命〉等篇章，凡是易懂的皆爲古文版本。孔壁出土《尚書》之古文，乃爲蝌蚪文，需要拿伏生之今文相對照才能讀懂，在這樣的情況下，怎麼可能沒有訛損一字？值得懷疑之處尚有，伏生所傳之今文反而難讀，卻又拿難讀之今文去判讀孔壁之蝌蚪文，且還能解釋得相當通順，並無一字訛損，著實可疑。

雖說朱子對《古文尚書》提出質疑，但是卻又以「《書》有兩體」來爲今、古文作整體解釋，其云：

> 《書》有兩體：有極分曉者，有極難曉者。某恐如〈盤庚〉、〈周誥〉、〈多方〉、〈多士〉之類，是當時召之來而面命之，而教告之，自是

〔註16〕 〔宋〕黎靖德編，王星賢點校：《朱子語類》，卷78，頁1984。
〔註17〕 〔宋〕朱熹著，陳俊民校訂：《朱子文集》，卷65，頁3254。
〔註18〕 〔宋〕黎靖德編，王星賢點校：《朱子語類》，卷78，頁1978。
〔註19〕 〔宋〕黎靖德編，王星賢點校：《朱子語類》，卷78，頁1978。

當時一類説話。至於〈旅獒〉、〈畢命〉、〈微子之命〉、〈君陳〉、〈君牙〉、〈冏命〉之屬，則是當時修其詞命，所以當時百姓都曉得者，有今時老師宿儒之所不曉。今人之所不曉者，未必不當時之人卻識其詞義也。〔註20〕

《書》有易曉者，恐是當時做底文字，或是曾經修飾潤色來。其難曉者，恐只是當時説話。蓋當時人説話自是如此，當時人自曉得，後人乃以爲難曉爾。若使古人見今之俗語，卻理會不得也。以其間頭緒多，若去做文字時，説不盡，故只直記其言語而已。〔註21〕

朱子認爲《書》有易曉與難曉兩體之差別，在於一爲修飾之語，即《古文尚書》；一爲記錄之語，即《今文尚書》。易曉之《古文尚書》乃是經過當代官員學者之潤飾，故較易通曉；而難曉之《今文尚書》卻是在記錄當時人的口語對話，但古代口語與後代用法並不相同，故難知曉。雖説朱子在此提出「《書》有兩體」的論點，然綜合上面所述，他對於古文之來源還是感到很難理解。

朱子對於《古文尚書》雖存疑，但最後卻選擇疑信參半，乃因朱子是站在捍衛儒家傳統經典的立場，他説：

《書》中可疑諸篇，若一齊不信，恐倒了《六經》。如〈金縢〉亦有非人情者，「雨，反風，禾盡起」，也是差異。成王如何又恰限去啓〈金縢〉之書？然當周公納策於匱中，豈但二公知之？〈盤庚〉便沒道理。從古相傳來，如經傳所引用，皆此書之文，但不知是何故説得都無頭。且如今告諭民間一二事，做得幾句如此，他曉得曉不得？只説道要遷，便不説道自家如何要遷，如何不可以不遷。萬民因甚不要遷？要得人遷，也須説出利害，今便不説。〈呂刑〉一篇，如何穆王説得散漫，直從苗民蚩尤爲始作亂説起？若説道都是古人元文，如何出於孔氏者多分明易曉，出於伏生者都難理會？〔註22〕

《尚書》中雖有許多篇章可疑，但《六經》乃是儒家傳統之經典，他即使再有疑，卻也不敢撼動儒家經典之權威地位。可知朱子之所以不敢疑《尚書》，便是怕「倒了六經」。此外，朱子爲了確立儒家道統之「十六字傳心訣」義理思想，乃是透過《古文尚書》之〈大禹謨〉闡發聖人傳心之旨，因而其並未

〔註20〕 〔宋〕黎靖德編，王星賢點校：《朱子語類》，卷78，頁1980～1981。
〔註21〕 〔宋〕黎靖德編，王星賢點校：《朱子語類》，卷78，頁1981。
〔註22〕 〔宋〕黎靖德編，王星賢點校：《朱子語類》，卷79，頁2052～2053。

能徹底懷疑《古文尚書》。然朱子對《古文尚書》存疑之觀點，對後代《尚書》學有重要影響。

二、李光地對《古文尚書》之迴護

　　朱子針對《孔傳》與〈大序〉之疑點，以及今、古文難易之差異論點，對《古文尚書》提出了質疑，雖說最後仍是未能清楚表明立場。而李光地則認為《古文尚書》非偽作，對於朱子之說法提出了辯駁，並迴護了《古文尚書》。

　　李光地對《古文尚書》之看法，主要可從其《尚書七篇解義》及〈尚書古今文辨〉得知。關於《尚書七篇解義》，《四庫全書總目提要》云：

> 所說不以訓詁為長，辭旨簡約，而多有精義。〈大禹謨〉篇不以古文為偽，而云孔安國有所刪添，東漢以後儒者又有所竄竄，以解文辭平易之故。〔註23〕

李光地既承認〈大禹謨〉之存在，表示其並不以《古文尚書》為偽作，認為《古文尚書》經過孔安國刪添，又經東漢以後儒者所竄竄，方得今日之面貌。而他對於《孔傳》與〈大序〉的看法又是如何？其言：

> 問：「孔安國〈尚書序〉，朱子嫌其不古，果不似漢人文字耶？」曰：「不似西漢，亦不似魏晉文字。西漢人於義理不甚通曉透徹，其筆勢蒙繞見古處，正多是他糊塗處。某卻不敢疑此序。三代以來，惟洙泗另是一體雪白文章，條理分明。安國家法如此。焉知非其筆？」
>
> 〔註24〕

這是李光地與弟子之間的對答，他認為孔安國之〈尚書序〉乃是真的，並非偽作；而他也不認為文章風格類似西漢，或是朱子講的魏晉時代。乃因西漢、魏晉時人不太重視文章之義理，思想性不夠強；而孔安國〈尚書序〉卻能清楚表達義理，具有思想性。故他認為孔安國自有一套儒家家法與文風，與其他朝代風格不同。而朱子拿《孔傳》與〈大序〉與同時代之作品比較，發現文字風格有差異，故論定兩者為偽。對此李光地卻說即使是同一個時代，文風也可能有不同；加上每個人都有獨特的寫作風格，即便是與當代其他作品風格迴異，也是有可能的，因此不能因為這樣就認為其為偽作。

〔註23〕　〔清〕永瑢等撰：《合印四庫全書總目提要及四庫未收書目禁燬書目》，1985年，卷12，經部12，頁84（254）。

〔註24〕　〔清〕李光地：《榕村語錄》，卷12，頁220。

此外，李光地對於《古文尚書》之今、古文難易之差異，亦有所說明，其〈大禹謨〉案語曰：

> 《書》別古今文者。《書》本百篇，方秦焚經，伏生壁藏之，及漢初禁除，求之才得二十八篇，以教授齊、魯間。文帝遣晁錯從受焉，然錯不識科斗，而生不通隸字，以口相傳，齊語多難曉者，錯用意屬讀而已。後武帝時，孔壁《書》出百篇，雖具而科斗亦無知者，以伏生《書》參對求之，又得二十餘篇。錯受經後，定爲隸書，故曰今文；孔壁書則三代六書之體可見，故曰古文。前儒疑今文多詰屈，而古文盡平易。〔註25〕

《語錄》亦云：

> 《尚書》今文，晁錯從伏生女子口授。當繇伏生不識隸字，晁錯不識古文，聽受之間，傳寫易誤，故今文反梗澀難讀。〔註26〕

他認爲伏生所傳之《今文尚書》之所以梗澀難讀，在於伏生不識隸書，晁錯不識古文，再加上兩人使用之方言不同，故當伏生與晁錯二人在授讀時，因而造成謬誤，容易誤傳誤寫。此外，李光地又說：

> 古今文之必辨多矣。雖朱子亦疑之曰：「伏生背文暗誦，不應偏得其難。而孔氏校對於錯亂磨滅之際，不應反得其易。」……若夫朱子之疑，則愚嘗竊思之，人之於書也，其鉤棘聱牙者，則誦數必多，誦數多者，其著心必堅牢而永久，安知伏生之偏得其難者之非因難而得乎哉？至於孔壁之反易，則有由也。蓋其甚難者，孔氏既以不可悉知而還之書府矣，則其傳者皆可知者也，此其所以易也。〔註27〕

《今文尚書》所以難懂，除了流傳過程有誤之外，亦因伏生當初在研讀《今文尚書》時，書中內容本就聱牙難讀，故複誦次數必多，複誦次數一多，則伏生必牢記於心。是故伏生後來雖以口傳《尚書》，但於《今文尚書》之內容已熟記在心，把本就聱牙的內容口授給晁錯，故才造成《今文尚書》之難懂。至於孔壁出土之《古文尚書》反而簡單易懂，乃因爲當時孔安國並無法全面得知《古文尚書》以六國古文書寫之內容，故將難知者還歸書府，而傳世乃皆易知曉者，因此李光地認爲這就是《古文尚書》比較易曉的原因。

〔註25〕 〔清〕李光地：《榕村全集》，《尚書七篇解義》，卷1，頁9566～9568。

〔註26〕 〔清〕李光地：《榕村續語錄》，卷3，頁592。

〔註27〕 〔清〕李光地：《榕村全集》，卷17，〈尚書古今文辨〉，頁904～906。

　　至於朱子提出「《書》有兩體」來爲今、古文作整體解釋，李光地亦提出他對今、古文二體的看法，其云：

　　　　意自參校孔壁《書》時，遇不可讀，即未免刪添。其後又久秘不出，更東漢至晉，《書》始萌芽，傳者私竄一二字，復恐不免矣，以此古文從順者多。伏生《書》則自前漢而立學官，無敢改者，艱易之原，蓋出於此，淺者緣此盡訾古文非眞書。〔註28〕

　　　　又伏生之書，其女口授有訛音，而龐錯不敢改，其書既行於漢代四百年，則益莫之敢改也，故難者愈難。孔壁之書，自其校出之時，間或增減以通文意者有之。而其書又藏久而後顯，安必傳者之無潤色於其間哉？故易者愈易。然則古文云者，疑其有增減潤色，而不盡四代之完文，理或有之矣。謂其純爲僞書者，末學之膚淺小人而無忌憚者也。〔註29〕

他認爲《今文尙書》之所以難讀難懂，是因當時漢代爲之立學官，就算有訛誤也無人敢更改，亦無人敢爲之潤飾，故難懂者更難。而《古文尙書》出於孔壁，流傳者眾，或多或少會經過刪減增添以使文意曉暢；其後等到東晉再次出現時，藏書時間一久，勢必也會在流傳過程中有所潤飾，因此便使得《古文尙書》之文意更加曉暢易懂。

　　李光地雖然認爲《古文尙書》爲眞，然他亦承認《古文尙書》在流傳過程當中，是有刪減增添、潤飾，甚至是竄改的可能，既然有經過竄改潤飾，那就有僞造的可能，雖不能說整本《古文尙書》皆是僞作，然僞造的可能性是存在的。故李光地不以《古文尙書》爲僞之堅定立場，實有矛盾之處，這也是他極力迴護《古文尙書》所會產生的盲點。

　　上述有言，朱子雖對《古文尙書》眞僞有疑，卻也不敢撼動儒家經典之權威地位。況且朱子確立儒家道統之「十六字傳心訣」義理思想，乃是透過《古文尙書》之〈大禹謨〉闡發聖人傳心之旨，因而其並未能徹底懷疑《古文尙書》。而李光地對《古文尙書》眞僞立場相當堅定，不曾懷疑其爲僞作，此點雖與朱子略有不同，但其出發點亦是爲了鞏固儒家傳統經典，堅守道統之傳承與正統性，此點卻與朱子契合。兩人表面上意見不同，用心與目的卻

〔註28〕〔清〕李光地：《榕村全集》，《尚書七篇解義》，卷1，頁9567～9568。
〔註29〕〔清〕李光地：《榕村全集》，卷17，〈尚書古今文辨〉，頁906。

是一致，爲了闡發「十六字傳心訣」之義理思想，承認《古文尚書》非僞作，就有其必要性與價值。

第二節　〈大禹謨〉「十六字傳心訣」之義理探析

「十六字傳心訣」，也就是所謂的「虞廷十六字」，指的乃是《尚書·大禹謨》中的「人心惟危，道心惟微，惟精惟一，允執厥中。」〔註30〕這十六個字經由宋儒之闡釋，開展出聖人傳心之旨，確立了儒學道統。故本節先分析「十六字傳心訣」之理論意義，其次討論朱子與李光地對人心、道心之義理詮釋，而後論述李光地對「十六字傳心訣」地位之維護與對前人看法之辨析。以下分述之：

一、「十六字傳心訣」之理論意義

「人心惟危，道心惟微，惟精惟一，允執厥中。」這十六個字，在《尚書·大禹謨》之意涵並不明確，漢代之經學家並沒有特別進行闡釋，到了唐代孔穎達爲之疏曰：

> 道者，徑也，物所從之路也。因言「人心」，遂云「道心」。人心爲萬慮之主，道心爲眾道之本。立君所以安人，人心危則難安；安民必須明道，道心微則難明。將欲明道，必須精心；將欲安民，必須一意，故戒以精心一意。又當信執其中，然後可得明道以安民耳。
>
> 〔註31〕

孔穎達言「人心爲萬慮之主，道心爲眾道之本」，將「人心」、「道心」從中提出論述，然此處之「人心」，僅指「人之心」，「道心」爲「明道之心」，乃是爲了與一般的「心」區別，故孔穎達之「人心」、「道心」，雖尚未有特殊的哲學意涵在，但已點出本體論的概念。到了宋代，理學家們對「人心」、「道心」作了發揮與義理闡釋，尤其是程朱理學者，將「人心」、「道心」帶入其理論義理結構之中。如二程曰：

〔註30〕〔漢〕孔安國傳，〔唐〕孔穎達疏，〔清〕阮元校勘，李學勤主編：《尚書正義》，《十三經注疏》，臺北：五南圖書出版社，2001年，頁112。

〔註31〕〔漢〕孔安國傳，〔唐〕孔穎達疏，〔清〕阮元校勘，李學勤主編：《尚書正義》，頁113。

　　人心惟危，人欲也；道心惟微，天理也。〔註32〕

　　人心，人欲；道心，天理。〔註33〕

二程認爲「人心」就是人欲，「道心」就是天理；天理是純粹至善的最高本體，人欲則是氣質之性產生的無窮欲望，若無法收斂私欲之擴張，將會偏離天道，迷失自我本性，故程朱理學提倡「存天理、滅人欲」，賦予「人心」、「道心」理學意義。而後朱熹繼承並開展了二程之理論，他對於這十六字的看法是：

　　人心惟危，道心惟微，這箇便須是常常戒謹恐懼，精去揀擇，若揀
　　得不精，又便只是人心。大槩這兩句，只是箇公與私，只是一箇天
　　理，一箇人欲。那惟精便是要揀教精，惟一便是要常守得；恁地今
　　人固有其初揀得精，後來被物欲引從人心去，所以貴於惟一。這惟
　　精、惟一便是舜教禹做工夫處，它當時傳一箇大物事與它，更無它
　　說，只有這四句。〔註34〕

朱子認爲「道心」與「人心」，「只是箇公與私，只是一箇天理，一箇人欲」，要區別兩者需要常常戒愼恐懼，精去揀擇，所以朱子重視惟精、惟一的修養工夫。他又說：

　　孔子所謂「克己復禮」，《中庸》所謂「致中和」、「尊德性」、「道問
　　學」，《大學》所謂「明明德」，《書》曰：「人心惟危，道心惟微。惟
　　精惟一，允執厥中。」聖賢千言萬語，只是教人明天理、滅人欲。
　　天理明，自不消講學；人性本明，如寶珠沉濁水中，明不可見，去
　　了濁水，則寶珠依舊自明。自家若得知是人欲蔽了，便是明處，只
　　是這上便緊緊著力。〔註35〕

聖賢所講的大道理，都是在教人明天理、滅人欲。人性本明，只是受到私欲蒙蔽，故人需在此處用力，除去私欲，方能重現清明之本性。「人心」、「道心」經由宋代二程與朱子發揮，而成「人欲」及「天理」，天理人欲之辨乃是程朱理學重要的討論議題，也是構成程朱理學心性論、理氣論的重要內容，朱子並由此衍伸出所謂的聖人傳心之旨，以及儒學道統論。

〔註32〕　〔宋〕程頤、程顥著，王孝魚點校：《二程集》，《河南程氏遺書》，卷11，頁
　　　　　126。
〔註33〕　〔宋〕程頤、程顥著，王孝魚點校：《二程集》，《河南程氏外書》，卷2，頁
　　　　　364。
〔註34〕　〔宋〕黎靖德編，王星賢點校：《朱子語類》，卷78，頁2016～2017。
〔註35〕　〔宋〕黎靖德編，王星賢點校：《朱子語類》，卷12，頁207。

關於儒學道統論，這種道統傳承思想一開始來自於孟子，其言：

> 孟子曰：「由堯舜至於湯，五百有餘歲，若禹、皋陶，則見而知之；
> 若湯，則聞而知之。由湯至於文王，五百有餘歲，若伊尹、萊朱則
> 見而知之；若文王，則聞而知之。由文王至於孔子，五百有餘歲，
> 若太公望、散宜生，則見而知之；若孔子，則聞而知之。由孔子而
> 來至於今，百有餘歲，去聖人之世若此其未遠也；近聖人之居若此
> 其甚也，然而無有乎爾，則亦無有乎爾。」〔註36〕

孟子認為儒學之道統乃從堯、舜、禹、湯、文、武、周公、孔子一脈傳承下
來。而唐代韓愈繼承孟子思想，他說：

> 斯吾所謂道也，非向所謂老與佛之道也。堯以是傳之舜，舜以是傳
> 之禹，禹以是傳之湯，湯以是傳之文、武、周公，文、武、周公傳
> 之孔子，孔子傳之孟軻。軻之死，不得其傳焉。荀與揚也，擇焉而
> 不精，語焉而不詳。〔註37〕

韓愈明確提出儒學「道統說」。宋代朱子則將道統與「十六字傳心訣」結合，
確立了儒學道統的地位，其言：

> 中庸何為而作也？子思子憂道學之失其傳而作也。蓋自上古聖神繼
> 天立極，而道統之傳有自來矣。其見於經，則「允執厥中」者，堯
> 之所以授舜也；「人心惟危，道心惟微，惟精惟一，允執厥中」者，
> 舜之所以授禹也。堯之一言，至矣，盡矣！而舜復益之以三言者，
> 則所以明夫堯之一言，必如是而後可庶幾也。〔註38〕

《語類》亦云：

> 《書》云：「人心惟危，道心惟微，惟精惟一，允執厥中」，此便是
> 堯舜相傳之道。〔註39〕

孟子與韓愈之道統說，確立了儒家之道，乃由堯、舜、禹、湯、文、武、周
公、孔子、孟子一路傳承下來；朱子則點出聖人所傳之道乃是「人心惟危，
道心惟微，惟精惟一，允執厥中」十六字，可推知朱子認為「十六字傳心訣」

〔註36〕 楊伯峻譯注：《孟子譯注》，北京：中華書局，1988年，頁344。
〔註37〕 〔唐〕韓愈：《韓昌黎文集》，上海：上海古籍出版社，1987年，卷1，〈原道〉，
頁18。
〔註38〕 〔宋〕朱熹：《四書集註》，〈中庸章句序〉，頁14。
〔註39〕 〔宋〕黎靖德編，王星賢點校：《朱子語類》，卷58，頁1361～1362。

乃是儒學道統理論之核心重點。而清初之所以「崇儒重道」，之所以立程朱理學爲官學，看中的正也是朱子結合《尚書》所闡發出的道統論，便於其統治漢人之故，有其政治性考量。朱子由《尚書·大禹謨》之「虞廷十六字」，開展出聖人傳心之旨，並確立了儒學傳道系統之價值，這對儒家來說，相當具有意義，更增添儒家其不可撼動之地位性。

二、「十六字傳心訣」之義理詮釋

朱子由理學的角度，對「十六字傳心訣」作了義理詮釋，並彰顯其政治意義。李光地身爲程朱理學大家，受到朱子影響頗深，故以下先說明朱子之論點，再論述李光地之看法：

《尚書》是記載上古歷史的史書，成爲經典之後，其內容所載之君臣對話與言行，被賦予政治義理色彩，成爲後代帝王必讀典籍與遵循規範。然除了歷史價值之外，朱子更注重《尚書》之義理價值，其曰：

> 問可學：「近讀何書？」曰：「讀《尚書》。」曰：「《尚書》如何看？」曰：「須要考歷代之變。」曰：「世變難看。唐虞三代事，浩大闊遠，何處測度？不若求聖人之心。如堯，則考其所以治民；舜，則考其所以事君。且如〈湯誓〉，湯曰：『予畏上帝，不敢不正。』熟讀豈不見湯之心？」〔註40〕

朱子認爲不應把《尚書》當作單純記錄歷史演變的史書，而是應該透過裡頭記載之堯、舜等聖人的歷史事蹟與所作所爲，去探求聖人之心。那麼該如何探求聖人之心？朱子認爲應當從聖人之行爲處事體察其用心，他說：

> 三代之《書》〈誥〉〈詔〉〈令〉，皆是根源學問，發明義理，所以燦然可爲後世法。〔註41〕

> 讀《書》便理會二帝三王所以區處天下之事。〔註42〕

> 且如《書》載堯舜禹許多事業，與夫都俞吁咈之言，無非是至理。〔註43〕

〔註40〕〔宋〕黎靖德編，王星賢點校：《朱子語類》，卷78，頁1983。
〔註41〕〔宋〕黎靖德編，王星賢點校：《朱子語類》，卷137，頁3258。
〔註42〕〔宋〕黎靖德編，王星賢點校：《朱子語類》，卷120，頁2896。
〔註43〕〔宋〕黎靖德編，王星賢點校：《朱子語類》，卷9，頁156。

他認為《尚書》所記載二帝三王之言行，處理天下之事的方法等等，都是義理之展現與發明，可以為後世效法。因而朱子相當推重《尚書‧大禹謨》，認為其具有聖人傳心之旨，尤其是「十六字傳心訣」。

〈大禹謨〉中記載舜、禹、益三人之對談，而其中舜對禹說：「人心惟危，道心惟微，惟精惟一，允執厥中。」朱子便據此十六字，闡發其「人心」、「道心」之說及道統論等義理思想，並將之擴充為「十六字傳心訣」加以發揮，成為聖人傳心之道。朱子注〈大禹謨〉云：

> 堯之告舜，但曰「允執厥中」，而舜之命禹，又推其本末而詳言之，蓋古之聖人，將以天下與人，未嘗不以其治之之法并而傳之，其可見於經者，不過如此，後之人君，其可不深畏而敬守之哉！〔註44〕

認為古代聖人將其治國之法傳之後代，能在經書中見到的，就是這「十六字傳心訣」。而且此「十六字傳心訣」乃是堯、舜、禹、湯、文、武等帝王相傳下來之治理天下的大法，其云：

> 林恭甫說「允執厥中」，未明。先生曰：「中，只是箇恰好底道理。允，信也，是真箇執得。堯當時告舜時，只說這一句。後來舜告禹，又添得『人心惟危，道心惟微，惟精惟一』三句，是舜說得又較子細。這三句是『允執厥中』以前事，是舜教禹做工夫處。說道『人心惟危，道心惟微』，須是『惟精惟一』，方能『允執厥中』。……堯舜禹湯文武治天下，只是這箇道理。聖門所說，也只是這箇。……大概此篇所載，便是堯舜禹湯文武相傳治天下之大法。」〔註45〕

堯當時跟舜講時，只是講了「允執厥中」一句，後來舜告訴禹時，說得較仔細，多了「人心惟危，道心惟微，惟精惟一」三句，可知此「十六字傳心訣」是以「允執厥中」為基礎，再去擴充發展。其後《中庸》則把「十六字傳心訣」與儒學道統作結合，朱子〈中庸章句序〉云：

> 《中庸》何為而作也？子思子憂道學之失其傳而作也。蓋自上古聖神，繼天立極，而道統之傳，有自來矣。其見於《經》，則「允執厥中」者，堯之所以授舜也；「人心惟危，道心惟微；惟精惟一，允執厥中」者，舜之所以授禹也。堯之一言，至矣盡矣，而舜復益之以三言者，則所以明夫堯之一言，必如是而後可庶幾也。……然當是

〔註44〕 〔宋〕朱熹著，陳俊民校訂：《朱子文集》，卷65，頁3284。
〔註45〕 〔宋〕黎靖德編，王星賢點校：《朱子語類》，卷78，頁2016。

時，見而知之者，惟顏氏、曾氏之傳得其宗。及曾氏之再傳，而復
得夫子之孫子思，則去聖遠，而異端起矣。子思懼夫愈久，而愈失
其眞也，於是推本堯、舜以來相傳之意，質以平日所聞父師之言，
便互演繹，作爲此書，以詔後之學者。〔註46〕

他認爲「十六字傳心訣」之基礎爲「允執厥中」，由此擴充演繹爲十六字，最
後子思作《中庸》，再揭示帝王密傳心法之主旨，並建立儒家由堯、舜、禹、
湯、文、武、周公傳至孔子、孟子的儒學道統。由此可知，朱子藉由《尚書》
「十六字傳心訣」闡釋出其道統思想，並極力維護儒家地位之用心。

　　朱子探究「十六字傳心訣」之義理思想，並成爲其道統理論之重要內容，
其中牽涉到了心性論與修養工夫的部分，前兩句「人心惟危，道心惟微」與
心性論相關，後兩句「惟精惟一，允執厥中」則涉及到修養工夫。

　　朱子對於「人心」、「道心」義理思想之形成，現今學者認爲有其發展歷
程。〔註47〕大致來說，學者皆認同朱子早期乃是受到程頤思想之影響，將「人
心」、「道心」區分爲人欲與天理；但隨著朱子確立自己心統性情觀點之後，
便開始轉向；直到後來約在〈中庸章句序〉寫定前後，朱子提出以道心爲主，
人心聽命的看法，其對「人心」、「道心」之思想才確定下來。

　　〈中庸章句序〉約於紹熙元年（1190）所寫定，一直被學者認爲是朱子
關於「人心」、「道心」思想的定論，〈中庸章句序〉云：

心之虛靈知覺，一而已矣，而以爲有「人心」、「道心」之異者，則
以其或生於形氣之私，或源於性命之正，而所以爲知覺者不同，是
以或危殆而不安，或微妙而難見耳。然人莫不有是形，故雖上智不
能無「人心」；亦莫不有是性，故雖下愚不能無「道心」。二者雜於
方寸之間，而不知所以治之，則危者愈危，微者愈微，而天理之公，

〔註46〕〔宋〕朱熹著，陳俊民校訂：《朱子文集》，卷76，頁3828～3829。

〔註47〕關於現今學者對於朱子「人心」、「道心」義理思想之形成分期，姜龍翔《朱
子《詩》《書》學義理思想研究》中有詳細論述，他分別引了唐君毅、蔡茂松、
徐公喜、謝曉東等四人之論點：唐君毅認爲〈答鄭子上書〉爲朱子對人心、
道心的定論。蔡茂松以爲〈中庸章句序〉爲最後定論。徐公喜認爲紹熙年間
則是朱熹全面論證《古文尚書》闡述〈大禹謨〉十六字心傳思想，最終確立
十六字心傳思想體系時期。謝曉東以〈中庸章句序〉與〈大禹謨〉注爲晚年
定論，然兩者之寫作相差近十年，則其意亦謂〈中庸章句序〉便可爲定論。
詳見姜龍翔：《朱子《詩》《書》學義理思想研究》，高雄：國立高雄師範大學，
博士學位論文，2011年，頁530～533。

> 卒無以勝夫人欲之私矣。「精」則察夫二者之間而不離也，「一」則
> 守其本心之正而不離也。從事於斯，無少間斷，必使「道心」常爲
> 一身之主，而「人心」每聽命焉，則危者安、微者著，而動靜云爲，
> 自無過不及之差矣。〔註48〕

朱子首先言明心只有一，之所以區分爲「人心」及「道心」，主要是受到知覺差異之影響。心之源頭來自於人之形體氣質，且其又能稟受性理，故知覺氣質的是人心，而知覺性理，稟受其正的則是道心。其次，說明人必有人心、道心相雜於其中，若不得其法而治之，恐會流於危殆不安，甚至使道心漸微；再者，強調修養工夫的重要性。省察二心，知其二者之間不可相雜，這是「精」的工夫；恪守其義理本心之正而不離，便是「一」的工夫，至此，「惟精惟一」成爲朱子學說中強調修養方面的要旨。視「道心」爲人之主宰，而「人心」聽命，這樣的論述方式，不僅強調了道心、人心之間的主從關係，更藉此建立了朱子心統性情說之義理思維脈絡。

〈中庸章句序〉將其脈絡確立之後，在其與他人書信往來中，便不乏見其相關論述，如他曾云：

> 所以有「人心」、「道心」之別，蓋自其根本而已，然非爲氣之所爲
> 有過不及，而後流於人欲也。然但謂之「人心」，則固未以爲悉皆邪
> 惡；但謂之「危」，則固未以爲便致凶咎；但既不主於理而主於形，
> 則其流於邪惡，以致凶咎，亦不難矣。此其所以爲「危」，非若「道
> 心」之必善而無惡，有安而無傾，有準的而可憑據也。〔註49〕

「人心」、「道心」之分，乃是根本於氣之所爲，氣因有清濁偏正之分，故得其偏者，流於人欲的，便是「人心」；然朱子以爲「人心」並非全然都是邪惡，只是相較於必善且有憑據可依循的「道心」，「人心」卻是容易因爲人欲而變得邪惡，故謂之「危」。

那「人心」究竟有多容易變得邪惡凶咎呢？朱子說道：

> 「道心」之說甚善，人心自是不容去除，但要道心爲主，即人心自
> 不能奪，而亦莫非道心之所爲矣。然此處極難照管，須臾間斷，即
> 人欲便行矣。〔註50〕

〔註48〕 〔宋〕朱熹著，陳俊民校訂：《朱子文集》，卷76，頁3828。

〔註49〕 〔宋〕朱熹著，陳俊民校訂：《朱子文集》，卷44，〈答蔡寄通〉，頁1912～1913。

〔註50〕 〔宋〕朱熹著，陳俊民校訂：《朱子文集》，卷56，〈答鄭子上〉，頁2709。

此心之靈，其覺於理者，道心也；其覺於欲者，人心也。〔註51〕

雖然「人心」乃出於形氣，覺於人欲，不容去除，但只要能將覺於理之「道心」，做爲人身之主宰，那麼人心便只能聽命行事，而不致順人欲而去，就不能奪其「安而無傾」了。然而想要避免人欲橫流之情況，便須時時照管自身日常之行爲，不可須臾間斷，由此可想見其難處，及易流於人欲之程度。然「道心」既已至善而可供爲依據，那麼如何堅持其可知覺義理的本質，便成了重要的課題，朱子認爲要緊的是「惟精惟一」，要懂得精選、固守，其曰：

> 執事其亦察乎舜之所謂「人心」、「道心」者爲如何，擇之必精，而
> 不使其有人心之雜；守之必固，而無失道心之純；則始終惟一，而
> 伊尹之所以格天者在我矣。〔註52〕

區別「人心」、「道心」需要精擇，才能擇出道心，而不使人心參雜其間；爲了不失「道心」之清明純粹，故要懂得守，使之自始至終維持著其至善之本質。這種兩相參雜，交互影響的說法，實是源自程頤之說法，《語類》載：

> 程子謂：「一心之中如有兩人焉：將爲善，有惡以間之；爲不善，又
> 有愧恥之心。此正交戰之驗。」程子此語，正是言意不誠，心不實
> 處。大凡意不誠，分明是吾之賊。我要上，他牽下來；我要前，他
> 拖教去後。此最學者所宜察。〔註53〕

程頤本有以道心爲體，人心爲用的傾向，朱子取其一心之中如同有兩人交戰爲其兩相參雜之旨，說明人心會擾亂道心，正是由於意不誠、心不實的緣故，而使得道心因爲受到人心之干擾，而有流於不善之弊。故朱子說：

> 道心雖微，然非人欲亂之，則亦不至甚難見；惟其人心日熾，是以
> 道心愈微也。〔註54〕

道心微而難見雖屬正常，但卻因爲人心之影響，而使得更加難明，由此便更可清楚知道朱子將心分別爲二的論述方式。至此，朱子以爲人心、道心並存心中且相互影響，強調須以道心爲主宰，而使人心服從其命令而發的觀點，已然成爲其「人心」、「道心」義理思想之定論。

〔註51〕　〔宋〕朱熹著，陳俊民校訂：《朱子文集》，卷56，〈答鄭子上〉，頁2713。
〔註52〕　〔宋〕朱熹著，陳俊民校訂：《朱子文集》，卷38，〈答黃文叔〉，頁1606。
〔註53〕　〔宋〕黎靖德編，王星賢點校：《朱子語類》，卷69，頁1721。
〔註54〕　〔宋〕朱熹著，陳俊民校訂：《朱子文集》，卷59，頁2921。

　　區別「人心」、「道心」乃是就心性論觀點去探討，而朱子認爲常人該用力處是在修養工夫上，因此他特別強調了「精一執中」的工夫，其言：

> 精，是識別得人心道心；一，是常守得定。允執，只是箇眞知。
> 〔註55〕

> 程子曰：「惟精惟一，所以至之；允執厥中，所以行之。」如此，則所謂「允執厥中」，正「時中」之「中」矣；「惟精惟一」，正是提綱挈領處，此句乃言其效耳。〔註56〕

> 故必其致「精一」於此兩者之間，使公而無不善者常爲一身萬事之主，而私而或不善者不得與焉，則凡所云爲，不待擇於過與不及之間，而自然無不「中」矣。凡物剖判之初，且當論其善不善；二者既分之後，方可論其中不中。「惟精惟一」，所以審其善也。「允執厥中」，則無過不及而自得「中」矣，非「精一」以求「中」也。此舜戒禹之本意，而序文述之。固未嘗直以形氣之發，盡爲不善，而不容其有清明純粹之時，如來論之所疑也。但此所謂清明純粹者，既屬乎形氣之偶然，則亦但能不隔乎理而助其發揮耳，不可便認以爲「道心」，而欲据之以爲「精一」之地也。如孟子雖言「夜氣」，而其所欲存者，乃在乎仁義之心，非直以此「夜氣」爲主也；雖言「養氣」，而其所用力，乃在乎集義，非直就此氣中，擇其無過不及者而養之也。來論主張「氣」字太過，故於此有不察。其他如分別中氣過不及處，亦覺有差，但既無與乎「道心」之微，故有所不暇辨耳。
> 〔註57〕

將「精一」的工夫運用其中，使義理之公無所不善，維持著一身之主的地位，亦使得人欲之私者難以參雜其中，不善者不與，自然無不「中」了。而朱子以爲剖析事物，當先分別看待，若是看待「心」，便須先將其二分爲人心、道心，再分述其趨善趨惡之差別，進而探討其中與不中的議題。「精」就是精於識得人心、道心之別，「一」便是知曉須常守常定道心之理，所謂「精一」，簡單來說，即是精審守善的道理，故「惟精惟一」便是「允執厥中」之本；精一之後，「執中」便隨之而來，也就是著重在「行」的工夫，即是在現實方

〔註55〕　〔宋〕黎靖德編，王星賢點校：《朱子語類》，卷78，頁2014。
〔註56〕　〔宋〕朱熹著，陳俊民校訂：《朱子文集》，卷59，頁2927。
〔註57〕　〔宋〕朱熹著，陳俊民校訂：《朱子文集》，卷44，頁1912～1913。

面，凡事皆可處置得宜之意思，無過無不及，便是所謂的「允執」，這不僅是
塑造了聖賢於義理內容上之思維模式，更強調了其修養工夫的重點所在。

　　而後朱子又舉孟子言論為例，以為孟子雖言「夜氣」，但強調的仍是存心
須以仁義為主的道理，那麼，道心既然清明純粹，更當要以仁義為主了，朱
子說：

> 人自有人心、道心，一箇生於血氣，一箇生於義理。飢寒痛癢，此
> 人心也；惻隱、羞惡、是非、辭遜，此道心也。〔註58〕

道心為知覺義理之心，故清明純粹並無可議，就朱子主張心統性情的理論架
構來說，道心可說是人之性情發用，且能展現其性理之正的必然存在，朱子
如此定義道心，以為其為惻隱、羞惡、是非、辭讓之心，而此四端之心，連
接孟子所言，正是仁義禮智之發端，也說明了道心本於人之善性，體現於日
常行事的道理。又朱子於〈大禹謨〉注云：

> 心者，人之知覺，主於身而應事物者也。指其生於形氣之私者而言，
> 則謂之「人心」；指其發於義理之公者而言，則謂之「道心」。人心
> 易動而難反，故危而不安；義理難明而易昧，故微而不顯。惟能省
> 察於二者公私之間，以致其精，而不使其有毫釐之雜，持守於道心
> 微妙之本，以致其一，而不使其有頃刻之離，則其日用之間，思慮
> 動作，自無過不及之差，而信能執其中矣。〔註59〕

「人心」之所以危而不安，就是因為主於形氣之私，故易受外物影響而難返
其本善，不可不察，而「道心」雖發於義理，但卻因天理微妙，且不容易讓
人領會明瞭，故微而不顯，所以才需要「精」與「一」的工夫，使其不得有
毫釐之差、頃刻之離，如此才能在方寸之間，把握義理之公與人欲之私的差
異，便可在日用生活間，在做人處事上，都可以做到無過無不及，這便是所
謂的「執其中」了。而所謂的「允執厥中」，正是對於「精」、「一」意旨已有
深刻認識下，所能達到之境界。由上述可知，朱子心目中的「十六字傳心訣」，
實是將儒學傳統思想，與其心性論及道統說完美結合之最佳範本。

　　李光地身為程朱理學大家，在「人心」與「道心」之內容，以及相對應
之修養工夫方面多有闡釋，雖深受朱子理學思想之影響，但仍可見其與朱子
看法相異之處，他說：

〔註58〕　〔宋〕黎靖德編，王星賢點校：《朱子語類》，卷62，頁1487。
〔註59〕　〔宋〕朱熹著，陳俊民校訂：《朱子文集》，卷65，頁3284。

此記舜再命禹攝位之事，而因傳以心法、治法，《魯論》以爲即堯命舜者也。有人則有心，而道具焉，一而已矣。然人者形也，心者神也，道者性也，妙合以凝，而精粗本末分矣。形有迹，性無象，心之神明，則出入有無之間而兼體之者也。自其因形以發，則曰「人心」，口鼻耳目四肢之欲是也。自其根性而生，則曰「道心」，仁義禮智之良是也。形交於物而引於物，故我爲物役則危矣。性本於天而命於天，故人與天遠則微矣。精者察其幾，辨人心所以差之介，一者存其誠，保道心所自具之眞也。中者理之極致，《易》所謂天德天則者也，存而體之，則立天下之大本；察而由之，則成天下之大經。惟精惟一，即所以執其中者，非精一之外，別有執中之事也。稽者稽於古，詢者詢於今，道者人心之所同然，無古今一也，故有精一之學。〔註60〕

李光地認爲因形以發的是「人心」，因爲其易被外物奴役，所以才「危」；根性而生的是「道心」，也正因性本於天命於天，人之性本於天，天之性本於道，故道心跟天道之差別不多，所以才說「微」。而「精」與「一」，則是作爲察其幾、存其誠之用，而「執其中」則是指掌握義理之極致，亦指其精一之學的終極目標，辨人心、保道心，成爲了修養工夫的最終目的。由此可知，李光地對於人心、道心的解釋與朱子說法不同，雖然同樣以爲「人心」因形氣而發，容易受限於外物，故謂之危而不安，但人心與道心同時存在一心之中；此外，李光地認爲「道心」之所以「微」，是因爲與天道相差甚微，而非朱子所言之微妙而難見之義。此外，關於「心」之概念，李光地說：

心者性之郭廓。心如物之皮殼，性是皮殼中包裹的，故言心必合性言，方是本來的心。〔註61〕

朱子雖言心只有一，但卻因知覺差別而二分爲道心與人心；而李光地雖然也同樣認爲只有一心，然人心與根性而生之道心是同存其內的，人心就如同是外在皮殼，道心則是皮殼之內的果實，如果要談論到心，則勢必要把心與性合在一起講，兼談人心與道心，如此方能窺見整體心之面貌，才算是「本來之心」。李光地這種說法正切合他以「性」爲理之總名，將「人性」視爲《中庸》最高原則之論點。李光地還說：

〔註60〕〔清〕李光地：《榕村全集》，《尚書七篇解義》，卷1，頁9577～9579。
〔註61〕〔清〕李光地：《榕村語錄》，卷25，頁450。

當年與德子諤、徐善長所言皆錯。其時於一切天理人欲，都從動靜分看，便不是。陰與陽都是好的，如何說陽善陰惡？陽氣也，陰形也，氣非理也，然氣與理近。猶之心非性也，然心與性近。一切欲心都從形體上生來，如鼻欲聞好香，口要吃好味之類，凡此非即惡也。中節仍是善，惟過則惡耳。虞廷說「道心」，是從天理而發者，說「人心」，是從形體而發者。饑渴之於飲食，是人心也；嘑蹴不受，則仍道心也。人心、道心，大體、小體，都從此分別。能中節，則人心與道心一矣。〔註62〕

朱子將天理比作飲食，而將人欲比喻為對於美味之要求，但這樣一來，便明顯將人心、道心給截然二分〔註63〕，甚至因此有了善惡之分別。而李光地則認為人欲雖是由形體氣質所產生，但不能說人欲就一定是惡的，人欲只要發而中節仍是善，惟太過就變惡了。故李光地認為無論是人心，還是道心，不管從何而發，只要能「中節」，那就是善了。而所謂的「中節」，便是明白人心有容易走偏為惡之危險，因此能努力修養，保持自身純粹至善之道心，也就是「惟精惟一，允執厥中」，如此才真正能做到雖有人欲，卻能「飢渴而不害心，喜怒而能觀理」；而道心發揮時，才能「行仁而非要譽，明義而非計功」。〔註64〕此外，他亦說：

南軒以為「人心」人欲，「道心」天理，……然人欲亦未是不好底字。如耳目口鼻之於聲色臭味，俱是人欲，然卻離這箇道心，亦無發見處。但溢於其節，方見病痛，故曰：「惟危」耳。又如一條山徑，上面靠山，下臨不測之淵也，行得到通達去處，但不可不謂之危。〔註65〕

人欲並非不好，只是須以道心為其標準，才能知曉其病痛處，雖然最終仍可達到純粹至善的目標，但修養工夫實踐之過程，非常辛苦，必須時時省察自

〔註62〕 〔清〕李光地：《榕村語錄》，卷25，頁450～451。

〔註63〕 李光地曾言：「朱子云：『飲食，天理也；要求美味，人欲也。』只如此分別，人心、道心截然。」由此可知，李光地不認同將人心、道心截然二分。參見〔清〕李光地《榕村續語錄》，卷17，頁793。

〔註64〕 李光地：「有人心動而以道心正之者，飢渴而不害心，喜怒而能觀理是也。有道心動而不以人心雜之者，行仁而非要譽，明義而非計功是也。」由此說更可確立其以為人心道心為一的說法，並強調道心至善的意義。參見〔清〕李光地《榕村語錄》，卷12，頁211。

〔註65〕 〔清〕李光地：《榕村續語錄》，卷3，頁593。

己的所作所為才行，故曰之「惟危」，實有警惕之意。而其中道理早在《尚書》中便已說透，李光地說：

> 說《尚書》者，每著意講「道心」、「人心」等句，自「無稽之言勿
> 聽」以下，便掠將過去。近見得經書一字不可掠過，看得似沒要緊，
> 必是自家心裏未曾曉得。「執中」「中」字，朱子偏說在事一邊，看
> 來須兼內外。心裏有簡中，事上各有簡中，皆中也。〔註66〕

《尚書》專為政治活動之紀錄，提供君主為政之道及治國之術，其中的義理思維與理學思想亦是相當豐富，幾乎無一處沒要緊，只是個人心中未曾體悟到而已。朱子談「執中」，是站在日用處事的角度，透過「精」與「一」的工夫，使其不得有毫釐之差、頃刻之離，歸結來說，也就是針對「事」的方面展開論述。然而李光地卻以為「中」無處不在，主張「非精一之外，別有執中之事」，故自家心裡必須做到內外兼修，才能由內而外，從「心」而「事」，並透過修養工夫，方能無所不中，才算得上是如實曉得《尚書》之義理要旨。

總而言之，李光地在其心性說及修養工夫方面之論述雖與朱子不同，但仍可視作對於朱子將心切割為二的說法，提出了修正的意見，並無礙於李光地崇尚程朱理學之思想趨向，以及對於朱子藉由《尚書》「十六字傳心訣」闡釋出其道統思想，並極力維護儒家地位之肯定。

三、對「十六字傳心訣」地位之維護

「十六字傳心訣」為程朱理學之心性論之義理思想提供了理論基礎及文本證據，從中延伸出之理學概念，深刻影響了後來諸多學者。然在明清之際，開始有學者對「十六字傳心訣」之內容產生了歧異，甚至質疑其真實性。李光地身為清代著名理學大臣，面對這樣的情況，自然挺身捍衛其地位及價值，因而與質疑「十六字傳心訣」的學者產生了論辯。

（一）對「十六字傳心訣」之辨偽

明代學者梅鷟最早對「十六字傳心訣」之內容產生質疑，提出歧見，以為「十六字傳心訣」應是抄襲自《荀子‧解蔽》與《論語‧堯曰》的，他說：

> 「允執厥中」，堯之言也，見《論語‧堯曰第二十》，「夫堯之一言至
> 矣，盡矣，而舜復益之。」以三言者，先儒以為所以明乎，堯之一

〔註66〕 〔清〕李光地：《榕村語錄》，卷12，頁211～212。

言必如是，而後可庶幾也。自今考之，惟「允執厥中」一句爲聖人之言，其餘三言蓋出《荀子》，而鈔略掇拾膠粘而假合之者也。《荀子‧解蔽》篇曰：「昔者舜之治天下也，不以事詔而萬物成。處一之危，其榮滿側，養一之微，榮矣而未知。故〈道經〉曰：『人心之危，道心之微。』危微之幾，惟明君子而後能知之。」荀卿稱《道經》曰初未嘗以爲舜之言，作古文者見其首，稱舜之治天下，遂改二「之」字爲二「惟」字，而直以爲大舜之言。楊倞爲之分疏云：「今〈虞書〉有此語，而云《道經》蓋有道之經也。」其言似矣。至於「惟精惟一」則直鈔略荀卿前後文字，而攘以爲己有，何哉？所謂伯宗攘善，其無後乎？荀卿子上文有曰：「心者，形之君也，出令而無所受令，故曰心容，其擇也無禁，必自見。其物也雜博，其精之至也不貳。」又曰：「心枝則無知，傾則不精。」又曰：「有人也不能此精於田、精於市、精於器之三技，而可使治三官，曰精於道者也。」下文有曰：「好義者眾矣，而舜之獨傳者一也。自古及今，未嘗有兩而能精者也。」又曰：「蚊虻之聲聞，則挫其精，可謂危矣，未可謂微也。」此其「精」字、「一」字之所自來也。〔註67〕

梅鷟認爲「允執厥中」爲堯之言，收錄在《論語》裡頭，而後面的「人心惟危，道心惟微，惟精惟一」三句皆是從《荀子》改寫而來。《荀子》中引《道經》有「人心之危，道心之微」之句，《古文尚書》作者將其「之」字改成「惟」字，連「精」與「一」二字皆抄襲自其中。而後至清代閻若璩，更在其著作中指稱「十六字傳心訣」爲僞，他說：

二十五篇之書，其最背理者在太甲稽首於伊尹，其精密絕倫者在「虞廷十六字」。今既證太甲稽首之不然，而不能滅虞廷十六字爲烏有，猶未足服信古文者之心也。余曰此蓋純襲用荀子而世舉未之察也。《荀子‧解蔽》篇：「昔者舜之治天下也」云云，故《道經》曰：『人心之危，道心之微。』危微之幾，唯明君子而後能知之。」此篇前又有「精於道，一於道」之語，遂隱括爲四字，復續以《論語》「允執厥中」以成十六字。僞古文蓋如此，或曰安知非《荀子》引用〈大禹謨〉之文邪？余曰合荀子前後篇讀之，引「無有作好」四句，則冠以《書》曰；引「維齊非齊」一句，則冠以《書》曰。以及他所

〔註67〕　〔明〕梅鷟：《尚書考異》，卷2，《景印文淵閣四庫全書》，第64冊，頁33。

引《書》者十皆然，甚至引「弘覆乎天，若德裕乃身」，則明冠以〈康
誥〉；引「獨夫紂」，則明冠以〈泰誓〉，以及〈仲虺之誥〉亦然，豈
獨引〈大禹謨〉而輒改目爲《道經》邪？予是以知「人心之危，道
心之微」必眞出古《道經》，而僞古文蓋襲用，初非其能造語精密至
此極也。〔註68〕

閻若璩亦指出「十六字傳心訣」出自《論語》和《荀子》。《荀子》引《尚書》
時，均冠上「《書》曰」，或是篇名，但在引〈大禹謨〉時，卻改成出自《道
經》，於理不合，由此可見，是《古文尚書》抄襲荀子引用《道經》裡頭之文
字。而黃宗羲辨僞「十六字傳心訣」之言論，對程朱理學更是莫大的打擊，
他說：：

憶吾友朱康流謂余曰：「從來講學者未有不淵源於危、微、精、一之
旨，若無〈大禹謨〉，則理學絕矣，而可僞之乎？」余曰：「此是古
今一大節目，從上皆突兀過去。「允執厥中」本之《論語》，「惟危」、
「惟微」本之《荀子》。《論語》曰：「舜亦以命禹」，則舜之所言者，
即堯之所言也。若於堯之言有所增加，《論語》不足信矣。「人心」、
「道心」，正是《荀子》性惡宗旨。惟危者，以言乎性之惡。惟微者，
此理散殊無有形象，必擇之至精，而後始與我一，故矯飾之論生焉。
後之儒者，於是以心之所有，唯此知覺。理則在於天地萬物，窮天
地萬物之理以合於我心之知覺，而後謂之道，皆爲「人心」、「道心」
之說所誤也。夫人只有人心，當惻隱自能惻隱，當羞惡自能羞惡，
辭讓是非，莫不皆然。不失此本心，無有移換，便是「允執厥中」。
故孟子言求放心，不言求道心；言失其本心，不言失其道心。夫子
之「從心所欲不踰矩」，只是不失人心而已。然則此十六字者，其爲
理學之蠹甚矣。康流不以爲然。嗚呼。得吾說而存之，其於百詩之
證，未必無當也。〔註69〕

在這段文字中，黃宗羲認爲「十六字傳心訣」在義理內涵上的解讀，便已經
產生了問題。他以爲儒家從來只講人心，而不講道心，而《荀子》中引《道

〔註68〕 〔清〕閻若璩著，呂翊欣，黃懷信點校：《尚書古文疏證》，上海：上海古籍
出版社，2010年，卷2，頁122。

〔註69〕 〔清〕閻若璩著，呂翊欣，黃懷信點校：《尚書古文疏證》，〈尚書古文疏證序〉，
頁1。

經》所談到的「人心」和「道心」，主要是闡發荀子性惡的宗旨，「惟危」講的其實是「性之惡」，而人也只有「人心」而已，儒家所談論的，其實只是希望能夠做到「不失人心」罷了。然而程朱理學卻以此說附會天理、人欲等概念，其說法根本是錯誤的。在這樣的理解基礎上所闡述的思想義理，無論是關乎人心、道心之辨，還是其道統論，皆失去了真實依據。黃宗羲直斥「十六字傳心訣」爲非，確實重創程朱理學的地位。

（二）對閻、黃說之反駁

閻若璩與黃宗羲的共同點，是皆以「十六字傳心訣」爲僞來進行論述，但李光地對二人說法的反應卻大不相同。李光地與閻若璩雖無私交，但卻爲其作傳，讚揚了其在經學上的成就與貢獻，傳中有載：

> 今之學者，大抵搜葦擷卉，爲文辭之用而已。至於字義故實，書文形聲，尚未有留意講考於其間者。若大者爲遺經源流，禮典同異，細而地名山川，史載人物，真贋是非之跡，則豈徒以樸學置之，抑其惡贖就簡，而自恬於譾陋。嗚呼！文武之道，豈有小大哉。萬一朝廷舉行石渠之典，吾知衆籍羅湊而莫之措辭，儒者之羞，非云小缺矣。先生學極博，論極核，間有出新意，掃沿說者，究其持辨本末，悉有所據。依趙贊善志其與汪鈍翁難喪禮事，昔者眉山蘇氏曾以是嘲伊川矣。其門人爲之答，亦曰正叔太君先逝而已。令有如先生，歷引古義，折以通禮，彼不得於言者，豈能無愧？惜乎先生逸處終老，曾不得奉清，燕備顧問，蒐祕府校藝文，與諸儒上下折衷，贊經史於方微，補遺逸之文獻，是誠可悲也已。余嘗慨夫，老成日遠，舊學彫傷，晚出後生，益將無所考質。自余登朝後，識面者長洲顧寧人，宣城梅定九，鄞縣萬季野，知名者尚有三數輩，而先生其一也。諸君子者皆博極群書，能以著述自通於後，中間有專門名家者，就其所造，古人不讓也。今惟定九尚老而康，時致音問，餘則皆零落不可復見。每覽《周易》碩果之辭，《大雅》典型之詩，俯仰斯文，不勝窘歎。〔註70〕

李光地指出當代學者多注重辭章之學，而忽略了經史考據之學問的價值，而閻若璩學問淵博，論證切實，而且在學術上屢有創見。在經學不振的情況下，

〔註70〕　〔清〕李光地：《榕村全集》，卷33，〈閻百詩小傳〉，頁1659～1661。

除了顧炎武、梅文鼎、萬斯同等大儒外，可傳承經史之學且學有本源的，當可推閻若璩了，只可惜難以共事，令李光地深感惋惜。由此可知，李光地對其人學問多有褒獎，且評價甚高。然而在評斷黃宗羲時，卻相對來得激烈許多，他曾言：

> 浙中學問，大抵好詆訶先儒，黃梨洲其尤者。〔註71〕

黃宗羲雖與閻若璩的論點相近，但卻被評之爲「好詆訶先儒」之輩，更因辨僞「十六字傳心訣」，而傷害到了程朱理學，李光地對此論述了自己的想法。首先，他針對其視《古文尚書》爲僞的說法，提出了相當強烈的批評，其在《語錄》中有云：

> 《古文尚書》，道理精確處，聖人不能易。若漢儒能爲此，即謂之經可也。黃梨洲、毛大可輩，掎摭一二可疑之端，輒肆談議，至虞廷十六字亦闢之。學者不深惟義理，徒求之語言文字以定眞贗，所謂「信道不篤」也。〔註72〕

李光地相當重視《古文尚書》，認爲此乃聖人傳道之書，不可輕易更改，更不可因一些片面可疑之處，就懷疑其眞僞；此外，他也認爲黃梨州等人，僅根據「十六字傳心訣」便斷定《古文尚書》之眞僞，實爲不識聖人傳道之義理。〔註73〕除此之外，他亦十分不滿浙東學派針對《古文尚書》與《周禮》的大肆批評，他說：

> 浙東人又是一種學問，如黃黎洲、萬充宗、季野，淮人閻百詩輩，《古文尚書》、《周禮》兩部書，便是他們仇敵。人做人、做文章，誰能盡好？看是甚麼事，甚麼話。朱子文字也有平常的，只是膚淺，沒甚緊要精采便了，決無悖理傷道。如人，他事有出入，不傷。此人曾不孝其父母，殘賊其兄弟，縱他後來勳業彌天地，也難著推獎。〔註74〕

〔註71〕〔清〕李光地：《榕村續語錄》，卷8，頁675。

〔註72〕〔清〕李光地：《榕村語錄》，卷12，頁206。

〔註73〕此處李光地將黃宗羲與毛奇齡同樣列爲反對「十六字傳心訣」一派，但毛奇齡曾作《古文尚書冤詞》八卷，駁斥閻若璩在《古文尚書疏證》中以之爲僞的看法，以爲毀《尚書》者，皆信口聒聒而已，好學者當愼思明辨之；又以爲《古文尚書》實爲軒轅黃帝以來相傳之大道，《荀子》中引《道經》有「人心之危，道心之微」之句，應是直引《書》意以爲之解。如此看來，李光地與毛奇齡對於《古文尚書》及「十六字傳心訣」的看法該是一致肯定的，故此處的批評顯然是李光地的誤會所致。

〔註74〕〔清〕李光地：《榕村續語錄》，卷9，頁683。

在李光地的眼中，浙東學派是另一種學問，只是單純指摘他人著作中之錯誤，而對理學發展毫無貢獻；閻若璩雖也有陳述其誤，但至少有據可證，且未出現過分偏激言論。李光地認為，任何學說及文章皆多少都會有些缺陷，難以盡善盡美，但只要在大道理的陳述上掌握得宜，便無礙於其價值，連朱子如此博學之理學大宗，都不免寫出平常文字，而《古文尚書》儘管在細微處有所疏漏，但也絕非是「悖理傷道」的錯誤，想是可以被接受的，然而黃宗羲等人卻緊扣著一二個可疑之地方，極力毀詬該作的價值，此舉實為「學者之大病」。〔註75〕

再者，李光地對於黃宗羲等人以為「十六字傳心訣」是《荀子》中所引《道經》部分文字的說法，更是直斥其非，他說：

> 黃黎洲乙卯年為典試除果亭、錢塘令許有三延請講學，便講〈泰卦〉。謂此卦是指祭祀，牽強沒道理，還是小兒戲語。至論「人心惟危」四句，為魏、晉人假造，但觀〈堯曰〉章，隻有「允執其中」一語可見。魏、晉人因荀子說性惡，故曰「人心惟危」；荀子說禮偽，故曰「道心惟微」；荀子說考索數語，故曰「惟精惟一」。荒唐至此。心與性何涉？又況有「人」字在。心危又與惡何涉？道與禮何涉？荀子說「禮儀三百，威儀三千」此為偽，不是說「道心微」，又與偽何涉？況孔子明說：「操則存，舍則亡」，豈非危乎？人著此等議論，誰複論其他！〔註76〕

黃宗羲指「十六字傳心訣」源自《荀子》，可以從其性惡論中得到映證，以為「人心惟危」，正是在講「性惡」，而「道心惟微」則是在講「禮偽」，然而李光地認為，「心」與「性」是不相涉的，「心危」並不等於「性惡」，所謂的「心危」指的該是「操則存，舍則亡」的意思，孔子此番言論，正可說是「人心惟危」之說的最佳證明；而「性」之所以能夠趨善，荀子以為須透過後天禮儀制度的約束與教化才能達成，這與「道」之天理微妙且不易體會的特點，並無相關，故李光地指責黃宗羲辨偽「十六字傳心訣」的論述內容，牽強無理，實為小兒戲語，更可說是荒唐之言論，由此可見李光地反駁歧見之激烈，以及極力捍衛「十六字傳心訣」的決心。

〔註75〕〔清〕李光地：《榕村全集》，卷1，〈觀瀾錄・經〉有言：「因緣微猜，毀道蔑聖，臆決哆張，此學者之大病也。」，頁22～23。

〔註76〕〔清〕李光地：《榕村續語錄》，卷9，頁683。

綜合上述所言，「十六字傳心訣」對於程朱理學的意義，不論是對欲辨其真偽的黃宗羲而言，還是極力維護其價值的李光地來說，都有著非常明確的認知。明清學者對於「十六字傳心訣」之辨偽，不單引發了李光地的反駁，進而也針對浙東學派展開了非常嚴厲的批評。閻若璩等人雖然也提出了辨偽之說，但究竟是站在經史考據的角度上來說，程度上較未對程朱理學造成嚴重的傷害；但黃宗羲更多論述焦點，是放在心、性等方面的論述上，這對身為理學大臣，並且全力捍衛其道統觀的李光地來說，相對顯得敏感許多，故針對黃宗羲的批評，必然會顯得更富攻擊意味，這該是不難理解的現象。而這也更強調了李光地對《古文尚書》真實性之肯定，以及恪守程朱理學之強烈意圖。

第三節 〈洪範〉之義理闡釋

李光地在康熙三年（1664），二十三歲時開始註解《尚書‧洪範》，耗費數十年光陰，於康熙四十九年（1710）時，才算是真正完成。〔註77〕李光地在書中論述了「洪範九疇」與〈洛書〉之間的關係，並對〈洪範〉內容及其中關於「皇極」之詮釋，提出了自己的想法。故以下針對這幾個部分加以敘述說明：

一、不以陰陽五行說解〈洪範〉

《尚書‧洪範》，記載了周武王訪箕子，箕子向周武王陳述傳授關於治理國家天下的九條大法，故又稱之為「洪範九疇」，其為：

> 初一曰五行，次二曰敬用五事，次三曰農用八政，次四曰協用五紀，次五曰建用皇極，次六曰乂用三德，次七曰明用稽疑，次八曰念用庶徵，次九曰嚮用五福，威用六極。〔註78〕

〔註77〕據《年譜》所載：「三年甲辰，公二十三歲，始注〈洪範〉。」（〔清〕李清植纂輯：《李文貞公年譜》，頁16）又：「三十九年庚辰，⋯⋯是歲〈洪範〉初稿成。」（同上書，頁136）又載：「四十九年庚寅，公六十九歲。⋯⋯八月，〈洪範〉再稿成。」（同上書，頁202）

〔註78〕〔漢〕孔安國傳，〔唐〕孔穎達疏，〔清〕阮元校勘，李學勤主編：《尚書正義》，卷12，〈洪範〉，頁355。

西漢儒者稱此九疇爲「天地之大法」〔註79〕，並多以〈洛書〉之名附會之，《漢書》中有記載：

> 五月，詔賢良曰：「朕聞昔在唐、虞畫象而民不犯，日月所燭，莫不率俾。周之成、康，刑錯不用。德及鳥獸，教通四海。海外肅眘，北發渠搜。氐羌徠服，星辰不孛。日月不蝕，山陵不崩。川谷不塞，麟鳳在郊藪，河洛出圖書。」〔註80〕

> 谷永以爲「河，中國之經瀆，聖王興則出圖書，王道廢則竭絕。今潰溢橫流，漂沒陵阜，異之大者也。修政以應之，災變自除。」〔註81〕

> 劉歆以爲伏羲氏繼天而王，受〈河圖〉則而畫之，八卦是也。禹治洪水，賜〈洛書〉，法而陳之，〈洪範〉是也。……初一曰五行，次二曰羞用五事，次三曰農用八政，次四曰旪用五紀，次五曰建用皇極，次六曰艾用三德，次七曰明用稽疑，次八曰念用庶徵，次九曰嚮用五福，畏用六極。凡此六十五字，皆〈洛書〉本文。〔註82〕

李光地對此深信不疑，他更認爲〈洛書〉是上天賜予禹，而禹藉此而作〈洪範〉。其言：

> 〈洪範〉九疇者，自後錫禹〈洛書〉而追論之也。錫〈洛書〉之意，是命禹作〈洪範〉九疇，故直以〈洪範〉九疇目之。〈洛書〉之數，具天地人之理，人者天地之心也，成位乎中而天地之理得矣。〔註83〕

可見他以爲〈洪範〉就是〈洛書〉，更強調〈洛書〉具天地之理，若存乎人心便可得天地之理。李光地更引用了朱子的看法，進一步強化此論點。他說：

> 《法言》云：「萬類錯雜，必袞諸天。群言淆亂，必折諸聖。」〈河圖〉、〈洛書〉如何形狀？自漢以後，宋以前無有也。惟班孟堅〈五行志〉有「自一至十，八卦是也；自一至九，〈洛書〉是也。」略可考據。至陳希夷後，始傳河洛及先天之圖。朱子〈答王子和〉，尚以先天圖爲不足信，而以九爲〈河圖〉，十爲〈洛書〉。後見蔡季

〔註79〕 〔漢〕孔安國傳，〔唐〕孔穎達疏，〔清〕阮元校勘，李學勤主編：《尚書正義》，卷12，〈洪範〉，頁352。

〔註80〕 〔漢〕班固：《漢書》，卷6，〈武帝紀〉，頁160～161。

〔註81〕 〔漢〕班固：《漢書》，卷27，〈溝洫志〉，頁1315。

〔註82〕 〔漢〕班固：《漢書》，卷27，〈五行志〉，頁1316。

〔註83〕 〔清〕李光地：《尚書七篇解義》，卷2，〈洪範〉，頁9586～9587。

通，始改九為〈洛書〉，十為〈河圖〉，而歎先天為最精。朱子於大
根大源處已透，又心虛而大，故一聞合理之言，便從而信之。今日
既有朱子以為依歸，何必重加根尋，自取擾亂？且說道理，必不能
如朱子之精；考據源流，必不能如朱子之確，以折群言之淆亂可也。
〔註84〕

李光地認為宋代以前已難見〈洛書〉的具體形制，只有班固在《漢書・五
行志》中指出〈洪範〉九疇即是〈洛書〉九宮之形；至陳摶始傳河洛及先
天之圖，而後至北宋發展為將九宮圖稱為「河圖」，將五行生成圖稱為「洛
書」，即所謂的「圖九書十」；南宋蔡元定則將之改變，以九宮圖稱為「洛
書」，將五行生成圖稱為「河圖」。朱子支持蔡元定之說法，並確立了「書
九圖十」之理論，成為南宋以來之通論。朱子起初以為「圖九書十」，但後
來便改變態度，成為「書九圖十」，肯定了九宮圖稱之為「洛書」；既然連
朱子都認同，而後人在義理及考據上之成就皆不及朱子，就無需再自尋煩
惱探索「圖九書十」與「書九圖十」之分岐，可知李光地亦是贊同「書九
圖十」之說法。

　　然漢儒雖認為〈洛書〉與〈洪範〉所列之九疇相關，但在內容解讀上還
是帶有漢代讖緯之學的五行色彩，文中有述：

蓋以五行世所行用，是諸事之本，故「五行」為初也。發見於人則
為五事，故「五事」為二也。正身而後及人，施人乃名為政，故「八
政」為三也。施人之政，用天之道，故「五紀」為四也。順天布政，
則得大中，故「皇極」為五也。欲求大中，隨德是任，故「三德」
為六也。政雖在德，事必有疑，故「稽疑」為七也。行事在於政，
得失應於天，故「庶徵」為八也。天監在下，善惡必報，休咎驗於
時氣，禍福加於人身，故「五福」、「六極」為九也。「皇極」居中者，
總包上下，故「皇極」傳云「大中之道」。大立其有中，謂行九疇之
義是也。……五行萬物之本，天地百物莫不用之，不嫌非用也。傳
於「五福」、「六極」言天用者，以前並是人君所用，「五福」、「六極」
受之於天，故言天用。〔註85〕

〔註84〕〔清〕李光地：《榕村語錄》，卷11，頁190。

〔註85〕〔漢〕孔安國傳，〔唐〕孔穎達疏，〔清〕阮元校勘，李學勤主編：《尚書正
　　　　義》，卷12，〈洪範〉，頁356。

漢代盛行陰陽五行之說，視「五行」爲天下萬物諸事之本，無論做人處事、成王施政，皆不離此道，所以才說「順天布政」、「得失應於天」。綜觀整個漢代歷史，這只是冰山一角之論述，而這樣的論述方式，甚至沿襲到了宋代，連注重人事實踐的王安石，在提到自己的天命觀時，也難免帶著這樣的論調，他說：

> 今或以爲天是有變，必由我有是罪以致之，或以爲災異自天理耳，何豫於我。我知修人事而已。蓋由前之說，則蔽而葸，由後之說，則固而怠。不蔽不葸、不固不怠者，亦以天變爲己懼。不曰天之有某變，必以我爲某事而至也，亦以天下之正理，考吾之失而已矣。
> 〔註86〕

這段文字可看出王安石的天命觀有兩個方向：一是強調修治人事的重要性，「天變」不代表「我有是罪」，反對上天的主宰能力；二又將「天變」視作己身行事有所缺失之警惕，保留災異變象對人君所造成的警戒作用。這樣的天命觀思維模式承襲數千百年，流傳至理學昌明的宋代，仍有十足的影響作用，不難想見漢代當時對於五行、災異、讖緯之說的風靡程度有多嚴重。

整體而言，漢代儒者多將「天」視作最高之政治信仰對象，而陰陽五行正是天意在現實上的體現，甚至將〈洪範〉塑造成漢代陰陽五行說的代表經典，連在解釋其中與人切身相關的「五福」、「六極」也不脫離此範疇。「五福」，指的是長壽、富有、身體健康、以修德爲要事、能得善終，而「六極」則是相對的概念。然漢儒卻將其視爲「受之於天」，強調善惡到頭終有報的不可逆性，就連承天之命，生來尊貴的君王本人，更必須要秉天辦事，與天合德，才能實現國泰民安的政治理想。這種過度強調上天價值的思維方式，使得〈洪範〉本來具備的義理內涵逐漸被忽視，故李光地並不贊同這種作法，其言：

> 昔之言五行者，於經未有也，始見於〈洪範〉而已。後世因之，其術蓋詳，托言出於炎黃之書，然皆方技雜流不可盡信。〔註87〕

他認爲漢儒採用「五行」說附會〈洪範〉的作法，皆是方技雜流，不可完全相信。他們所說之「五行」乃是陰陽家發揮演繹出來的，並非是〈洪範〉裡

〔註86〕 〔宋〕王安石：《臨川先生文集》，北京：中華書局，1959年，卷65，〈洪範傳〉，頁695。
〔註87〕 〔清〕李光地：《榕村全集》，《洪範新舊說》，頁6249。

「五行」的本義。李光地以為〈洪範〉裡「五行」，應該是比較樸實自然的，他說：

> 五行者，天道民事之首。〔註88〕

> 水、火者，氣也，故一曰水，二曰火。木、金者，質也，故三曰木，四曰金。土者，兼載五行，故五曰土。潤下之類，因其性以取其用也，作咸之類，於用之中而指其最切者也。《詩》云：「民之質矣，日用飲食。」非五行而物何以生哉？〔註89〕

五行，實是民生日常之首先要務，即用水、火、木、金、木等自然元素之特性，說明當時人們生活及產業的內容概況，簡而言之便是所謂的「日用飲食」，而這樣的說法相較於漢儒，不僅比較平實樸素，且更為切近五行原旨，也不再那麼充滿了神秘色彩。李光地又說：

> 天地五行，以生萬物。形神五性，以出萬事。萬物終始於天，萬事生化於心，一也。此實三才合一之機，窮理盡性，至命之源也。
> 〔註90〕

五行關乎民之所需，故上天才賜禹「五行」，並使之位列「洪範九疇」之首，然世間萬物雖終始於上天，但人心才是萬事生化、窮理盡性的關鍵所在。只因人與萬物皆是同天地之性而生，若能擴大本心，體察萬物，便可了解萬物皆備於我，「五行」之旨也就昭然若揭了。然若是強行將之視作天意的表現，那恐怕就無法貼近人之本心了，故李光地說：

> 五行以下，蓋理與性不可圖而象也。……固天地之所以為大，而超然于陰陽之上矣，而其下之在人物之身者，則亦與天地同其大，而曾無毫末之虧也。……非見道之明知性而知天者，其孰能與於此？……然天地以性賦之人者也，父母以性傳之子者也，父母近而天地遠，故事父母，人所知也，事天地，人所不知也。〔註91〕

雖說萬物皆由天地之性所生，但「人性」卻是得到天地之性的「正」，所以說與天地同其大而無所差異，故「知性」就能「知天」。而謹奉孝道乃每個人所共知之道理，是最為貼近日常生活之要事，若要盡其天賦之善性，就應該從

〔註88〕〔清〕李光地：《尚書七篇解義》，卷2，〈洪範〉，頁9586。
〔註89〕〔清〕李光地：《尚書七篇解義》，卷2，〈洪範〉，頁9589～9590。
〔註90〕〔清〕李光地：《榕村全集》，卷24，〈周子太極圖說〉，頁1244。
〔註91〕〔清〕李光地：《榕村全集》，卷9，〈周子贊〉，頁497～498。

自身修養著手，謹守孝悌之義，而非一味窮究天地造化之事。由上述可知，李光地在理解〈洪範〉時雖採納了漢儒的意見，認為〈洪範〉即〈洛書〉，肯定其存在意義，但卻不囿於漢儒往往附會於陰陽五行的舊說，從中提出較為平實，且偏向義理思維的論述內容，這是李光地在談論〈洪範〉時值得注意的地方。

二、論〈洪範〉「皇極」思想

李光地在學術立場上的轉變，使得他對於朱子學說多表贊同，如在談到傳承〈洛書〉的貢獻上，就特別推重其功勞，他說：

> 仲尼既歿，《易》道湮廢，自卦爻之詞，昭然具存，固已盡失其義。又況乎天人授受之秘，有在於語言文字之表者，無惑乎其不傳也。漢之儒者，雖不能曉暢精微，而守之未失，至於有宋，經學為盛而異言轉多。劉牧以九為〈河圖〉，十為〈洛書〉，比之舊傳，正為顛倒。歐陽脩不信《大傳》，遂與〈河圖〉、〈洛書〉皆以為贋而并棄之，惟朱子表章發明，而圖書始顯。然元以來，挾異見而滋群疑者，尚不勝其紛拏，故四千餘年理義象數之宗，書契文字之祖，以至于今昧昧也。〔註92〕

孔子去世後，經書原義多已盡失，漢儒雖然未能對〈洛書〉通曉精微，加以發明，但卻能守之未失，保留其原貌。至宋代時，歐陽脩等人開始懷疑〈洛書〉的真實性，而逐漸棄而不用，一直到朱子才重新闡發，使其義理昭然。朱子說：

> 大抵《尚書》有不必解者，有須著意解者。不必解者，……如〈洪範〉則須著意解。〔註93〕

「洪範九疇」在宋代常被用為帝王經筵講習的內容，朱子亦針對其中「皇極」之義理內容著書立說，足可見其重視程度。而宋儒解〈洪範〉大多強調經世致用的價值，開展其政治理念，王安石便特重視〈洪範〉要旨，認為此乃聖主治國之準則，他說：

> 天命聖人以敘之，而聖人必考古成己，然後以所嘗學，措之事業，為天下利。苟非其時，道不虛行。伏惟皇帝陛下，德義之高，術智

〔註92〕〔清〕李光地：《榕村全集》，卷15，〈河圖論〉，頁758～759。
〔註93〕〔宋〕黎靖德編，王星賢點校：《朱子語類》，卷78，頁1983。

之明，足以黜天下之蒐瑣，而興其豪傑，以圖堯禹大平之治。而朝
廷未化，海內未服，綱紀憲令，尚或紛如。意者殆當考箕子之所述，
以深發獨智，趣時應物故也。〔註94〕

又言：

是以《書》言天人之道，莫大於〈洪範〉，〈洪範〉之言天人之道，
莫大於貌言視聽思。大哉聖人獨見之理傳心之言乎，儲精晦息而通
神明。〔註95〕

貌、言、視、聽、思五感，乃是所謂的〈洪範〉五事，強調這五事的表現，
以達到聖人的境界，由此可知，王安石在解〈洪範〉時，側重在於其政治及
實際人事作爲方面。然林之奇在論〈洪範〉亦主張人君須向聖人取法，方能
大治天下，他說：

聖人建皇極以教民，而民之趨於皇極者，必有其序焉。惟皇上帝，
降衷于民，民之所以稟受於天者，莫不有皇極之道，惟其因物有遷，
梏於蕞爾形體之微，故小己自私，至於偏陂反側，而失其所以固有
之中，流於物欲而不能自反。人君既已建皇極於上，使民皆知大中
之道，本於天性之所固有，而去其所謂偏陂反側者，則大中之道，
將卓爾而自存矣。〔註96〕

身爲人君，須建立一大中之道，以作爲人民遵守的標準，使之避免流於物欲
而至於偏頗，依據此法教化百姓，便可順利恢復其本有之性，這樣才是治理
國家、教化天下的關鍵所在。由此可知，宋儒在說解〈洪範〉時，焦點多集
中在意圖提供爲人君者正心修身，樹立天下楷模的進程思路，而朱子從〈洪
範〉中所引之「皇極」說，更是集其大成之展現。他說：

蓋「皇」者，君之稱也；「極」者，至極之義，標準之名，常在物之
中央而四外望之，以取正焉者也。故以「極」爲在中之準的則可，
而便訓「極」爲「中」則不可。……既居天下之至中，則必有天下
之純德，而後可以立至極之標準。〔註97〕

〔註94〕〔宋〕王安石：《臨川先生文集》，卷56，〈進洪範表〉，頁609。

〔註95〕〔宋〕王安石：《臨川先生文集》，卷66，〈禮樂論〉，頁704。

〔註96〕〔宋〕林之奇：《尚書全解》，收入《通志堂經解》第5冊，揚州：江蘇廣陵
古籍刻印社，1993年，卷24，頁467。

〔註97〕〔宋〕朱熹著，陳俊民校訂：《朱子文集》，卷72，頁3586～3587。

「皇極」之說，來說亦得之。大抵此章，自「皇建其有極」以下，
是總說人君正心脩身，立大中至正之標準，以觀天下而天下化之之
義。〔註98〕

「皇極」之義，就是要建立君王本身的道德形象，必須要具備天下之純德，
才夠資格成爲人民崇尚效法的對象。而以此爲據，人君立下大中至正的標準，
使天下從而化之，這便是「皇極」眞義。李光地對這樣的說法深表贊同，他
說：

《書》者，參天兩地之數，中五爲人位，〈洪範〉之建皇極而參天貳
地者，理取諸此也。……〈洪範〉之效天法地而成位乎，其中者理
亦備諸此也。〔註99〕

王者則上謹於順天，中以修身，而下以治世，此三者其綱也。五行
者，天道之大；五事者，修身之要；八政者，治世之法；五紀則五
行之播於四時者也；皇極則五事之止於至善者也。〔註100〕

〈洪範〉五事爲「修身」之要旨，而將此五事完成至完美境界之人，便是所
謂的王者了，而君王立極的思維便是成就一德行完備的聖人形象，故必須以
個人道德修養爲內涵，因此特重修身之道。李光地更據此一要旨，開展出自
己心目中的君臣形象。他說：

王者既以修身之五事自省矣，然修身必見於政，而有君不可無臣，
故必上下交儆，庶績咸熙，然後天和可召也。〔註101〕

既能引導天下萬民領受教化並深受其德惠，如此君王必懂得簡任賢能，若能
與臣下交相警戒、互助合作，當可使其治績顯著、政局清明，成就君臣之間
「建人位而稱皇，負大道而佐王」〔註102〕之政治意義，進而使所輔佐之君王
達到成德立功，內聖外王的目標。李光地又說：

人君信蹈其德，則聽言者審，而於臣下之所謀無不明；信任者專，
而於臣下之所弼無不諧，此爲治之要也。又因禹之問而申其意謂迪
德之道，在乎慎修其身，而所慮者遠，二者蓋持敬謹幾之學也。德
之見於行者，自親者始，不順乎親，不信乎朋友矣。身修家齊，然

〔註98〕　〔宋〕朱熹著，陳俊民校訂：《朱子文集》，卷44，頁1954。
〔註99〕　〔清〕李光地：《榕村全集》，卷9，〈象數拾遺〉，頁468～469。
〔註100〕　〔清〕李光地：《尚書七篇解義》，卷2，〈洪範〉，頁9587～9588。
〔註101〕　〔清〕李光地：《尚書七篇解義》，卷2，〈洪範〉，頁9605。
〔註102〕　〔清〕李光地：《榕村全集》，卷16，〈人說一〉，頁831。

後謀無不明，而在位皆群哲，弼無不諧，而群哲皆勉輔，不出宮庭而天下治者，由此道也。〔註103〕

陸象山以爲〈皋陶謨〉爲〈洪範〉傳道之書〔註104〕，李光地深表認同，特以「修身」、「持敬」等概念作爲〈洪範〉傳道之主旨，君王治世之要務。而「修身」正是治天下之本，而內心持「敬」，便會嚴格要求自己的行爲，懂得做人處事須謹愼小心，面對任何事就能夠處理得當，「敬」須活用，方能自然受他人尊敬，而不是被人畏懼，爲政亦應該把握此一原則。李光地更進一步指出「敬」爲聖賢相傳之法，他說：

> 自古聖賢相傳心法之要，大率不外乎兩端。《虞書》：欽明，欽，其體也；明，其用也。……禹作〈洪範〉九疇，其要在敬用五事，蓋自一身貌言視聽之則，以至萬物萬事之理，無非事者，然必以敬爲體，而後五事之用，可以各盡其職。〔註105〕

鄭玄云：「敬事節用謂之欽，照臨四方謂之明」〔註106〕，「欽」，便是「敬」，李光地將「敬」視爲〈洪範〉勉勵君王成就道德本體，重視內在修養的成聖準則，以〈洪範〉五事作爲昭明文德的方式，照臨四方以安天下的外王表現，正是他所強調聖君修養自身，達到體用兼備之經世目的。

康熙帝廣覽群書，且特別留意學問之經世價值，亟欲在短時間內有效地處理滿漢兩族異中求同、治道合一的議題，李光地這種強調君王以修身、持敬爲治天下之本的思維模式，確實深得帝心。除此之外，李光地還提出天下只有君王才符合「建極」資格的論點，他說：

> 皇極一而已，非如他疇之有條目，故釋其義，惟曰：「皇建其有極」，言王者作君，作師，爲天下表也。……故建極者，所以斂福於已，而即所以敷錫庶民者也。敷錫之道，使之觀感而興焉，使之率教而化焉，使庶民皆於汝取法，則觀感之深也，與汝保守此法，則率教之至也。是以在下之民皆無淫朋，有位之人皆無比德者，惟皇有以作之極而已。〔註107〕

〔註103〕〔清〕李光地：《尚書七篇解義》，卷2，〈皋陶謨〉，頁9668。

〔註104〕〔清〕李光地：《尚書七篇解義》，卷2，〈皋陶謨〉言：「象山陸氏曰：『〈皋陶謨〉、〈洪範〉，傳道之書』。」，頁9667。

〔註105〕〔清〕李光地：《榕村全集》，卷17，〈敬義説〉，頁880。

〔註106〕〔漢〕孔安國傳，〔唐〕孔穎達疏，〔清〕阮元校勘，李學勤主編：《尚書正義》，卷2，〈堯典〉，頁30。

〔註107〕〔清〕李光地：《尚書七篇解義》，卷2，〈洪範〉，頁9592～9593。

宋儒多以爲「皇建其有極」是教導人民，使之趨於「皇極」的意思，朱子亦認爲人君既以純德立下標準，無非就是要人民遵守並效法，使其德行歸善，進而達到天下大治的目標，這樣的論調，實是具備相當強烈的政治意義。而李光地身爲當朝皇帝身邊親近的大臣，強調王者貴爲黎民表率，爲天下無可比德之存在，更是大大提升君王的地位與價值。李光地刻意提高了君王的威權，再以「持敬」之說修飾其高高在上、難以親近的形象，等於是將宋儒解讀〈洪範〉時，大多強調經世致用之價值，而意圖重新塑立君王德治形象的說法，結合自身政治目的之考量，繼承朱子「皇極」說要旨，進而迎合上意所趨而做出的結論。

李光地之《尚書》義理思想，主要針對其對《古文尚書》之看法、〈大禹謨〉「十六字傳心訣」之義理探析，以及〈洪範〉相關之義理闡釋。李光地在釐清《古文尚書》爲眞，以及捍衛其學術價值的立場十分堅定，相較於朱子的疑信參半，他始終相信其眞實性，儘管其中仍有僞造之可能，但李光地仍極力迴護，可見其鞏固儒家傳統經典，堅守道統傳承之用心。然而，李光地何以堅持其價值不可撼動？筆者以爲其原因有二：其一，李光地恪遵儒術，學術思維由王轉朱，可解釋成是爲了呼應康熙帝「崇儒重道」與「治道合一」的施政方針，並迎合其對程朱理學思維之鍾愛，故堅守《古文尚書》爲眞，必然是爲了確實闡發程朱理學欲透過「十六字傳心訣」，開展聖人傳心之旨，進而確立儒學道統的學術意義。李光地身居高位，且被譽爲當代理學大家，又如何能不挺身而出？故他對於過度辨僞，甚至到了無端指摘之言論，明顯提出激烈的反駁，實屬必然之理；其二，《尚書》學中除了豐富的義理思想外，亦提供爲政者治國之方向，行政之考量，若是其存在價值受到質疑，那麼作爲統治者治理國家之理論依據，便全然失去了意義，故李光地自是無法忽視。

總之，李光地之《尚書》義理思想，實際上是站在《古文尚書》爲眞的基礎上立論，如此一來，無論是在「十六字傳心訣」中涉及到關於心性概念方面之論述，或是談〈洪範〉「皇極」思想時特別強調其政治意義，並建立其皇者威權的思考模式，才能有所憑據，而不至於淪爲空談，且方能透過親身從政、貼近上意之優勢，眞正完成儒家所謂致君堯舜之政治理想，而這點卻是諸多宋明理學家所無法辦到的。

第七章　結　論

　　清廷主要是藉著「崇儒重道」政策作爲維繫人心、鞏固政權的工具，故康熙帝將程朱理學尊爲官學，而李光地等人亦建議康熙帝結合「治統」與「道統」，使統治者成爲了「道統」的領袖，即是皇權成爲政治與文化運作的核心，塑造出符合儒家追求內聖外王的聖人形象，在政治上實踐儒家文化的理想，對於清初政局與文化的穩定，有著一定程度的影響。

　　李光地在晚年由陸王轉朱的學術思想轉變，的確迎合了康熙帝尊崇朱學的政治意圖，在學術上的投其所好，不僅使李光地鞏固了自己在康熙帝心中的地位，同時也鞏固了在政治上的勢力。而在政治生涯上的卓越成就，亦連帶牽連了他在學術領域上的表現，這也是爲何李光地之學術貢獻較少被人討論的原因之一，然就針對其學術內容方面，亦確實有值得嘉許之處。身爲一個理學家，李光地強調先四書而後五經的讀書次序，將其視爲完整獲取義理價值的爲學歷程，不僅提供了當時學子簡易入門的學習之路，也企圖透過回歸原典、尋求經中眞理的方式，將理學與經學結合，成爲解釋、闡述並研究傳統儒家經典的一種學問。在追求內聖爲爲人處事之基礎後，由此向外推廣至外王之學，重拾修、齊、治、平等要旨的意義，使他所提倡的格物致知說，偏向了內在省察的趨勢，而這也是李光地企圖對《詩經》、《尚書》投入較多關注的原因，亦成就了其《學》《庸》化之《詩》《書》義理內容之特點。筆者以爲，迎合康熙帝之意，建立道、治統合一的學術思維，以及試圖用理學的角度解構經學，達到振興儒學，使其回歸原典之目標，是李光地的首要訴求，也是他欲賦予《詩》、《書》的終極價值。以下分別論述李光地《詩經》及《尚書》之義理內涵，並以個人淺見作結：

一、在《詩經》義理方面

李光地透過體悟聖人之意，強調《詩經》政教之用，並將其政治化。主張以「情性」爲修身之本，透過盡情盡性以完成《詩經》「思無餘」之旨，結合理學思維對其詮釋，簡述如下：

（一）體悟聖人之意

李光地從儒家禮樂教化的角度來分析〈衛風・碩人〉，認爲孔子把「素以爲絢」此句刪去，是怕人將其誤會成「先天的才質，即是禮樂教化」。然李光地在談人性及修養問題時，以爲人之「才質不同」，但「皆可以爲堯舜」，皆可「反求擴充而得其全」，這樣的論述方式偏向陸、王心學之思維，但他同時也極爲肯定「習化之變」的價值。「素」是天資，即人之本性，其本質雖已良善，但仍不可抹煞「絢」之重要性，若言「素以爲絢」，會因此抹殺了後天學習、禮樂教化的價值，而李光地將從《大學》所引申出的「知本」義，作爲個人思想主軸，特重修身之道，其實也就是強調後天教化與學習的重要性，與孔子相較之下，雖然一個著重的是禮樂教化的意義，一個則是強調反求諸己，以修養己身爲本，但仍同屬於「繪事後素」的思維模式。儘管在文字意義之理解上與孔子本意有別，但仍可見欲藉此帶入《大學》「知本」說，也可視作其由《學》而《詩》之義理脈絡；另外，他針對朱子以爲〈衛風・碩人〉刪去詩中在於「不合於義理」的看法，提出了不一樣的意見。繼而談及〈唐棣〉之詩時，認爲內容傷害了兄弟之間的情誼，亦與儒家中庸之道不符，所以孔子將其刪去。李光地提出對於〈衛風・碩人〉以及〈小雅・常棣〉的疑問，來推論孔子有刪改過詩的內容，由此可知，李光地是支持孔子刪《詩》的。

孔子刪〈常棣〉之詩，從情感及語譯層面上考量來看確實合理，但就義理思想方面來說，或許有一些個人的想法。《論語・子罕》所引疑似《詩》中逸詩，「唐棣之華，偏其反而」兩句，孔子意在證明道之遠而不可捉摸［註1］，但「夫何遠之有」又強調「道不遠人，思之則得」［註2］的概念，確實能從中反映孔子的「我欲仁，斯仁至矣」［註3］之思想內涵。歐陽脩認爲該段文字「害

［註1］ 《論語・子罕》，楊伯峻譯注：《論語譯注》，頁101。
［註2］ 《論語・子罕》，潘重規：《論語今注》，臺北：里仁書局，2000年，頁197。
［註3］ 《論語・述而》，楊伯峻譯注：《論語譯注》，頁79。

於兄弟之義」，但程頤則認爲該文「極有涵蓄，意思深遠」。〔註4〕李光地認爲《詩》文字多是富有思考意義的，故他抱持著解《詩》「須體聖人意思」的原則，在過程中亦企圖推究孔子刪《詩》所抱持之義理內涵，且他在談及刪《詩》時亦以爲只是刪改，而非只是刪減，這樣的說法亦是他在談《詩》上的貢獻。

（二）強調政教之用

孔子認爲《詩經》可以培養聯想力，啓發人的思想與感情，意指《詩經》之內容能夠針對不良之事加以批評，達到諷刺的效果，甚至可以運用其中道理來侍奉父母或服事君上，而李光地提出了孔子刪《詩》之凡例，強調《詩經》「補察時政，洩導人情」的政治性效果、著重儒家典型道統與治統完美結合的政治模範、外交場合及「賦詩言志」的實用價值、發人之善心，使不正歸於正的道德教化意義……等，總結來說，李光地乃是有意把它與政治牽合。在論《詩經》內容時代順序時，更從政治教化思想內容去界定《詩》中詩篇之屬性，注重其教化作用與意義；在論及「《詩》亡」議題時，亦從政教興衰的角度寄予深切的含意，正呼應了李光地以政治教化思想內容界定《詩經》屬性的看法，而這樣的看法使之原本的排列順序自得其所，亦較前人所言來得更爲妥善。

李光地身爲康熙帝重用的大臣，大力配合推行當時朝廷之政策，藉由其對於《詩經》之看法，不斷與清初現實政治環境結合，透過對於儒家傳統經典的提倡，來增加清朝統治的權威性與合理性，一來可藉此迎合上意、鞏固權位；二來正與清初「崇儒重道」、重新重視儒家傳統經典的文教政策相呼應。清初朝廷以外族之姿統治好廣大的漢族子民，對傳統儒家學術更大幅度地重視推展，爲的就是更穩固地掌握政權與維持社會文化的穩定，李光地此舉正是針對當時政治與文化格局所闡發，得以迅速完成道統與治統合一的準確判斷。

（三）以「情性」爲修身之本

李光地提出《詩經》中有所謂的「道」，主要是與其知本、明性說之概念相結合。李光地的「知本」說，乃是將身心性情作爲格物的首要根源，以此作爲根本的話，可以更容易看到「天性之本」。先修身正心，見得天性

〔註4〕　《論語集注・子罕》，〔宋〕朱熹：《四書集註》，卷5，頁116。

之本，才能盡人物之性，希望能在以本心爲根源的前提下，即物窮理，才不會流於逐物不返，等於是結合了程朱學的踐履工夫，又能避免流於肆蕩之弊。

　　簡單來說，「知本」爲的也就是要「明性」，李光地透過《中庸》來闡發他的「明性」思想，李光地認爲「理」是「性」在事物上的表現，故「性」該是純粹至善的最高本體，所有的萬物都是遵循著由「性」所規定的「理」而生，因此「理」是歸屬於「性」的。所以說，「性」是其思想最高本體，但需要靠喜怒哀樂之「情」而展現，必須透過盡情的工夫來達到盡性的目的，故又曰「情即性」。《詩經》之中更將其「修身」以至平天下的道理說得完整融合，故他主張《詩經》內容乃是人之情性的抒發與展現，這就是《詩經》中之「道」；而「道」乃在闡明《大學》修、齊、治、平，而後能參天地之化育，達到天人相通的修養進程。藉由情性的抒發，涵養自己的本性，並以夫婦之道爲基礎，從而達至最高境界，他這裡所提出的情性觀點，不僅結合了理學思維，將經學理學化，更帶有個人道德修養與教化意義。

　　李光地以「正治天下之本」爲經書究極之「道」的體現，他認爲《詩經》表達的人情物理，都是以性命天理爲依歸，以爲《詩經》內容乃是由齊家、治國、平天下，乃至贊天地化育的一貫表現，又主張修身之道，當以「情性」爲本，而《詩經》是最能將此情性之理表達得「薈萃融洽」的。故李光地在闡述《詩經》時，特別注重「道」之意義，此「道」字是他自己在讀詩時的體悟，而非單純去說解《詩經》原文而已，故「情性」二字，可說是他以理學的觀點來解釋《詩經》的最佳證明。

（四）以「思無餘」釋「思無邪」

　　李光地認爲所謂「思無邪」，不是指作詩之人性情無邪，也不是指《詩》之內容無邪，而是強調《詩經》教化的功用，透過讀《詩》，可以禁止人產生邪心，將心之惡導歸於正。孔子既然刪《詩》，那麼三百篇裡絕大部分都是有教化意義的，雖然有〈鄭〉、〈衛〉等淫詩的存在，但就整體角度來評斷，說《詩經》裡之篇章爲無邪思作者之創作亦是可行；把「鄭詩」與「鄭聲」分別看待，以爲相較於淫邪詩篇，淫邪之聲更容易迷惑人心。去除鄭聲，就好像遠離奸佞小人；如果保留鄭詩，則可知奸佞小人之情狀，目的就是要讓人引以爲戒。故主張「思無邪」應該是戒辭，實爲警惕之用。

雖然李光地認爲《詩》之最終目的是使人不要產生邪思，將不正導於正，但他也提出了自己的想法，認爲「思無邪」應該可解釋爲「思無餘」，應該是「思之周盡而無餘」之意。經書中的諸多道理學問，以至於世事人情，都還有搜求未盡的地方，但只有《詩經》能窮盡事物曲折，情僞變幻而沒有遺漏，故提出以「餘」解「邪」的說法，強調《詩》之經世價值。這樣的說法並非否定了過去朱子、呂祖謙反覆辯論的結果，只是在「不欲破盡舊解」的前提下，提出了屬於個人的思維路線；換言之，在李光地論《詩》之義理的概念中，「思無邪」可說是人受其《詩》之教化而可保持無邪端正之心的終極目標，太過看重《詩》教的功用，低估了「人心」的變化，反而將使人心之歸善無所依據了。而他提出的「思無餘」之說，「無餘」正反映了他以爲《詩》之「薈萃融洽」的要義，正說明了盡情盡性以達天人相通之境的意旨。他認爲《詩》中之「道」，乃是涵攝萬物、無所不包的，如此解釋《詩經》，顯然是受到宋明理學家影響，他們注重自身修養工夫與性情之涵養，且相當重視《詩經》的教化功能。李光地強調「天下之道盡於《六經》，《六經》之道盡於《四書》，《四書》之道全在吾心」，認爲人只要能夠「盡心」，便能「知性」，就能懂得「萬物皆備於我」的道理，這樣才不會流於捨本逐末之弊。然「盡心」之後是否一定能達到「知性」之目的？這就未必了。

由此可見，李光地在闡釋《詩經》內容思想時，除了程朱理學的思維外，更駁雜了陸王心學的色彩，就學術角度來說，或可視作兼容並蓄，然綜觀李光地之生平學術歷程，亦可視之爲立場搖擺，不夠堅定，故站在研究者的立場，更須客觀看待之。

二、在《尚書》義理方面

李光地肯定《古文尚書》爲眞，其地位不容質疑，更透過對「十六字傳心訣」之詮釋，捍衛其學術價值，以及在〈洪範〉「皇極」說解上，重塑君王德治形象的地位，簡述如下：

（一）肯定《古文尚書》爲眞

朱子懷疑《古文尚書》爲僞作的觀點，實對後代疑《古文尚書》之辯駁學者有所啓發；雖然其對《古文尚書》提出質疑，但是卻又以「《書》有兩體」來爲今、古文作整體解釋，最後選擇了疑信參半，主要是爲了確立儒家道統

之「十六字傳心訣」義理思想，為的是捍衛儒家傳統經典的立場。而李光地在經學上雖深受朱子影響，但對於朱子之說法提出了辯駁，提出了幾點說法以迴護《古文尚書》的真確性。

其一，李光地認為即使是同一個時代，每個人的文風也可能有所不同，加上每個人都有獨特的寫作風格，即便是與當代其他作品風格迥異，也不能因為這樣就認為其為偽作。

其二，伏生所傳之《今文尚書》之所以梗澀難讀，在於伏生不識隸書，晁錯不識古文，再加上兩人使用之方言不同，因而造成謬誤，容易誤傳誤寫，這就是為何《今文尚書》難懂，而《古文尚書》比較易曉的原因。因此，不能單就因為《古文尚書》易曉為其理由，便認為是其偽作。

其三，朱子提出「《書》有兩體」為今、古文作整體解釋，李光地亦提出了他的看法，亦承認《古文尚書》在流傳過程當中，是有刪減增添、潤飾，甚至是竄改的可能，但依舊不能說整本《古文尚書》皆是偽作。

綜合以上所述，李光地對《古文尚書》真偽立場十分堅定，雖然與朱子的說法有些許差異，但立場基本上是一致的，其出發點皆是為了鞏固儒家傳統經典，堅守道統之傳承與正統性，以及闡發「十六字傳心訣」之義理思想，故確立《古文尚書》之真實性是有其必要性的。

（二）對「十六字傳心訣」之維護及詮釋

程朱理學透過「十六字傳心訣」，陳述了許多關乎心、性、道等義理思想相關之論點，深刻影響後世諸多學者。然在明清之際，有一些學者，如梅鷟、閻若璩、黃宗羲等人，開始對「十六字傳心訣」之內容提出了質疑，甚至動搖了程朱理學宗旨之基礎，故李光地針對此番論辯，提出自己的意見，並展現出意圖捍衛其意義價值的決心。

梅鷟與閻若璩透過經史考據之角度，提出所謂「十六字傳心訣」之部分文字，多從《荀子》一書改寫而來的說法，而黃宗羲則是站在「十六字傳心訣」在義理內涵上之解讀方式本就有誤這點，提出強烈的批評意見。以為其十六字，其實只是儒家要教人做到不失人心，而非附會天理、人欲等概念，企圖用以說解程朱理學之中心思維。這樣的一番論調，深深重創了盛行已久之程朱理學，甚至使其長期恪守之理學宗旨及義理內涵頓時失去了文本依據。

　　李光地身爲當時之理學大臣，以恪遵程朱理學之義理爲己任，自然難以
容忍這樣的言論，故他尤視黃宗羲之說法實爲戲言，甚至荒唐，對此展開了
激烈的論辯。李光地首先直斥其針對《古文尚書》大肆批評之舉，實乃學者
之大病；再從黃宗羲曲解儒家原意以附會己見的說法，提出反駁的意見。黃
宗羲以「人心危」論「性惡」，以「禮僞」說「道心微」，這樣的說法在李光
地眼中根本無理可循，況且孔子云「操則存，舍則亡」一語，便可確切說明
「人心危」之道理；除此之外，更是大力抨擊了黃宗羲以爲儒家經典中只談
「人心」而不講「道心」之論點，徒昧於辭句運用與否，而忽略了其聖人眞
義，甚至根據「十六字傳心訣」便斷定《古文尚書》爲僞，實爲不識聖人傳
道義理之實證。而李光地在捍衛其地位價值不遺餘力的表現，正如實反映了
他身居臣位，恪遵道統學旨，並且背負著當代理學大宗重任之強烈使命感。

　　在「十六字傳心訣」之義理思想詮釋方面，朱子已是不遺餘力，而李光
地對「人心」與「道心」之說法多有闡發，然有部分說法可視作對朱子論點
之修正。他雖然也同樣認爲只有一心，然人心與根性而生之道心是同存其內
的，人心就如同是外在皮殼，道心則是皮殼之內的果實，如果要談論到心，
則勢必要把心與性合在一起講，兼談人心與道心，如此方能窺見整體心之面
貌，才算是「本來之心」。李光地這種說法正切合他以「性」爲理之總名，將
「人性」視爲《中庸》最高原則之論點，這樣的說法正修正了朱子將心分割
爲二的說法。

　　此外，朱子在探索「十六字傳心訣」之義理思想，牽涉到「惟精惟一，
允執厥中」二句時，特別強調了「精一執中」的工夫，指出「惟精惟一」便
是「允執厥中」之本，著重在「行」的工夫，即是在現實方面處置得宜之意
思，便是所謂的「允執」，這塑造了聖賢於義理內容上之思維模式，更強調了
其修養工夫的重點所在。李光地以爲朱子談「執中」，是站在日用處事的角度，
便是針對「事」來展開論述，然而他主張「非精一之外，別有執中之事」，故
自家心裡必須做到內外兼修，從「心」而「事」，並透過修養工夫，方能無所
不中，才算得上是如實曉得《尚書》之義理要旨，這論點又與朱子有些許差
異。但總結來說，李光地在心性論上的說法顯然是受到朱子之影響，更對其
藉由《尚書》「十六字傳心訣」闡釋出其道統思想，並極力維護儒家地位的作
爲深表肯定之態度，故於朱子談及關乎皇帝形象之〈皇極〉說時，李光地亦
多有所繼承與闡發。

（三）重塑〈洪範〉「皇極」之君王形象

「洪範九疇」在宋代常被用為帝王經筵講習的內容，朱子亦針對其中「皇極」之義理內容著書立說，足可見其重視程度。而宋儒解〈洪範〉大多強調經世致用的價值，開展其政治理念。李光地繼承其論述焦點，並強調其中「皇極」真義，以為「皇極」之義，就是要建立君王本身的道德形象，必須要具備天下之純德，才夠資格成為人民崇尚效法的對象。而以此為據，人君立下大中至正的標準，使天下從而化之，故必須以個人道德修養為內涵，因此特以「修身」、「持敬」等概念作為〈洪範〉傳道之主旨，君王治世之要務，並從中開展出自己心目中的君臣形象。

而康熙帝亟欲在短時間內有效地處理治道合一的議題，李光地這種強調君王以修身、持敬為治天下之本的思維模式，確實深得帝心。更提出天下只有君王才符合「建極」資格的論點，大大提升君王的地位與價值。刻意提高了君王的威權，將宋儒解讀〈洪範〉時多強調經世致用之價值，而意圖重新塑立君王德治形象的說法，結合自身政治目的之考量，繼承朱子「皇極」說要旨，進而迎合上意所趨所做出的結論。

綜觀本論文所述，就李光地之生平及從政經歷來說，確實可看出他在當朝舉足輕重的地位，但也確實受到了前面所談到關於「三案」之糾纏，使得李光地的人品備受質疑，連帶貶抑了他在學術上的表現。研究對象之私德與事功雖未必劃上等號，然考慮到李光地所處之政經背景，或許真存在著現實考量的成分，使得他難免有逢迎之舉；且就其學術展現方面，李光地雖身為當代著名程朱理學家，但其學術立場卻難以堅定，或許是受到康熙帝極力推崇程朱學之影響，使得李光地之學術路線出現了由王轉朱的傾向，甚至全然倒向了程朱一派，而這游移不定之立場，亦曾遭到康熙斥之為假道學。由此可知，李光地所學雖廣博，但卻難見純粹；且也正因如此，筆者在研究李光地《詩》、《書》義理時，發現其中確有自《學》、《庸》所闡發之思想內容，亦可見其與前人相異但更具合理性的說法；此外，他更針對陸王及程朱理學思維，提出了修正意見，這確實是李光地學術之特點。然從其學術立場明顯為了政治而服務，以及部分學術論點矛盾處，亦可發現雖然他在經學、理學上的表現，有其精闢可貴之處，但確實不及其於政治學上之成就亮眼。

然而，就從客觀層面上探究李光地《詩》、《書》之義理內涵，仍可說是融合程朱理學思潮及家學淵源下的產物，並以《學》、《庸》為學術基礎，建

立以義理思想為主要論述脈絡之《詩》、《書》體系，從人倫關係擴展到政治意圖，由修齊治平之道，拓展至外王治國之理。就其從政經歷及所處環境，亦可發現其學術論點，是確實落實在君王治理國政的體用層面上，具有實學成分，而非純論形上觀念而已。李光地意圖透過《詩》、《書》二經所呈現的，無非是儒者心目中理想的典範政治藍圖，即是所謂的道治統合一的概念，宋明以來企圖將重建秩序作為首要關懷的內聖外王之學，確實體現在李光地所處的時代。無論要將其緣由看作與康熙之間的私交甚篤也好，或是視作逢迎之舉也罷，探究李光地在《詩》、《書》義理上的表現，確實有值得客觀評價的地方。

主要參考書目

一、傳統文獻

（一）李光地相關著述

1. 〔清〕李光地：《尚書七篇解義》，《榕村全集》，臺北：大西洋圖書公司，1969年。

2. 〔清〕李光地：《詩所》，《榕村全集》，臺北：大西洋圖書公司，1969年。

3. 〔清〕李光地：《榕村四書說·大學古本說》，《榕村全集》，臺北：大西洋圖書公司，1969年。

4. 〔清〕李光地：《榕村四書說·中庸章段》，《榕村全集》，臺北：大西洋圖書公司，1969年。

5. 〔清〕李光地：《榕村四書說·中庸餘論》，《榕村全集》，臺北：大西洋圖書公司，1969年。

6. 〔清〕李光地：《榕村四書說·讀論語劄記》，《榕村全集》，臺北：大西洋圖書公司，1969年。

7. 〔清〕李光地：《榕村四書說·讀孟子劄記》，《榕村全集》，臺北：大西洋圖書公司，1969年。

8. 〔清〕李光地：《正蒙注》，《榕村全集》，臺北：大西洋圖書公司，1969年。

9. 〔清〕李清植纂輯：《李文貞公年譜》，臺北：文海出版社，1971年。

10. 〔清〕李光地：《榕村集》，臺北：臺灣商務印書館，1983年，影印文淵閣《四庫全書》本。

11. 〔清〕李光地著，陳祖武點校：《榕村語錄 榕村續語錄》，北京：中華書局，1995年。

12. 〔清〕李清馥編:《榕村譜錄合考》,北京:北京圖書館出版,1999 年。

(二)古典文獻

1. 〔漢〕伏生:《尚書大傳》,《叢書集成初編》第 3569 冊,上海:商務印書館,1937 年。

2. 〔漢〕班固著,〔唐〕顏師古注:《漢書》,北京:中華書局,1964 年。

3. 〔漢〕毛亨傳,鄭玄箋,〔唐〕孔穎達疏:《毛詩正義》,臺北:藝文印書館,1976 年。

4. 〔漢〕焦延壽:《焦氏易林》,臺北:藝文印書館,1983 年,校宋本重雕。

5. 〔漢〕司馬遷:《史記》,臺北:臺灣中華書局,1984 年。

6. 〔漢〕鄭玄注,〔唐〕孔穎達正義,〔清〕阮元校勘:《禮記正義》,臺北:大化書局,1989 年,影印〔清〕嘉慶二十年重刊宋本。

7. 〔漢〕鄭玄注,〔唐〕賈公彥疏,〔清〕阮元校勘:《周禮注疏》,臺北:大化書局,1989 年,影印〔清〕嘉慶二十年重刊宋本。

8. 〔漢〕孔安國傳,〔唐〕孔穎達疏,〔清〕阮元校勘,李學勤主編:《尚書正義》,《十三經注疏》,臺北:五南圖書出版社,2001 年。

9. 〔魏〕何晏集解,〔宋〕邢昺疏,〔清〕阮元校勘:《論語注疏》,臺北:大化書局,1989 年,影印〔清〕嘉慶二十年重刊宋本。

10. 〔晉〕陸璣著,〔清〕丁晏校正:《毛詩草木鳥獸蟲魚疏》,《續修四庫全書》第 71 冊,上海:上海古籍出版社,1995 年。

11. 〔南朝·宋〕范曄著,〔唐〕李賢注:《後漢書》,《百衲本廿四史》,臺北:臺灣商務印書館,2000 年,影印〔宋〕紹興刊本。

12. 〔南朝·梁〕皇侃疏:《論語集解義疏》,臺北:廣文書局,1991 年,影印〔清〕乾隆嘉慶間鮑廷博刻《知不足齋叢書》本。

13. 〔唐〕成伯璵:《毛詩指說》,《通志堂經解》第 7 冊,揚州:江蘇廣陵古籍刻印社,1993 年。

14. 〔唐〕韓愈著,〔清〕馬其昶校注:《韓昌黎文集校注》,臺北:頂淵文化事業有限公司,2005 年。

15. 〔宋〕鄭樵著,顧頡剛點校:《詩辨妄》,北平:樸社,1933 年。

16. 〔宋〕王安石:《臨川先生文集》,北京:中華書局,1959 年。

17. 〔宋〕歐陽脩、宋祁等撰:《新唐書》,臺北:藝文印書館,1972 年。

18. 〔宋〕陳亮:《陳亮集》,北京:中華書局,1974 年。

19. 〔宋〕程顥、程頤著,王孝魚點校:《二程集》,北京:中華書局,1981 年。

20. 〔宋〕蘇軾：《書傳》，《景印文淵閣四庫全書》第 54 冊，臺北：臺灣商務印書館，1983 年。

21. 〔宋〕王應麟：《詩攷》，《景印文淵閣四庫全書》第 75 冊，臺北：臺灣商務印書館，1983 年。

22. 〔宋〕陳祥道：《論語全解》，《景印文淵閣四庫全書》第 196 冊，臺北：臺灣商務印書館，1983 年。

23. 〔宋〕呂祖謙：《呂氏家塾讀詩記》，臺北：新文豐出版股份有限公司，1984 年。

24. 〔宋〕孫復：《孫明復小集》，《景印文淵閣四庫全書》第 1090 冊，臺北：臺灣商務印書館，1985 年。

25. 〔宋〕楊時：《龜山集》，《景印文淵閣四庫全書》第 1125 冊，臺北：臺灣商務印書館，1985 年。

26. 〔宋〕呂祖謙：《東萊集》，《景印文淵閣四庫全書》第 1150 冊，臺北：臺灣商務印書館，1985 年。

27. 〔宋〕薛季宣：《浪語集》，《景印文淵閣四庫全書》第 1159 冊，臺北：臺灣商務印書館，1985 年。

28. 〔宋〕朱熹：《四書或問》，《景印文淵閣四庫全書》第 197 冊，臺北：臺灣商務印書館，1986 年。

29. 〔宋〕歐陽脩：《詩本義》，《景印文淵閣四庫全書》第 70 冊，臺北：臺灣商務印書館，1986 年。

30. 〔宋〕李樗、黃櫄：《毛詩李黃集解》，《景印文淵閣四庫全書》第 71 冊，臺北：臺灣商務印書館，1986 年。

31. 〔宋〕段昌武：《毛詩集解》，《景印文淵閣四庫全書》第 74 冊，臺北：臺灣商務印書館，1986 年。

32. 〔宋〕邵雍：《皇極經世書》，《景印文淵閣四庫全書》第 803 冊，臺北：臺灣商務印書館，1986 年。

33. 〔宋〕邵雍：《皇朝文鑒》，《景印文淵閣四庫全書》第 1351 冊，臺北：臺灣商務印書館，1986 年。

34. 〔宋〕鄭樵：《通志》，北京：中華書局，1987 年。

35. 〔宋〕朱熹：《四書集註》，臺北：學海出版社，1991 年。

36. 〔宋〕林之奇：《尚書全解》，《通志堂經解》第 5 冊，揚州：江蘇廣陵古籍刻印社，1993 年。

37. 〔宋〕陳大猷：《書集傳或問》，《通志堂經解》第 6 冊，揚州：江蘇廣陵古籍刻印社，1993 年。

38. 〔宋〕黃度：《尚書說》，《通志堂經解》第 6 冊，揚州：江蘇廣陵古籍刻印社，1993 年。

39. 〔宋〕王柏:《書疑》,《通志堂經解》第 6 冊,揚州:江蘇廣陵古籍刻印社,1993 年。

40. 〔宋〕金履祥:《尚書表注》,《通志堂經解》第 6 冊,揚州:江蘇廣陵古籍刻印社,1993 年。

41. 〔宋〕范處義:《詩補傳》,《通志堂經解》第 8 冊,揚州:江蘇廣陵古籍刻印社,1993 年。

42. 〔宋〕李昉等:《太平御覽》,臺北:臺灣商務印書館,1997 年,影印《四部叢刊》本。

43. 〔宋〕蘇軾:《蘇軾文集》,北京:中華書局,1999 年。

44. 〔宋〕朱熹著,陳俊民校訂:《朱子文集》,臺北:德富文教基金會,2000 年。

45. 〔宋〕朱熹:《詩集傳》,朱傑人、嚴佐之、劉永翔主編:《朱子全書》第 1 冊,上海:上海古籍出版社,2002 年。

46. 〔宋〕朱熹:《詩序辨說》,朱傑人、嚴佐之、劉永翔主編:《朱子全書》第 1 冊,上海:上海古籍出版社,2002 年。

47. 〔宋〕朱熹:《伊洛淵源錄》,朱傑人、嚴佐之、劉永翔主編:《朱子全書》第 12 冊,上海:上海古籍出版社,2002 年。

48. 〔宋〕黎靖德編,王星賢點校:《朱子語類》,北京:中華書局,2004 年。

49. 〔宋〕張載:《張載集》,臺北:漢京文化事業有限公司,2004 年。

50. 〔宋〕朱鑑:《詩傳遺說》,長春:吉林出版集團有限責任公司,2005 年,影印摛藻堂《欽定四庫全書薈要》。

51. 〔宋〕陸九淵著,鍾哲點校:《陸九淵集》,北京:中華書局,2008 年。

52. 〔宋〕周敦頤:《周敦頤集》,北京:中華書局,2009 年。

53. 〔元〕脫脫等修:《宋史》,臺北:藝文印書館,1972 年。

54. 〔元〕陳悅道:《書義斷法》,《景印文淵閣四庫全書》第 62 冊,臺北:臺灣商務印書館,1983 年。

55. 〔元〕梁益:《詩傳旁通》,《景印文淵閣四庫全書》第 76 冊,臺北:臺灣商務印書館,1983 年。

56. 〔元〕劉瑾:《詩傳通釋》,《景印文淵閣四庫全書》第 76 冊,臺北:臺灣商務印書館,1983 年。

57. 〔元〕劉玉汝:《詩纘緒》,《景印文淵閣四庫全書》第 77 冊,臺北:臺灣商務印書館,1983 年。

58. 〔元〕朱公遷:《詩經疏義會通》,《景印文淵閣四庫全書》第 77 冊,臺北:臺灣商務印書館,1983 年。

59. 〔元〕吳澄：《書纂言》，《通志堂經解》第 6 冊，揚州：江蘇廣陵古籍刻印社，1993 年。

60. 〔元〕朱祖義：《尚書句解》，《通志堂經解》第 7 冊，揚州：江蘇廣陵古籍刻印社，1993 年。

61. 〔元〕許謙：《詩集傳名物鈔》，《通志堂經解》第 8 冊，揚州：江蘇廣陵古籍刻印社，1993 年。

62. 〔明〕顧炎武：《亭林文集》，臺北：臺灣商務印書館，1968 年。

63. 〔明〕黃宗羲：《南雷文定》，臺北：臺灣商務印書館，1969 年。

64. 〔明〕宋濂：《元史》，臺北：藝文印書館，1972 年。

65. 〔明〕劉三吾等撰：《書傳會選》，《景印文淵閣四庫全書》第 63 冊，臺北：臺灣商務印書館，1983 年。

66. 〔明〕胡廣等撰：《書經大全》，《景印文淵閣四庫全書》第 63 冊，臺北：臺灣商務印書館，1983 年。

67. 〔明〕黃道周：《洪範明義》，《景印文淵閣四庫全書》第 64 冊，臺北：臺灣商務印書館，1983 年。

68. 〔明〕陳第：《尚書疏衍》，《景印文淵閣四庫全書》第 64 冊，臺北：臺灣商務印書館，1983 年。

69. 〔明〕王樵：《尚書日記》，《景印文淵閣四庫全書》第 64 冊，臺北：臺灣商務印書館，1983 年。

70. 〔明〕朱謀㙔：《詩故》，《景印文淵閣四庫全書》第 79 冊，臺北：臺灣商務印書館，1983 年。

71. 〔明〕李先芳：《讀詩私記》，《景印文淵閣四庫全書》第 79 冊，臺北：臺灣商務印書館，1983 年。

72. 〔明〕姚舜牧：《重訂詩經疑問》，《景印文淵閣四庫全書》第 80 冊，臺北：臺灣商務印書館，1983 年。

73. 〔明〕朱朝瑛：《讀詩略記》，《景印文淵閣四庫全書》第 82 冊，臺北：臺灣商務印書館，1983 年。

74. 〔明〕章潢：《圖書編》，《景印文淵閣四庫全書》第 971 冊，臺北：臺灣商務印書館，1985 年。

75. 〔明〕王艮：《王心齋全集》，臺北：廣文書局，1987 年，日本嘉永元年刻本。

76. 〔明〕王守仁：《王陽明全集》，上海：上海古籍出版社，1997 年。

77. 〔明〕顧炎武著、陳垣校注：《日知錄校注》，合肥：安徽大學出版社，2007 年。

78. 〔清〕陸隴其:《古文尚書考》,《叢書集成初編》,上海:商務印書館,1936年。

79. 〔清〕谷應泰:《明史紀事本末》,臺北:臺灣商務印書館,1956年。

80. 〔清〕徐世昌:《清儒學案》,臺北:世界書局,1962年。

81. 〔清〕趙翼:《二十二史劄記》,臺北:臺灣中華書局,1966年。

82. 〔清〕沈鍾等纂,〔清〕莊成重修:《安溪縣志》,臺北:臺北安溪同鄉會1967年,〔清〕乾隆版補刻本影印。

83. 〔清〕王夫之:《讀通鑑論》,北京:中華書局,1975年。

84. 〔清〕趙爾巽等撰:《清史稿》,北京:中華書局,1976年。

85. 〔清〕段玉裁:《古文尚書撰異》,臺北:大化書局,《段玉裁遺書》上冊,臺北:大化書局,1977年,影印經韻樓叢書刊本。

86. 〔清〕全祖望:《鮚埼亭集、鮚埼亭集外編》,臺北:華世出版社,1977年。

87. 〔清〕昭槤撰、何英芳點校:《嘯亭雜錄》,北京:中華書局,1980年。

88. 〔清〕張廷玉等奉敕修:《明史》,臺北:藝文印書館,1982年。

89. 〔清〕嚴虞惇:《讀詩質疑》,《景印文淵閣四庫全書》第87冊,臺北:臺灣商務印書館,1983年。

90. 〔清〕顧鎮:《虞東學詩》,《景印文淵閣四庫全書》第89冊,臺北:臺灣商務印書館,1983年。

91. 〔清〕朱鶴齡:《尚書埤傳》,《景印文淵閣四庫全書》第66冊,臺北:臺灣商務印書館,1983年。

92. 〔清〕朱鶴齡:《詩經通義》,《景印文淵閣四庫全書》第85冊,臺北:臺灣商務印書館,1983年。

93. 〔清〕清聖祖著,張玉書等編:《聖祖仁皇帝御製文集初、二、三、四集》,臺北:臺灣商務印書館,1983年。

94. 〔清〕黃任、郭賡武纂修:《泉州府志》,福建:泉州志編纂委員會,1984年。

95. 〔清〕永瑢、紀昀等編纂:《合印四庫全書總目提要及四庫未收書目禁燬書目》,臺北:臺灣商務印書館,1985年。

96. 〔清〕李桓輯:《國朝耆獻類徵初編》,臺北:明文書局,1985年。

97. 〔清〕章學誠:《文史通義》,北京:中華書局,1985年。

98. 〔清〕陳啟源:《毛詩稽古編》,《皇清經解毛詩類彙編》,臺北:藝文印書館,1986年,影印《皇清經解》本。

99. 〔清〕惠周惕:《詩說》,《皇清經解毛詩類彙編》,臺北:藝文印書館,1986年,影印《皇清經解》本。

100. 〔清〕莊述祖：《毛詩周頌口義》，《續經解毛詩類彙編》第 1 冊，臺北：藝文印書館，1986 年，影印《皇清經解》本。

101. 〔清〕陳奐：《詩毛氏傳疏》，《續經解毛詩類彙編》第 1 冊，臺北：藝文印書館，1986 年，影印《皇清經解續編》本。

102. 〔清〕馬瑞辰：《毛詩傳箋通釋》，《續經解毛詩類彙編》第 2 冊，臺北：藝文印書館，1986 年，影印《皇清經解續編》本。

103. 〔清〕朱彝尊：《經義考》，《景印文淵閣四庫全書》第 678 冊，臺北：臺灣商務印書館，1986 年。

104. 〔清〕孫希旦撰，沈嘯寰、王星賢點校：《禮記集解》，臺北：文史哲出版社，1987 年。

105. 〔清〕孫星衍：《尚書今古文注疏》，臺北：臺灣中華書局，1988 年。

106. 〔清〕王先謙：《詩三家義集疏》，臺北：明文書局，1988 年。

107. 〔清〕劉錦藻編纂：《清朝文獻通考》，杭州：浙江古籍出版社，1988 年。

108. 〔清〕崑岡等奉敕撰：《欽定大清會典事例（光緒朝）》，北京：中華書局，1991 年。

109. 〔清〕永瑢、紀昀等編纂：《四庫全書總目》，北京：中華書局，1992 年。

110. 〔清〕賀長齡、魏源：《清經世文編》，北京：中華書局，1992 年。

111. 〔清〕姚際恆：《詩經通論》，臺北：廣文書局，1993 年。

112. 〔清〕戴震著，張岱年主編：《毛詩補傳》，《戴震全書》，合肥：黃山書社，1994 年。

113. 〔清〕章梫纂，褚家偉、鄭天一、劉明章校注：《康熙政要》，北京：中央黨校出版社，1994 年。

114. 〔清〕程廷祚：《晚書訂疑》，《續修四庫全書》第 44 冊，上海：上海古籍出版社，1995 年。

115. 〔清〕宋鑒：《尚書考辨》，《續修四庫全書》第 44 冊，上海：上海古籍出版社，1995 年，影印〔清〕嘉慶四年刻本。

116. 〔清〕毛奇齡：《白鷺洲主客說詩》，《續修四庫全書》第 61 冊，上海：上海古籍出版社，1995 年。

117. 〔清〕王先謙輯：《續文古辭類纂》，《續修四庫全書》第 1610 冊，上海：上海古籍出版社，1995 年，據〔清〕光緒八年王氏虛受堂刻本影印。

118. 〔清〕王夫之：《詩廣傳》，收錄於船山全書編輯委員會編校：《船山全書》，長沙：嶽麓書社，1998 年。

119. 〔清〕王夫之：《尚書稗疏》，收錄於船山全書編輯委員會編校：《船山全書》，長沙：嶽麓書社，1998 年。

120. 〔清〕全祖望著，朱鑄禹彙校集注：《全祖望集彙校彙注》，上海：上海古籍出版社，2000 年。

121. 〔清〕永瑢、紀昀等編纂：《四庫全書總目提要》，臺北：藝文印書館，2004年。

122. 〔清〕皮錫瑞著、周予同注釋：《經學歷史》，臺北：漢京文化事業有限公司，2004 年。

123. 〔清〕閻若璩著，呂翊欣，黃懷信點校：《尚書古文疏證》，上海：上海古籍出版社，2010 年。

124. 〔清〕毛奇齡著，呂翊欣，黃懷信點校：《古文尚書冤詞》，上海：上海古籍出版社，2010 年。

125. 中國第一歷史檔案館整理：《康熙起居注》，北京：中華書局，1984 年。

126. 清代實錄館纂修：《清實錄（世祖實錄）》，北京：中華書局，1986 年。

127. 清代實錄館纂修：《清實錄（聖祖仁皇帝實錄）》，北京：中華書局，1986年。

128. 臺北故宮博物院／中國第一歷史檔案館：《清代起居注冊‧康熙朝》，北京：中華書局，2009 年。

129. 國家清史編纂委員會，紀寶成主編：《清代詩文集匯編》，上海：上海古籍出版社，2011 年。

二、近人專著（依出版年排序）

（一）專書著作

1. 朱志清：《詩言志辨》，上海：開明書店，1947 年。

2. 〔日〕瀧川龜太郎著：《史記會注考證》，臺北：藝文印書館，1972 年。

3. 楊伯峻譯注：《論語譯注》，北京：中華書局，1980 年。

4. 古國順：《清代尚書學》，臺北：文史哲出版社，1981 年。

5. 曾昭旭：《王船山哲學》，臺北：遠景出版社，1983 年。

6. 陸寶千：《清代思想史》，臺北：廣文書局，1983 年。

7. 蕭一山：《清代通史》，北平：中華書局，1986 年。

8. 朱廷獻：《尚書研究》，臺北：臺灣商務印書館，1987 年。

9. 楊伯峻譯注：《孟子譯注》，北京：中華書局，1988 年。

10. 黃忠慎：《南宋三家詩經學》，臺北：臺灣商務印書館，1988 年。

11. 李威熊：《中國經學發展史論》上冊，臺北：文史哲出版社，1988 年。

12. 劉起釪：《尚書學史》，北京：中華書局，1989 年。

13. 陳捷先：《明清史》，臺北：三民書局，1990 年。

14. 李紀祥：《明末清初儒學之發展》，臺北：文津出版社，1992 年。

15. 陳祖武：《清初學術思辨錄》，河北：中國社會科學出版社，1992 年。

16. 許蘇民：《李光地傳論》，福州：廈門大學出版社，1992 年。

17. 楊國楨、李天乙主編：《李光地研究》，廈門：廈門大學出版社，1993 年。

18. 夏傳才：《詩經研究史概要》，臺北：萬卷樓圖書有限公司，1993 年。

19. 牟宗三：《心體與性體》，臺北：臺灣學生書局，1996 年。

20. 方克立：《中國哲學史上的知行觀》，北京：人民出版社，1997 年。

21. 陳節著，張善文、馬重奇主編：《詩經漫談》，臺北：頂淵文化事業有限公司，1998 年。

22. 郜積意、胡鳴著，張善文、馬重奇主編：《尚書漫談》，臺北：頂淵文化事業有限公司，1998 年。

23. 程元敏：《書序通考》，臺北：臺灣學生書局，1999 年。

24. 程俊英、蔣見元：《詩經注析》，北京：中華書局，1999 年。

25. 高令印、陳其芳：《福建朱子學》，福州：福建人民出版社，1999 年。

26. 潘重規：《論語今注》，臺北：里仁書局，2000 年。

27. 呂元驄、葛榮晉：《清代社會與實學》，香港：香港大學出版社，2000 年。

28. 葛兆光：《中國思想史》，上海：復旦大學出版社，2001 年。

29. 林葉連：《中國歷代詩經學》，臺北：臺灣學生書局，2002 年。

30. 張麗珠：《清代新義理學》，臺北：里仁書局，2003 年。

31. 王汎森：《中國近代思想與學術的系譜》，臺北：聯經出版事業股份有限公司，2003 年。

32. 劉國忠、黃振萍主編：《中國思想史參考資料集——隋唐至清卷》，北京：清華大學出版社，2004 年。

33. 鮑世斌：《明代王學研究》，四川：巴蜀書社，2004 年。

34. 洪湛侯：《詩經學史》，北京：中華書局，2004 年。

35. 張立文、祈潤興：《中國學術通史》，北京：人民出版社，2004 年。

36. 錢穆：《宋明理學概述》，臺北：蘭臺出版社，2005 年。

37. 錢穆：《中國近三百年學術史》，北京：商務印書館，2005 年。

38. 梁啓超：《中國近三百年學術史（附《清代學術概論》）》，臺北：里仁書局，2005 年。

39. 饒宗頤：《新出土文獻論証》，上海：上海古籍出版社，2005 年。

40. 陳戰峰：《宋代《詩經》學與理學——關於《詩經》學的思想學術史考察》，西安：陝西人民出版社，2006 年。

41. 葉國良、夏長樸、李隆獻合著：《經學通論》，臺北：大安出版社，2006年。

42. 孟森：《明清史講義》，臺北：臺灣古籍出版社，2006年。

43. 唐君毅：《中國哲學原論——原性篇》，臺北：臺灣學生書局，2006年。

44. 朱義祿：《《朱子語類》選評》，上海：上海古籍出版社，2006年。

45. 尹繼佐、周山：《中國學術思潮史》，上海：上海社會科學院出版社，2006年。

46. 楊菁：《清初理學思想研究》，臺北：里仁書局，2008年。

47. 朱漢民、蕭永明：《宋代《四書》學與理學》，北京：中華書局，2009年。

48. 姜廣輝編：《中國經學思想史第三卷上》，北京：中國社會科學出版社，2010年。

49. 吳海蘭：《黃宗羲的經學與史學》，廈門：廈門大學出版社，2010年。

（二）碩博士論文

1. 林煌崇：《明末清初之經世學風與史學思想》，臺北：國立政治大學，碩士學位論文，1991年。

2. 李梅鳳：《李光地《周易折中》案語研究》，彰化：彰化師範大學，碩士論文，2003年。

3. 鄭雅竹：《李光地易學研究》，高雄：高雄師範大學，碩士論文，2004年。

4. 郭佩琦：《李光地《榕村四書說》研究》，臺北：臺北市立師範學院，碩士學位論文，2004年。

5. 林俞佑：《李光地經學思想之闡微》，臺中：逢甲大學，碩士學位論文，2006年。

6. 黃彥菱：《李光地之知本明性思想研究》，臺北：臺北市立教育大學，碩士論文，2007年。

7. 楊靜：《理學背景下的《詩集傳》闡釋學研究》，蕪湖：安徽師範大學，碩士論文，2008年。

8. 林怡芬：《《四庫全書》的《詩經》學觀點研究》，雲林：雲林科技大學，碩士論文，2009年。

9. 蔣秋華：《二程詩書義理求》，臺灣：國立臺灣大學，博士論文，1991年。

10. 楊晉龍：《明代詩經學研究》，臺北：國立臺灣大學中國文學研究所，博士論文，1997年。

11. 楊菁：《李光地與清初理學》，臺北：東吳大學，博士學位論文，2001年。

12. 高志成：《王夫之、李光地對朱子《易》學的繼承、批判與發展》，彰化：彰化師範大學，博士論文，2008年。

13. 郝永：《朱熹《詩經》解釋學研究》，杭州：浙江大學，博士論文，2009年。

14. 姜龍翔：《朱子《詩》《書》學義理思想研究》，高雄：國立高雄師範大學，博士學位論文，2011年。

15. 王寅：《李光地與清初經學》，天津：南開大學，博士學位論文，2013年。

16. 王和群：《從明末清初論意的形下趨向談明清義理學的轉型》，臺灣：國立中興大學，博士論文，2013年。

17. 姚愛娟：《李光地經學思想的哲學研究——以《榕村語錄／續語錄》爲中心》，天津：南開大學，博士學位論文，2014年。

（三）期刊論文

1. 陳祖武：〈李光地年譜略論〉，《文獻》，1989年第3期（總第41期），1989年3月。

2. 梅家玲：〈《毛詩序》「風教說」探析：兼論其與六朝文學批評之關係〉，《臺大中文學報》，3期，1990年。

3. 詹石窗：〈李光地與易學〉，《周易研究》，1992年第4期。

4. 陳梧桐：〈"仰觀神策驅天狼"——李光地與清初統一事業〉，《文史知識》，1992年第12期，1992年12月。

5. 陳祖武：〈論李光地的歷史地位〉，《清史研究》，1993年第01期。

6. 李秉乾：〈清代名臣李光地著作版本考〉，《福建圖書館學刊》，1993年第2期，1993年2月。

7. 林慶彰：〈朱子對傳統經說的態度——以朱子《詩經》著述爲例〉收錄於鍾彩鈞編：《國際朱子學會議論文集》，臺北：中央研究院中國文哲研究所籌備處，1993年5月。

8. 王鍾翰：〈康熙與理學〉，《歷史研究》，1994年第3期，1994年3月。

9. 陳居淵：〈清代的王學〉，《學術月刊》，1994年第5期，1994年5月。

10. 曾春海：〈李光地的易學初探〉《清代經學國際研討會論文集》，1994年6月。

11. 何孝榮：〈論康熙提倡程朱理學〉，《清史研究》，1996年第4期，1996年4月。

12. 韓琦：〈君主和布衣之間：李光地在康熙時代的活動及其對科學的影響〉，《清華學報》，第26卷第4期，1996年12月。

13. 劉大鈞：〈讀《周易折中》〉，《周易研究》，1997年第2期。

14. 蔡方鹿：〈朱熹尚書學析論〉，《孔子研究》，1997年第4期。

15. 孫利：〈朱熹「十六字心訣」釋義〉，《河北大學學報・哲學社會科學版》第 26 卷第 2 期，2001 年。

16. 張永儁：〈清代朱子學的歷史處境及其發展〉，《哲學與文化》，第 28 卷第 7 期，2001 年 7 月。

17. 陳榮開：〈朱子的《中庸》說：《中庸章句・序》中有關道心、人心問題的看法〉，收錄於《朱傑人主編：《邁入 21 世紀的朱子學——紀念朱熹誕辰 870 周年逝世 800 周年論文集》，上海：華東師範大學出版社，2001 年 11 月。

18. 朱傑人：〈朱子《詩傳綱領》研究〉，收錄於鍾彩鈞主編：《朱子學的開展——學術篇》，臺北：漢學研究中心，2002 年 6 月。

19. 郭震旦：〈晚明空疏學風與實學思潮〉，《棗莊專科師範學校學報》，第 21 卷第 3 期，2003 年。

20. 徐公喜：〈朱熹十六字心傳道統思想形成論〉，《宜賓學院學報》，第 1 期，2004 年。

21. 鍾彩鈞：〈李光地的易學思想〉，《第三屆國際暨第八屆清代學術研究會》，2004 年 3 月。

22. 姚海燕：〈論朱熹《詩集傳》之「淫詩說」〉，《懷化學院學報》，第 23 卷第 4 期，2004 年 8 月。

23. 張春梅：〈李光地簡論〉，《新鄉師範高等專科學校學報》，第 18 卷第 6 期，2004 年 11 月。

24. 李家樹：〈南宋朱熹、呂祖謙『淫詩說』駁議述評〉，《河北師範大學學報・哲學社會科學版》，第 28 卷第 1 期，2005 年 1 月。

25. 李英順：〈淺析明清之際實學思潮產生的歷史背景〉，《長春工業大學學報》，第 17 卷第 2 期，2005 年 6 月。

26. 林國標：〈清初理學與清代學術〉，《南華大學學報（社會科學版)》，第 6 卷第 4 期，2005 年 8 月。

27. 杜海軍：〈呂祖謙的《詩》學觀〉，《浙江社會科學》，第 5 期，2005 年 9 月。

28. 武才娃：〈試論清初理學的特色〉，《湖南科技學院學報》，第 26 卷第 9 期，2005 年 9 月。

29. 彭維杰：〈朱熹「淫詩說」理學釋義〉，《彰化師大國文學誌》，第 11 期，2005 年 12 月。

30. 李士金：〈朱熹《詩集傳・國風》思想研究的深刻政治意蘊〉，《廣西社會科學》，第 12 期，2006 年。

31. 王基西：〈理學家小傳（六十四）——安溪先生李光地〉，《中國語文》，第 98 卷第 2 期，2006 年 2 月。

32. 林國標：〈李光地理學思想評議〉，《湖南文理學院學報（社會科學版）》，2006 年第 3 期。

33. 陳英姿、沈芳：〈比較分析《毛傳鄭箋》與《詩集傳》對比興認識的歧異〉，《樂山師範學院學報》，第 21 卷第 7 期，2006 年 7 月。

34. 嚴金東：〈評朱熹對「思無邪」的解說〉，《重慶社會科學》，第 10 期，2007 年。

35. 楊菁：〈李光地《詩經》學研究〉，《國文學報》，41 期，2007 年 6 月。

36. 林俞佑：〈論李光地的《學》、《庸》之學〉，《雲漢學刊》，第 14 期，2007 年 6 月。

37. 楊新勛：〈呂祖謙《呂氏家塾讀詩記》在《詩經》學史上的意義〉，《南京師大學報·社會科學版》，第 6 期，2008 年 11 月。

38. 陳良中：〈論朱子《尚書》學章句義理之得失〉，《重慶師範大學學報·哲學社會科學版》，第 3 期，2009 年。

39. 林慶彰：〈中國經學史上的回歸原典運動〉，《中國文化》，第 30 期，2009 年。

40. 王春林：〈朱熹疑偽《古文尚書》一說考辨〉，《福建論壇·人文社會科學版》，第 8 期，2009 年。

41. 江乾益：〈鄭玄「風雅正變說」中〈毛詩序〉探論〉，《興大中文學報》，第 27 期，2010 年 6 月。

42. 黃忠慎：〈論呂祖謙在《呂氏家塾讀詩記》在《詩經》學史上的承衍與新變〉，《清華學報》，新 42 卷第 1 期，2012 年 3 月。

43. 黃忠慎：〈尊《序》？反《序》？——析論《毛詩李黃集解》的解《詩》立場〉，《臺大文史哲學報》，第 76 期，2012 年 5 月。

44. 姜龍翔：〈論朱子《詩集傳》對二〈南〉修齊治平之道的開展〉，《清華中文學報》，第 7 期，2012 年 6 月。

45. 黃忠慎：〈理解、運用：析論孔孟荀在《詩經》學史上的貢獻與意義〉，《東吳中文學報》，第 25 期，2013 年 5 月。

46. 施厚羽：〈從《御纂朱子全書》看清代前期官方意識形態與士風之形塑〉，《史繹》，第 38 期，2014 年 6 月。

47. 黃忠慎：〈朱熹「淫詩」論衡〉，《靜宜中文學報》，第 6 期，2014 年 12 月。